编委会名单

（按姓氏笔画排序）

于莉莉　王国燕　王洋洋　王雪莹　全　燕　刘英杰

何　越　张　可　张国标　张宗艺　张梦晗　杨　正

杨　青　汪许莹　周兆祺　林　瀚　陈　龙　陈秋心

胡明宇　高雅慧　曾庆江　焦　文　程　曦　谭璇璇

潘野蘅　鞠　茜

马新观引领下的新闻传播创新人才培养实践

主编◎陈龙　张梦晗

上海三联书店

2023年江苏省高等教育教改研究

重点项目研究成果

项目批准号：2023JSJG070

目　录

第一章　马克思主义新闻观在新时代的发展

第一节　马新观与 AI 技术变革中的新闻传播教育模式再调整

随着人工智能技术的迅猛发展,新闻传播领域正经历着前所未有的变革。AI 技术在新闻生产、传播和消费各个环节的应用,既带来了效率提升和形式创新,也引发了诸多伦理和社会问题。在这一背景下,新闻传播教育面临着如何适应新技术环境、培养符合时代需求的新闻人才的重大挑战。马克思主义新闻观作为我国新闻事业发展的指导思想,其核心原则在 AI 时代依然具有重要的现实意义。当前,AI 智能传播技术方兴未艾,智能技术颠覆了传统的新闻传播模式,开启了去中心化的传播格局。网络平台依赖算法技术进行管理和运营,强化了技术理性;平台媒体的社交性放大了个性化的价值追求。凡此种种,都对当下的新闻传播教育理念形成了冲击。探讨马克思主义新闻观对当前 AI 技术变革中的新闻传播教育具有指导意义,可以让我们明确新闻传播教育如何调整,如何适应新形势下新闻业对新闻人才的需要,为构建适应新时代需求的新闻传播教育体系提供思路和建议。

一、马新观教育、技术伦理、技术驱动下的学科属性

新闻传播学科作为一种应用文科,这一学科属性从其诞生时起就带有两个明显的功能性标签:培养引领社会发展的新闻人才和培养社会需要的信息传播人才。从价值引领角度说,我国的新闻传播教育一直将马克思主义新闻观作为价值体系的理论基石,其核心内涵包括党性原则、人民性原则和真实性原则。党

性原则强调新闻媒体是党和人民的喉舌,必须坚持正确的政治方向,服务于党和国家工作大局。这一原则要求新闻工作者始终保持政治敏锐性和政治鉴别力,在复杂的舆论环境中坚守立场,传播正能量。人民性原则体现了马克思主义新闻观的根本立场,即新闻工作要坚持以人民为中心,反映人民意愿,维护人民利益。这一原则要求新闻工作者深入群众,倾听人民声音,为人民提供真实、全面、客观的新闻报道。真实性原则是马克思主义新闻观的基石,强调新闻必须真实、客观、全面地反映事实。这一原则要求新闻工作者坚持真理,勇于揭露虚假信息,维护新闻的公信力;从信息传播角度说,随着新媒介技术在新闻传播领域的应用,带来了新的媒介伦理问题。法国哲学家斯蒂格勒很早就注意到技术体系转换带来的问题,指出新技术体系获得主导地位"就会彻底打乱社会体系的平衡"①。新技术体系正在改变生产关系、商业模式、生活方式,塑造人的伦理观和文化表现形式。数字技术作为生产力发展的关键推动力,与众多文化形态(包括新闻传播教育)相互作用,形成新的媒介文化,后者广布于社会中并深刻影响人类思想、行为方式和社会结构。可见,技术不仅以技术物的形式独立存在,还作为一种社会现象嵌入文化体系。技术与文化的耦合,凝结为技术精神,"以创造与征服为特征的技术精神是技术文化的灵魂,追求效果及其效率的技术原则与功利价值观形成了技术文化的核心"②。技术文化受技术效率诉求的强势影响,逐渐被技术优势主导,极易遮蔽人文价值。因此,在技术变革日益加快的当下,为防范新闻传播教育变形,需要对新闻传播教育的基本内涵作重新梳理和重新设计。

当前的新闻传播教育虽然受社交媒体等知识流播的影响,但其基本内核未发生变化。马新观引领的价值坐标未变。技术驱动的变革,需要在新闻传播教育的各个环节体现出来,如课程体系、教学模式等需要与当前变革形式适配。因此作为新文科的教育实践,凸显人才培养中的学科交叉、融合,人文精神与技术理性的融合,是教育变革实践的关键。媒介技术的进阶路径诠释了新闻传播教育理念、目标、模式同技术演化的对应关系,也决定了马新观的价值理性在新闻传播教育中保驾护航的作用。

---

① [法]贝尔纳·斯蒂格勒:《技术与时间:爱比米修斯的过失》,裴程译,南京:译林出版社 2019 年版,第 34 页。
② 王伯鲁:《技术与文化互动问题剖析》,《西北师大学报》2014 年第 5 期,第 16 - 21 页。

二、智能技术变革对新闻传播教育的影响与马新观的纠偏机制

AI 技术的快速发展正在深刻改变新闻传播的格局。在新闻生产方面,AI 技术可以实现自动化新闻写作、智能编辑和个性化推荐,大大提高了新闻生产的效率。在新闻传播方面,AI 技术推动了社交媒体、算法推荐等新型传播方式的普及,改变了传统的信息传播模式。在新闻消费方面,AI 技术为用户提供了更加个性化和便捷的新闻获取体验,同时也带来了信息茧房等问题。在此背景下,工具理性开始泛滥,文科无用论开始甚嚣尘上。技术决定论、技术万能论被神化,使得人们对文化精神生活的追求逐渐被压缩成物质生活,最终变成生物性需求。颇为吊诡的是,人们孜孜以求的商业价值、市场逻辑,目标是丰富社会物质文化生活,使社会走向完善,个体得到发展,但实际结果是,资本的运行逻辑,使技术创造的文化扁平化、世俗化、功利化,直接表现为当下媒介文化的幼稚化、低俗化。数字计算的客观性,算法运行的精确性正被功利主义、机会主义、物质主义所利用,进而冲击原有的公平、正义等新闻伦理。在此背景下,新闻传播教育中如何贯彻马新观的纠偏机制? 这是当下迫切需要回答的问题。

媒介传播的社会性变革对新闻传播教育提出了新的挑战。首先,新闻传播教育内容中原典教育需要强化。深入研读马克思、恩格斯、列宁等人的原著并没有过时,其精神实质仍然需要"原汁原味"加以吸收,更好地理解马新观的历史背景、理论脉络、思想深度与逻辑规律,避免在二手、三手解释中断章取义或误读。然而,面对新的形势,在强化 AI 等技术相关知识的传授和 AI 应用技能的培养的同时,应注重新闻伦理教育中马新观内容的比重。其次,教学手段和方法需要创新。情感、态度和价值观是马新观教育的重要部分,三者是影响新闻传播者对事实的认知、判断以及确立价值选择和新闻报道方向的重要因素。正确的价值观是新闻传播人才培养的精神内核,是新闻工作者在面对道德冲突、社会压力时保持正确立场的重要支撑。马新观强调新闻工作者要具备正确的价值观,特别是人民立场、社会责任感等。而情感、态度和价值观的培养涉及个体与社会的互动,教育要以创新方式激发个体的自觉性和主动性,实现思想内化。马新观的价值理性内涵并非通过灌输实现的,应借助多模态技术,多形式、多途

径地传授,实现"润物细无声"的效果。再次,建立马新观教育的效果检验机制。要在新技术实践中观察评价思想认同度、理论理解能力等效果,避免口是心非的状况出现。AI技术背景下马新观教学效果检验是复杂的,评估技术变革时代马新观教育的含金量,有助于找到培养"健康灵魂"人才的路径,借此优化教学内容与方法。新闻传播作为实践的学科,需要构建以马新观为核心的"产学研"一体化育人体系,形成学界与业界有效衔接。这需要引导学生在智能传播技术中养成批判意识和新闻素养,使学生能够有效应对技术带来的伦理和社会问题。

三、构建适应 AI 时代的新型新闻传播教育体系

技术变革深刻影响高等教育,在 AI 时代,教育的定位依然在人的价值层面,"现代教育的过程本质上是一个价值传导过程,而不仅仅是技能传授过程"[①]。教育的使命是人类关系的建立和思想的交流,而不是技术主导下的生产导向逻辑。比较而言,新闻传播人才担任双重使命,"既是虚拟数字空间中的数字公民,拥有符合智能社会发展的价值观;又是促进媒体健康传播的工作者,拥有高级的智能技术应用能力与思维"[②]。马克思主义新闻观是新闻传播教育应对媒介技术突变的"后视镜"和"稳定器"。马克思主义提供了一种历史理论视角,借此我们能够从社会结构、权力关系和经济体系的角度分析新闻传播的功能,尤其是在媒体集中化以及算法控制信息分发的背景下,保持理论的批判性,重新思考媒体的社会责任、公众利益显得尤为重要。马新观的独特之处在于其理论体系中既包含对现有社会秩序的"维护"功能,又蕴含对不公正社会结构进行"颠覆"的革命性力量,其双重驱动为我们提供了一个批判性框架,以衡量技术对社会文化的嵌合度与适配性。

构建适应 AI 时代的新型新闻传播教育体系,首先需要把马新观作为媒介技术变革知识图谱中的重要内容,加以嵌入。马新观是新闻知识传授和技能培养

---

① 李海峰、缪文升:《挑战与应对:人工智能时代高校应重视价值判断教育》,《中国电化教育》2020 年第 2 期,第 45 页。

② 郝雯婧、何竞:《认知能力思维:"智媒"时代传媒人才培养新范式研究》,《传媒》2022 年第 1 期,第 79 - 81 页。

中的世界观和方法论。例如,强调的真实性原则为培养学生的新闻公平、正义思维确立了思想出发点,这为新闻人才的"三观"正确提供了理论支撑。运用马克思主义的立场、观点和方法,有助于分析 AI 技术对新闻传播的影响,提高对信息的辨别能力和批判能力。强化职业道德教育是新闻传播教育的保障。马克思主义新闻观强调新闻工作者的社会责任和职业道德,这在 AI 时代尤为重要。教育工作者应引导学生认识 AI 技术应用的伦理边界,培养其社会责任感和职业道德,确保技术在新闻传播中的应用符合社会公共利益。为应对 AI 技术带来的挑战,新闻传播教育体系自然需要全面改革。不管 AI 技术、数据科学、算法伦理等内容如何颠覆传统教育实践,马新观始终能在培养学生的技术素养和批判性思维方面发挥价值引领作用。

其次,构建适应 AI 时代的新型新闻传播教育体系,不能忽视教育的另一向度,即人文价值引领更显迫切。技术面向带来的革新固然重要,但完全倚重技术而忽视人文价值,则颠倒了"育人"与"制器"的关系,势必冲击新闻传播教育的本质。当前,技术神话成为社会热点,迫切需要祛魅,需要向学生讲清楚现代性场域下的精神结构及其涂层危机,尤其是技术导向的新型文化资本在精神领域的危害性。技术面向与价值引领是新闻传播教育"一体"中的"两面",平衡"两面"之间的关系对于教育这个"一体"至关重要。

最后,跨学科融合是趋势。毫无疑问,作为新文科实践,新闻传播教育应打破学科壁垒,与计算科学、数据科学、心理学等学科深度融合,同时也需要与马克思主义哲学、自然辩证法等学科交叉融合,培养具有跨学科视野的复合型人才。

马克思主义新闻观为 AI 时代的新闻传播教育提供了重要的理论指导和实践方向。面对 AI 技术带来的机遇与挑战,新闻传播教育应坚持马克思主义新闻观的指导,坚持正确价值导向,培养批判性思维,强化职业道德教育。同时,应积极推进课程体系改革、实践教学创新和跨学科融合,构建适应 AI 时代的新闻传播教育体系。只有这样,才能培养出符合时代需求的新闻传播人才,推动我国新闻事业在 AI 时代健康、可持续发展。

第二节　AI 浪潮下的坚守与变革：马新观引领新闻传播人才培养的创新思路研究

一、引言

（一）人工智能浪潮对新闻传播行业的冲击

2025 年初，DeepSeek 火爆全球，大语言模型和 AGI 在不断刷新人们的认知，重塑人们的生活。随着人工智能技术的不断发展，其在全球媒体行业的应用日益广泛。人工智能在智能媒体变革领域，具有显著的"头雁"效应，诸如算法推荐、语音交互、图像生成等技术，正逐步渗透新闻采集、新闻生产、新闻分发、受众反馈等各个阶段，带动媒体朝着"AI agent"迈进。

然而，技术红利背后潜藏着多重挑战：人工智能是否会取代记者和编辑的工作，机器写作是否会加剧虚假信息传播风险，模板化应用是否会导致新闻生产中的情感深度和主观体验的缺失。因此，如何在享受技术红利的同时，应对这些挑战，成为新闻传播行业亟待解决的问题。

（二）新闻传播人才培养面临的新挑战与机遇

人工智能的发展是一个"黑盒"，我们无法真正预测其未来，因为科技并不会带来确定的结果。这些现象凸显了新闻传播行业在技术赋能与技术异化之间的张力，亟须从理论与实践中寻求平衡路径。因此，AI 技术的渗透对新闻传播人才的能力结构提出了全新要求。

传统以采编技能为核心的教育模式将面临双重挑战。一方面，过度依赖技术工具可能导致人文素养弱化，如记者过度依赖 AI 写作工具可能削弱其文字功底和批判性思维能力。另一方面，人机协作场景中的伦理失范风险上升，如算法偏见可能渗透到新闻选题或新闻框架之中，技术偏见带来新闻公正性和客观性的丧失。然而，挑战亦伴随机遇。AI 技术带来的跨学科融合，让新闻传播学界与业界都不断强调技术素养和人文素养的适配，催生了"技术＋人文"复合型人才需求,如腾讯新闻与南大新传学子合作的"未来编辑部 WeChina"团队,强调人本精神永远站在工具效率和智能化之上。在此背景下,新闻传播教育亟须重构培养目标,以技术素养、创新素养等维度重构新闻传播人才基本素养,并以正确价值观为导向,为主流媒体输送人才。

(三) 马新观在新时代新闻传播人才培养中的核心指导作用

2018 年 10 月,教育部、中宣部再度联合颁布了《关于提高高校新闻传播人才培养能力实施卓越新闻传播人才教育培养计划 2.0 的意见》,将"开创马克思主义新闻观教育新局面"作为该项计划的首要任务。[①]马克思主义新闻观,是党中央对于新闻舆论工作提出的明确要求,也是新时代新闻传播工作要担负的神圣责任。因此,马克思主义新闻观教育在新时代的新闻传播人才培养中占据着不可或缺的重要地位。

马克思主义新闻观不仅是培养具有坚定政治立场和正确价值导向的新闻传播人才的理论基石,更是能推动理论创新,在实践中不断深化中国新闻学的理论内涵。与此同时,在 AI 技术日新月异的今天,新闻传播行业正经历着前所未有的变革,而马克思主义新闻观教育正是帮助新闻传播人才在变革中坚守初心、把握方向的关键所在。通过深入学习和实践马克思主义新闻观,新闻传播人才能够更好地理解新闻的本质和使命,更加自觉地承担起社会责任,为社会的和谐稳定和繁荣发展贡献自己的力量。

二、AI 时代新闻传播人才基本素养与新闻观形成规律研究

(一) AI 时代新闻传播人才的基本素养

1. 技术素养:掌握人工智能技术、算法、数据分析等工具

蔡梦虹等人表示"人们在使用算法而非生产算法上是平权的,而且算法的排他性越强,记者与其他民众在使用算法进行文本生产时所获得的权力也会

[①]　赵月枝、王欣钰、胡钰:《新时代马克思主义新闻观教育的理论基础与实践创新》,《新闻与写作》2024 年第 11 期,第 48 - 60 页。

越平等"①。传统的传媒生态由于这项技术被打破、革新和重构,新闻记者想要保持自己的职业正当性与新闻主体性,就必须进一步打破专业壁垒主动学习数字技术,以此寻求不确定性威胁与技术本身价值实现间的平衡点。

在人工智能时代,新闻传播人才的技术素养是其立足行业的重要基础。掌握先进的技术工具,不仅有利于提升工作效率,还能更快地适应市场环境,有利于职业生涯发展。技术素养不仅包括利用 AI 工具进行新闻内容的生产、分发和分析,同时还需要不断学习技术底层逻辑,如算法原理、大数据挖掘等等。不断提升自身的技术素养,是新闻传播人才在人工智能时代保持竞争力的关键所在。

2. 伦理素养:坚持新闻真实性、客观性和社会责任感

李秀云回溯百年新闻伦理学术史,将新闻伦理总结成四个方面,即职业伦理、社会伦理、全球伦理、技术伦理。②新时代新闻传播人才的伦理素养正是如此,要有服务公众的职业行为规范、对建构理想社会负责、对全球秩序负责以及对媒介技术的使用负责,更应该对"人类"负责。

在数字时代,真相、公平和透明等价值观依然是新闻伦理的基石。③新闻从业者必须具备关怀伦理,不仅在报道中追求事实的精确性,还要关注报道对相关社区福祉的影响,并成为情感交流的纽带。此外,伦理素养的培养应与中国新闻学伦理研究相结合,以社会主义核心价值观和"人类命运共同体"理念为指导,培育具有更高社会责任感和职业使命感的新闻专业人才。

3. 创新素养:具备创新思维和跨学科融合能力

仅掌握新闻传播领域的专业知识与技能已不足以应对未来行业的挑战,新时代的新闻传播人才需要有广泛知识背景和跨学科视野的创新素养。创新素养并不是单纯的专业知识累加,而是要在"技术—表达—思想"三个层面实现能力

---

① 蔡梦虹、陈衍宁:《技术未来价值投射偏差?——新闻记者人工智能工具使用意愿影响机制研究》,《新闻记者》2024年第12期,第87–101页。

② 李秀云、李韩旭:《职业伦理、社会伦理、全球伦理与技术伦理——百年新闻伦理研究的不同视域及其超越》,《新闻记者》2024年第12期,第26–41页、第56页。

③ 常江、刘松吟、王茜等:《以社会性生发新理论:2024年中外新闻学研究创新进展》,《传媒观察》2025年第1期,第5–17页。

的多维复合。新闻人才以创新素养为核心，拥有在新文科思维指导下不断更新的新闻传播技能，以及在融媒体环境中锻造的综合表达能力。新闻人应具备将传统新闻学与人工智能、大数据分析等新兴技术相结合的能力，创新新闻报道形式与传播策略。新闻传播人才还需具备深刻的思想洞察力和批判性思维，能够从不同学科视角，结合专业知识储备，以多角度、多层次对新闻事件进行分析和解读，为公众提供有深度、有温度的新闻报道。通过跨学科融合，新闻传播人才能够更好地应对 AI 时代带来的复杂挑战，推动新闻传播行业的创新发展。

（二）马新观在 AI 时代新闻观形成中的基本规律

1. 坚定政治立场，坚持正确的价值导向

在 AI 时代，新闻传播的渠道更加多元，信息传播速度更快，但新闻工作者的政治立场不能动摇。马克思主义新闻观强调新闻事业是党、政府和人民的喉舌，新闻工作者要始终站在党和人民的立场上。新闻记者在新闻工作中，要站在人民的立场，传递人民的声音，反映人民的诉求，为人民群众提供准确、及时、全面的新闻信息。坚持以毛泽东所说的"政治家办报"为核心理念，坚持党性原则，具有政治担当和创新精神，才能更好地开展新闻舆论工作。

同时，新闻工作者还要积极弘扬社会主义核心价值观，传播正能量，引导社会舆论向积极健康的方向发展。只有坚定政治立场，坚持正确的价值导向，新闻工作者才能在 AI 时代保持清醒的头脑，履行好自己的职责和使命，为新闻传播行业的健康发展贡献自己的力量。

2. 继承与发展马新观的真实性原则

马克思主义新闻观以辩证唯物主义为根基，马克思主义新闻观对真实性的认识和操作强调新闻的"事实性"特质，即新闻的本质属性。马克思主义新闻观不否认新闻的意识形态特性，并承认新闻反映了人们的价值观和立场。

在中国语境下，马克思主义新闻观主张，在新闻实践中应坚持党性原则，即一切从实际出发，实事求是。马克思主义新闻观的真实性是兼具事实与立场的新闻真实原则。在 AI 时代，新闻工作者要继承这一原则，确保新闻报道的事实

准确无误。不仅是要确保事实信息的准确无误,更是要思考技术背后的意识形态,探究技术如何影响新闻报道的立场和角度。新闻工作者须具备批判性思维,能够识别并分析算法推荐、数据挖掘等技术手段可能带来的偏见,从而在保证新闻事实真实性的基础上,坚守新闻的公正性和客观性。

3. 强化社会责任感和人文关怀

马克思主义新闻观始终强调"全党办报""群众办报"。新闻工作者把反映人民、报道人民、讴歌人民,与人民同甘共苦、为人民鼓与呼作为自己的崇高职责和神圣使命。[①]AI技术的发展,提升的仅仅是新闻的"效率",而非新闻的深度与温度。因此,新闻工作者应该深入学习马克思主义新闻观的人民性观念,注重人文关怀,关注人民的需求和情感,体现新闻的温度。中国特色新闻事业不是以技术为核心的新闻机构,而是"以人民为中心"的社会主义新闻事业,是人民的喉舌和眼睛,是人民精神的捍卫者和表达者。

此外,新闻工作者要强化社会责任感,除了重视新闻的传播效果,更要思考新闻的社会效果,从而在技术飞速发展的时代,依然坚守新闻工作的社会责任和人文价值。

三、目标创新:价值观塑造、理论建构与实践融合

(一)价值观塑造:以马新观为指导,培养具备社会责任感的新闻传播人才

"马克思主义新闻观"这一概念的提出及其应用,旨在深化对新闻工作者的思想政治教育,确保马克思主义在新闻领域的主导地位,同时也是对西方资产阶级新闻观的批判。在智能传播时代,中国新闻人才的价值观仍应以马克思主义新闻观为根本。强化马克思主义意识形态的指导作用和领导地位,培养社会主义新闻事业的继承者,不仅是走中国特色社会主义道路的必然选择,也与马克思主义基本原理相契合。

---

① 郑保卫:《习近平"党性人民性统一论"的理论内涵及价值》,《现代传播(中国传媒大学学报)》2018年第1期,第35-39页。

（二）理论建构：将马新观与人工智能技术相结合，构建新时代新闻传播理论体系

技术的不断进步推动了媒介的演变和教育的革新。新闻传播学因其交叉性、应用性以及技术驱动性等关键属性，决定了媒介技术的变革将对该学科产生深远的影响。在当下，以人工智能技术为代表的"智媒"，其功用超越了"手段"或"工具"的层面，具有"促逼"和"摆置"意义，成为世界构造的"座架"。①从长远来看，人工智能不仅将成为新闻传播教育的手段和工具，更是新闻传播教育的内容和形式。但同时，技术的自主性也在不断挑战新闻传播中的人文价值和社会责任意义。

因此，我们不仅要掌握像人工智能这样的"器"，更要深入思考新闻行业的本质"道"。目前，弥合"技术与人文"之间的鸿沟，依赖于富有成效的马克思主义新闻观教育，培养批判性思维和社会责任感，实现人类与智能媒介的和谐共存与合作，确立一种可持续发展的"人—技"关系。将马新观与人工智能技术相结合，以马克思主义新闻观的基本原则为理论基础，构建新时代中国新闻传播理论体系。

（三）实践融合：在实践中检验和深化马新观的理论指导作用

马克思主义新闻观本就强调"从实践中来，到实践中去"的实践精神，通过实践融合检验和深化马新观的理论指导作用，是新闻传播行业的重要课题。

一方面，将最新新闻实践作为马克思主义新闻观研究的对象，从正在快速发展变化的实践中丰富马克思主义新闻观。在人工智能时代背景下，关注主流媒体发展环境的新变化，对主流媒体不断尝试与探索的实践活动、职业新闻工作者的生存状态和思想状态等进行经验研究，并能从马克思主义新闻观的立场、方法和视野中不断作出理论总结、反哺实践。另一方面，在研究过程中确立问题意识，将解决问题作为研究的核心目标，并以实践作为检验研究成果的准则。深入思考新闻工作中的人机关系，探讨人工智能在新闻业中的实践意义以及相关的伦理问题。唯有如此，通过马新观与实践相结合，揭示转型时期中国新闻传播界的生态和主要思潮，才能更好地帮助新闻工作者用马克思主义新闻观分析问题和解决问题。

---

① 周大勇、王少群：《技术面向与价值引领：智媒时代新闻传播教育的双向度》，《吉林师范大学学报（人文社会科学版）》2024 年第 6 期，第 94—99 页。

四、方式创新：思维训练、实践教育与国际视野

（一）思维训练：培养批判性思维与创新思维，提升学生对复杂信息的分析能力

陈昌凤认为"新闻学院的技术教育不同于技校教育，重要的是要有与时俱进的理论基础，重视明辨性思维的培养"①。批判性思维和创新思维是当代新闻教育核心理念的重要组成部分，这样的思维训练能够约束由于人工智能等技术介入带来的过度实用主义倾向。尤其是在数字时代，理解新闻的社会价值显得更为重要。在很多数字新闻行业的资深从业者看来，"技术训练欠缺"自始至终都不是新闻教育最主要的问题。②新闻教育应该以马克思主义新闻观为核心原则，平衡技术工具应用与价值理性培养，通过体系化的课程设计与方法论创新，帮助学生应对算法推荐、深度伪造等技术冲击下的信息环境。

对于复杂的信息环境，新闻传播教育应该培养传媒人才的跨模态融合叙事能力。发掘人工智能技术对叙事范式创新的赋能价值，塑造兼具强烈代入感和情感体验的融合叙事新范式，同时通过"提示词功能"，使主题符合马克思主义新闻观基本原则，内容更加贴近实际、贴近人民、贴近生活。尤其是在与智能主体的交互竞合中，不断进行思维训练，以马克思主义新闻观研判模型"幻觉"、算法偏见等问题。只有不断培养学生的批判性思维与创新思维，才能提升解决实际智能传播问题的技能。

（二）实践教育：加强校企合作，建立实践基地，让学生在实践中掌握人工智能技术

在新闻传播学教育理念中，传播工具或者说传播媒介仅仅是被当作"工具物"，新闻教育者轻视它，并对技术缺乏了解、难以掌握它，从而用抽象的观念层

---

① 陈昌凤、吕宇翔：《新闻教育如何在技术主导下的颠覆性变革中创新？》，《新闻大学》2022 年第 1 期，第 20 - 33 页、第 120 页。
② 常江：《欧美新闻教育模式革新及其在数字新闻学体系中的角色》，《新闻大学》2020 年第 9 期，第 95 - 106 页、第 122 - 123 页。

面和伦理约束来削弱它的实际效用。这导致，即使当下的新闻业界对于现代记者所要求的专业技能已经大有不同，传统教育依旧是以理论培养为主，而忽视了实践训练。

正如马克思主义新闻观中的实践观念所表述的，实践是检验真理的唯一标准。在新闻传播教育中，同样需要将理论与实践紧密结合，积极开展实践教育，加强校企合作，建立实践基地，让学生在真实的工作环境中，把所学理论知识应用于实践，从而更深入地理解和掌握人工智能技术。例如，中国传媒大学与阿里云签订了校企合作协议。双方将依托高校用云支持计划中的"云工开物"项目，推动"AI＋设计"和"计算广告"等领域的深度合作。合作内容包括联合开发人工智能相关课程、共同建设计算广告与 AI 设计实践平台，以及举办 AIGC 实训营等。产业合作、深化实践、触达前沿技术，学界与业界的交流合作，既让新闻传播教育得到了创新与发展，同时给予学生更多了解人工智能技术的机会，为将来从事新闻传播工作打下坚实的基础。

（三）国际视野：加强本土与全球互动，从全球南方视角培养国际传播人才

传统的中国新闻学教育吸纳了众多西方传播学的理论与思想，却往往忽视了本土价值体系的构建，导致本土学科体系与全球传播知识之间缺乏有效的互动与交流。因此，在新时代背景下，新闻传播教育应当积极寻求变革，加强本土与全球的互动，特别是从全球南方的视角出发，培养具有国际视野的传播人才。这意味着，我们不仅要关注西方传播学的理论与思想，更要深入挖掘和弘扬本土传播文化的精髓，构建具有中国特色的新闻传播学科体系。

首先，"去西方化"的倡议为中国新闻传播学领域注入了一股新的活力。从"全球南方"的视角出发，重新审视和构建中国自主知识体系，依托南方经验和话语资源，为中国新闻传播学学科体系建设提供创新思路。例如拉美地区通过民族主义和文化自主发展传播研究、东亚和东南亚强调亚洲传统文化在传播中的重要性，①中国新闻传播机构可以通过加强与"第二世界"国际传播机构的合作，

---

① 　史安斌、郑恩：《全球传播的"南方转向"：理论重构与范式创新》，《学习与探索》2024 年第 11 期，第 158－166 页。

探索不同文明空间、文化土壤和理论范式之间的对话与融合,同时结合中国国情和文化特色,进行本土化改造和创新。

其次,拓宽国际视野,深入了解不同文化背景下的新闻传播实践,这种教育方式有助于推动中国新闻传播教育走向国际舞台,为全球传播领域贡献中国的智慧和力量。"全球南方"普遍期望推动现行国际秩序和体系的变革,中国明确提出了构建一个更加平等、包容、合作共赢、公平正义的国际秩序的愿景,这不仅反映了广大南方国家的普遍诉求,而且有助于维护南方国家的共同利益。"全球南方"更加重要的发展等问题,例如摆脱贫困、实现现代化和发展振兴等问题,中国新闻传播人才应当积极参与到国际事务实践和国际秩序维护,使维护地区及世界和平与安全始终成为世界的主导话语和主题。

最后,加强本土和全球之间的互动,更离不开马克思主义新闻观的深化与发展。坚持马克思主义新闻观的国际传播工作者,必须遵循开放与创新的准则,适应时代发展和新闻传播需求。对于国际传播人才来说,马新观教育要以国家战略需求为导向,将人才培养与国家发展目标保持高度一致。分类培养、分别成才,将会更好地将形而上的理论生产与形而下的叙事实践结合起来,针对性地提高国际传播人才的新闻价值判断力和新闻话语表现力。

五、评价创新:学术体系、反馈机制与学科建设

(一)学术体系:建立以马新观为核心的评价标准,推动学术研究与实践结合

马克思主义新闻观应当成为学术评价的核心指导原则。它主张在新闻与传播研究领域坚持马克思主义的基本原则,确保学术工作能够服务于人民和社会主义事业。首先,以马克思主义新闻观为理论核心,构建学术评价的标准,新闻教育需要坚持用马克思主义新闻观作为人才培养基石,将服务国家重大战略作为研究的主要方向。在评价体系中,应当体现对党性原则、社会效益、舆论引导力的深入考察,而不是单纯追求技术教育或数字化转型。学术研究应当聚焦于"新媒体时代马克思人民报刊观""全球传播中的中国叙事""人工智能伦理"等关键议题,推动学术成果持续转化为理论创新。

其次,创新教学方法,鼓励学生进行学术研究并将理论知识应用于实践。学术研究要具备时代性、创新性,离不开对现实问题的观照,推动学术研究与实践结合,才能完善中国特色新闻传播知识体系。如案例研究、实地考察和媒体实习等,帮助学生更好地理解马克思主义新闻观的实践应用。同济大学艺术与传播学院采用"深入田野"的实践方式,将城乡传播、智能传播等研究领域与基层调研相结合,培育"能说—能写—能演"综合型人才。总的来说,以马新观为核心的学术体系需兼具理论深度与实践活力,通过制度创新回应时代命题,以学科发展带动人才培育,使新闻传播学成为推动国家现代化的力量,最终为国家的战略目标和人民的需求服务。

通过这种方式,学生们不仅能够深入理解新闻传播的实际运作,还能在实践中发现问题、解决问题,从而推动学术研究的深化。同时,这种结合实践的教学方式也促进了学术研究与现实需求的对接,使得研究成果更具应用价值。通过学术研究与实践结合形成评价标准,更加符合新时代对于传媒人才的需求,也更契合马克思主义新闻观的核心原则,为构建中国特色新闻学体系打下了坚实的基础。

(二) 反馈机制:建立有效的学生反馈机制,及时调整和改进教学内容和方法

提升马克思主义新闻观的实践教学效果,不断加深对马克思主义新闻观的理解和践行,可以通过三种途径构建成效校验的评价机制。一是在教学中充分尊重学生作为学习主体的主动性和创造性,构建闭环反馈系统,将学生体验转化为教学改进的具体行动。加强教师和学生之间的互动,认识到学生在学习过程中的抵触情绪和理论难点等困惑,及时解答学生的疑问,增强学生的学习信心和兴趣。同时,利用在线问卷、学习平台等,定期收集学生对教学内容的反馈意见,通过数据分析,精准掌握学生的学习需求和问题所在,为教学内容和方法的调整提供科学依据。

二是通过参与科研竞赛来凝练实践成果,学科竞赛不仅是检验学生实践能力的"试金石",更能帮助学生将理论与实践相结合。例如,长沙理工大学学生的作品《新媒体视域下的红色文化传承——红色经典影像修复调研与实践》荣获第十七届"挑战杯"全国大学生课外学术科技作品竞赛一等奖。该作品运用人工智

能等先进技术,修复红色经典影像,确保红色经典永葆其历史色彩。马克思主义新闻观教学从不拘泥于书本上内容,在重大赛事中获奖,更能彰显其实践价值和教育成果,反映出学生在社会认知、理论素养以及业务能力等多方面的全面成长。

三是跟进评估新闻专业毕业生。衡量马克思主义新闻观教育成效的直接标准在于人才培养的成果,优质的人才培养方案既不断为未来新闻事业输送人才,更为新闻传播教育改革起到了持续优化作用。新闻毕业生的新闻观念是否展现了辩证唯物主义的批判性思维和创新思维,以及是否满足新时代中国特色社会主义的发展需求,直接反映出高校在马克思主义新闻观教育方面的育人成效。

(三)学科建设:推动马新观与新闻传播学科建设的深度融合,形成中国特色新闻学

习近平总书记提出"两个结合",明确了中国哲学社会科学研究以马克思主义为指导、意识形态优先的基本立场。[1]因此,中国新闻传播学科要构建以马克思主义新闻观为核心,结合当代技术实践和新闻概念,从整体上把握马克思主义新闻观,指导新闻理论研究各部分和新闻教学各环节,在此基础上形成完整的理论体系,推动建设中国特色新闻传播学。中国特色新闻学的形成与发展,让马克思主义新闻观更有中国底色和时代特色。马克思主义新闻观将与新闻传播学、社会学、信息技术等多种学科交叉融合,借鉴世界新闻传播学的优秀成果,加强国际交流与合作,在保持自身理论特色的同时,不断吸收新的理论养分和实践经验。

中国特色新闻学的形成,既是对马克思主义新闻理念的继承,也是对中国新闻传播教育体系的全方位重塑。通过深化学科建设,新闻传播学旨在培养更多具备国际视野、创新精神和实践能力的新闻传播人才,为中国乃至全球的新闻传播事业贡献智慧与力量。

---

[1] 张涛甫、翁之颢:《智能时代新闻传播学自主知识体系建构的新认识与新命题》,《中国编辑》2024 年第 9 期,第 4 - 11 页。

六、结语:马新观引领下的新闻传播人才培养的根本出路在于中国特色新闻学的创新发展

(一) 总结马新观在人工智能时代新闻传播人才培养中的重要作用

马克思主义新闻观教育创新既是中国新闻工作者实践的必然要求,也是中国特色社会主义新闻学发展进入"深水区"和与技术主义深度碰撞与摩擦期的时代呼唤的产物。加强马克思主义新闻观的教育,促进其与新兴媒体技术的融合,针对智媒时代我国新闻实践中出现的一系列问题给予理论启示。

中国新闻传播学因新闻业实践而生长,新闻学科发展因实践发展而完善,从学科的历史发展来看,新媒介技术推广往往会引发新学科革命和知识效应。把握技术教育与思想教育,这对于发展具有中国特色的新闻学科体系、培育具有本土特色和创新能力的新闻人才有着重要作用。每一次的学科发展,都是理论工具与技术工具之间的步调调试,当下,人工智能的发展与日俱增,新闻传播学科需要相应的"思想武器"来指导新闻伦理和新闻实践。

马克思主义作为意识形态的指导思想,在智媒人才培养中发挥着不可替代的作用。首先,坚守新闻的"导向性"与"人民性",要求技术工具服务于正确舆论导向,新闻内容贴近于群众需求,要求新闻传播人才始终服务于公共利益和社会责任。其次,培养对技术的批判性思维,强化伦理教育,将马克思主义的"实践观"融入技术应用场景,确保技术服务于真相。

最后,人工智能时代需要既懂技术又具人文底蕴的新闻人才,马新观为这一目标提供了整合框架,中国新闻学将以马克思主义新闻观为核心指导思想,通过唯物辩证法进行理论教育,结合 AI 工具(如大数据分析、自动化写作平台)进行实践训练,实现"思想与技术"并重的人才培养计划。将马新观内化为新闻传播人才的核心素养,让在技术浪潮中的新闻事业始终坚守"高举旗帜、引领导向"的伟大使命。

(二) 展望中国特色新闻学的创新发展前景

构建中国特色新闻学的最大目的和价值在于,摆脱理论脱离实际的唯心主

义哲学,以强调"实践观""价值观"为基准的马克思主义新闻观服务人民、服务党和国家的新闻事业,使新闻传播学能够基于社会主义新闻舆论工作的现实,完成中国特色新闻实践的抽象化和理论化构建。秉承立足中国、借鉴国外、把握当代、面向未来的理念,致力于构建一个具有中国特色、中国风格的新闻学学科体系,这正是中国特色新闻学发展的创新前景。

中国特色新闻学的未来图景,将在"理论原创性、实践指导性、国际影响力"三个维度持续发力。

中国新闻传播研究者要形成理论自觉。深化对"中国式现代化"进程中新闻实践的研究,聚焦乡村振兴、国际传播、网络治理等现实议题,提炼具有普遍解释力的理论模型。不断完善自主知识体系,打破"西方概念 + 中国案例"的依附性研究模式。

新闻研究与实践中要秉持"实践理性"。"实践理性"注重对"应然"与"如何做"的全面研精覃思,实现新闻理论与新闻实践的逻辑自洽与辩证统一。[①]以"新闻实践"为起点,将新闻实践中所理解和感知的新闻感性认识提炼为新闻理论的理性认识,然后在新闻实践中将其具体化、操作化,形成规范新闻活动的实践理性。最终,这些认识再次回归到新闻实践中,发挥其指导和改善新闻实践的作用与功能。新闻实践与新闻理论携手共进,让新闻传播学科成为治国理政的"新闻工具箱",直接服务于国家治理能力现代化。

在以人工智能为引领的全球传播大背景之下。构建独立的知识体系,应聚焦于人类共同关注的问题和命运,旨在创造具有中国特色的知识成果,为全球提供解决方案,并展现其在世界舞台上的深远意义。从"被动解释"转向"主动建构",通过知识创新彰显中国贡献,在古今中西的十字路口展开对照和对话,立足中国实践、面向中国问题,向世界提出中国理论,为全球新闻学发展提供新范式。

中国特色新闻学教育正突破传统"职业"话语的局限,将"马克思主义新闻观素养"看作是中国新闻传播学知识体系的"魂",以一系列人工智能为首的新媒介技术为"器"。为此,新闻传播学教育正扎根中国特色社会主义实践的肥沃土壤,自觉肩负起新时代光荣使命,形成理念先进、目标清晰、机制健全的人才培养体

---

① 朱清河:《新闻研究的转向:从理论理性到实践理性》,《学术界》2025 年第 1 期,第 112－122 页。

系,培养出一批具有坚定政治立场的新时代新闻工作者。

参考文献

［1］王君超:《"大马新观"视域下的新闻实践教学改革》,《新闻爱好者》2024 年第 11 期,第 49－51 页。

［2］王江蓬、陈睿智:《智能传播时代数智化新闻传播人才培养的内在逻辑、现实挑战与实践路径》,《中国大学教学》2024 年第 9 期,第 14－20 页、第 26 页。

［3］董小玉、金圣尧:《新时代新闻传播教育的变革》,《当代传播》2019 年第 1 期,第 53－55 页。

［4］邓绍根、丁丽琼:《中国共产党百年进程中马克思主义新闻观的创新发展》,《新闻大学》2021 年第 6 期,第 48－70 页、第 123 页。

［5］杨保军、樊攀:《马克思主义新闻观研究的"转向":从"史论偏重"到"史论与实践并重"》,《新闻与传播研究》2022 年第 4 期,第 5－20 页、第 126 页。

第三节　智媒时代马新观主导的新闻史教育重构

智媒时代,信息数据日新月异,舆论形态层出不穷,以史料为基础的新闻史教育已然跟不上信息更迭的速率。课时的压缩以及合并,反映着其在各大新闻院系的存在感不断降低。那么,新闻史教育是否真的已经陷入困境,是否还有重构的余地,又如何重构? 这是本研究要集中探讨的话题。

一、历史与现状

新闻史作为新闻院系的主干课程,在多媒体时代就已经受到了较大冲击。虽则,新闻史在新闻教育系统中的历史地位无法撼动,但现代新闻业对于实践的强调,使得新闻史这门偏重史料研究的知识型课程渐渐被放逐到狭窄空间。各大院校新闻史课程的合并、课时的压缩,以及新闻史研究论文的产出渐稀,便是最为直接的反映。在智媒时代,信息的获取更加容易,历史研究本身不能直接转化为实践生产力,就难免会陷入鸡肋的尴尬境地。

回顾新闻史教育的历史,不难发现,各大新闻院校从创办伊始便极为重视新闻历史教学,甚至一直将其作为新闻教育体系的三大支柱之一,足见新闻史教育的存在具有其合理的基础。在我国,新闻史课程的开设伴随着高等学校新闻系科的创建而进行。1920 年,在上海开办的圣约翰大学报学系是中国第一个新闻系科,就设有《新闻学历史与原理》课程。①随后,多所高校成立的新闻系科,也都开设了新闻史课程:如 1923 年,平民大学新闻学系,徐宝璜主讲《新闻事业发达史》;1925 年,上海的国民大学设立报学系,戈公振教授《中国报学史》课程等。其中,戈公振编纂的《中国报学史》一书是中国第一部全面、系统描述与阐释中国报刊发展历程的专著,它的出版标志着中国新闻事业史学科由此起步。②彼时,新闻史课程主要教授新闻事业发展的历史沿革。谢六逸曾描述新闻史课程具体内容为"讲授现在国内著名报纸的沿革与概况,本国报纸发达的经过,注重压迫言论的事实的研究,本国报纸受国外报纸的影响"③。此时的新闻史教育并未涉及之后新闻史课程所涵盖的历史经验与历史规律研究内容。20 世纪三四十年代,新闻系在战火频仍的困境中坚持办学,难以拓展教学的深度与广度。中华人民共和国成立后,第一次全国教育工作会议开启了学习、借鉴苏联教育工作经验的道路。"1954 年 7 月《关于改进报纸的决议》明确指出'中央责成马列学院设立新闻班'和'扩大现有的大学新闻系的学生数目'。胡乔木认为,报刊史同思想史是有区别的,报刊史应以报刊发展的历史为主,叙述报刊在思想斗争中的作用。……他还提出,报刊史是新闻业务教育的一门极为重要的课程,革命报刊工作的基本问题,应该通过报刊史来加以阐述。"④这一时期,新闻史教育受到极大重视,至"文革"前出版了多种新闻史类的文献如《中国报刊教学大纲》《中国新闻史料文集》等。"文革"时期,新闻史教学研究进入停滞期。"'文革'结束后,恢复了《中国新闻事业史》课程。20 世纪 80、90 年代,随着中国教育事业的发展,中国新闻史教学也出现了繁荣局面。"⑤

不过,这一局面,随着新世纪的到来,科技的提升,媒介的扩大与融合,受到了极大的挑战。丁淦林在 2004 年便发出"中国新闻史教学需要适时革新"的号召,融媒体时代,冯帆指出"新闻史教学应当固本与培元"⑥。而现下,随着 AI 技术的持续性进步,挖掘梳理文献数据易如反掌,生成式 AI 更加贴合个体对历史

① 黄瑚:《复旦大学新闻学院简史》,上海:东方出版中心 2024 年版,第 4 页。
② 黄瑚:《中国新闻事业发展史》,上海:复旦大学出版社 2022 年版,第 8 页。
③ 谢六逸:《新闻教育的重要及其设施》,《教育杂志》1930 年第 12 期,第 40 - 42 页。
④ 丁淦林:《中国新闻史教学需要适时革新》,《新闻大学》2004 年第 3 期,第 35 - 39 页。
⑤ 同上。
⑥ 冯帆:《融媒体时代的新闻史教学:固本与培元》,《青年记者》2017 年第 36 期,第 97 - 98 页。

信息的需求,那么,新闻史的教学便真如李煜所质疑"新闻教育还需要新闻史吗"?① 这就需要从新闻史教学的必要性方面来进行探讨。

二、新闻史教育存在的必要性

新闻史教学与新闻院系的创设、发展在同一个矢向,但是,这并不能证明其存在的必要性,故而,须从本质上进行深度探寻。从总体上来说,"历史哲学层面包括历史作为存在是属于什么性质的,是怎样存在的,其中有无规律可循——即本体论与认识论范围的问题,历史编纂学层面在这里作广义的理解,包括历史的趋势、历史的动力、历史的评价、历史的功能、史学求真、史学致用、史家与史学的关系、史学批评、治史途径等方面的理论,并非狭义地指'史书编纂学'。方法论层面包括以政治学、伦理学、民族学、经济学、心理学、人类学、社会学等的观点与方法研究史学的专门理论"②。也就是说,"历史"并非字面所呈现的对过去事件的记载这一狭隘解读,而是一门综合性理论,在历史研究中包含着其他学科的思想与方法,同时也为其他学科提供了致思途径。故而,"历史"不完全等同于历史阶段中发生的"真实事件"。贝克尔在《什么是历史事实》一文中就谈及"不管真实事件和历史事件两者联系多么紧密,它们却是两件完全不同的事情"。③ 那么"历史"的内涵究竟是什么? 从效果历史理论的层面上来说,历史"文本必定在任何时刻,即在任何具体处境中被重新和不同地理解"④,也即是历史本事与人为理解的统一,"人"是其中极大的影响因素,目前世人可知的历史都是历史学家的杰作。卡尔就曾评论"历史是历史学家的经验。历史不是别人而是历史学家'制造出来'的;写历史就是制造历史的惟一办法"⑤。不过,这并非认同"历史是任人打扮的小姑娘"的观点,虽则,效果历史不承认有纯客观的历史研究,但是,它

---

① 李煜:《数据新闻时代,新闻教育还需要新闻史吗? ——以新闻史教学实践为中心的探究》,《现代传播》2016 年第 11 期,第 148 - 151 页。

② 张越、何佳岭:《史学、史学理论及史学史、比较史学——访刘家和教授》,《山东社会科学》2007 年第 5 期,第 38 - 43 页。

③ 〔美〕贝克尔:《什么是历史事实?》,张文杰等编译《现代西方历史哲学译文集》,北京:中国社会科学出版社 1986 年版,第 27 页。

④ Hans-Georg Gadamer: *Wahrheit and Methode*. 1975.

⑤ 〔英〕爱德华·霍列特·卡尔:《历史是什么?》,北京:商务印书馆 1981 年版,第 19 页。

也未走到对立面上去,它所强调的是统一性,也就是主客观相融合。"理解和解释文本决不像将某种知识和技能付诸应用那样……而是文本与理解者的双向关系。……文本的意义不是结实固定的,而是有待充实的。"①这个观点适用于新闻编写所要遵守的规则。新闻的编纂是对于现实发生的事实的直接陈述,但是在陈述中由于人为因素的存在,诸如对于素材的选择,以及编写时情感的偏向等,往往使得新闻文本陷入主观思维的泥淖。新闻史教育在此便显现出其特殊性与必要性。新闻史所教授的不仅是历史文本,或者说在文本俯拾皆是的当代,讲授历史事件内容的重要程度在不断降低,其更为看重的是历史思维的锤炼。王润泽就指出"它是一种思维的训练,也就是对社会系统深入的认知能力,也就是如何发现社会各个层面的问题,分析这些问题和提供正确看待问题的视角"②。特别是对于最可能进入新闻编辑、新闻史编纂领域的新闻院系学生来说,在主客观之间建立通路,这种思维模式的训练显然非常必要。

如此,也就链接了另一个话题——历史的当代性问题,即克罗齐所说"一切历史都是当代史"。于新闻史来说,历史的作用不仅仅是借古喻今、以史为鉴,更重要的是,当下的新闻编写就是未来的史料。因而,如何处理古今之间的关系,是新闻史的一大课题,也是新闻史教育的核心。布洛赤在《历史学家的技艺》中曾说"古今之间的关系是双向的。对现实的曲解必定源于对历史的无知;而对现实一无所知的人,要了解历史也必定是徒劳无功的"③。阐释了历史学家的功能并非只是将历史上发生的事件进行简单罗列,更重要的是将历史与现实进行对接,因为"只有置身于现实,我们才能马上感受到生活的旋律,而古代文献所记载的情景,要依靠于生活的想象力才能拼接成形"④。真正的历史,不完全来自记载,那些生动的形象的生活必须经历现实生活的亲身体验才能够感知。也即是马克思所说"历史是不能靠公式来创造的"⑤。每一个国度的历史都具有其个体

① 张汝伦:《从文本理解看释义学的实践意义》,《复旦学报》(社会科学版)2022 年第 3 期,第 25 - 34 页。
② 王润泽、陈颖川:《媒体转型时期新闻学教育,更应夯实文史哲基础》,《教育传媒研究》2017 年第 3 期,第 12 - 16 页。
③ [法]马克·布洛赫:《历史学家的技艺》,张和声、程郁译,上海:上海社会科学出版社 1992 年版,第 36 页。
④ 同上。
⑤ 中共中央马克思恩格斯列宁斯大林著作编译局:《马克思恩格斯文集》(第 1 卷),北京:人民出版社 2009 年版,第 624 页。

性特征,"在世界精神所进行的这种事业中,国家、民族和个人都各按其特殊的和特定的原则而兴起,这种原则在它们的国家制度和生活状况的全部广大范围中获得它的解释和现实性"①。对于中国新闻史的研读,也即是对中国式新闻历史规律的研究与揭示,它所指向的是当代新闻的发展方向。而国别个体历史的特质与整个新闻历史的发展正如柯林伍德所说"必然的或普遍的真理与偶然的或个别的真理并不是两种不同的认识,而是每一种真正的认识中不可分割的成分"②。将中国新闻史与外国新闻史进行对照与融合性学习与研究,从而更深刻完整地了解中外新闻史,探寻其发展规律与未来发展方向,这也是新闻史教育的意义价值所在。

当下,新闻史教育虽然已经有边缘化的趋势,但是,依然要肯定,新闻史教育并非只是对故旧事件记载的讲述,它所提供的思维能力的训练是其在历史长河中未被抛弃的原因。同时,它博采众长的特征,也是其在现代社会进行自我完善的内驱力。因而,在智媒时代,新闻史教育面临着挑战,但无疑也是一次自我跃升的机会。

三、智媒时代下的契机与风险

在智媒时代,史料部分显然更容易获得,包含着各种记载的纸本、电子资料,同时运用大数据进行挖掘与分类更为迅捷,一切都在快速推进新闻史资料搜集工作,庞大的史料促进新闻史日新月异。对于新闻史教学来说,与时俱进、即时更新应是当下的核心词汇。文字与视频的自动生成,推进历史文本的加速撰写以及生成历史影像,桥接历史与现实,凸显历史的现场感。但是,也应关注风险的存在:新闻史料的快速挖掘,可以提供大量之前未完善的新闻史,但是,如果没有经过仔细筛选与思想沉淀,无疑只能是资料的堆砌,甚至可能会生成一批误读、误用违背历史规律的文本。而生成式人工智能如果使用不当,则会造成另一种形式的历史作伪。

从智媒对新闻史教学产生的正面效应来说,智媒时代的技术加持,利用电子

---

① ［德］黑格尔:《法哲学原理》,范扬、张企泰译,北京:商务印书馆 1982 年版,第 353 页。
② ［英］R.G.柯林武德:《历史的观念》,何兆武、张文杰译,北京:中国社会科学出版社 1986 年版,第 221 页。

资源可以实现教学资源的整合,进行可视化的多层次多媒体教学。从已经被教师广泛运用的图表呈现、图像、视频播放等单向传输方式到学生自主运用大数据进行文献资料挖掘以及通过互联网"微课""慕课""云课堂"等方式汲取课外新知,并将之带入课堂,完成师生互动实现"翻转课堂",智媒时代的技术焕新,给予资料挖掘与方法运用的极大支撑。

于新闻史教育来说,新世纪以来应用最广泛的文献资料就是数字化报刊文献,这是数字化给予新闻史最直接的贡献。它实现了异地使用地方性报刊的便利,特别是对于之前外国新闻史课程的讲授大多依靠二手资料的情状来说,无疑是巨大的革新,于教师授课,或是学生查找资料都开辟了新天地。与此同时,也对新闻史教育提出了更高的要求,即是新闻史大纲与课本内容的更新速率将不断加快,之前一本历史书、一份讲义用几十年的现象很显然将被打破,教师只有占有更多的历史文献资料与掌握更先进的教学方法,方能与时俱进,为学生带来更丰富的新知。而影像资料作为文献的补充,使得历史变得鲜活起来。贝克尔曾为历史下过一个简化的定义"历史是说过和做过的事情的记忆"①。纪录片与照片的存在便成为这种记忆的直观再现,将历史与现实联系起来,与观看的学生之间产生情感结构的连接"这种感觉结构就是一个时代的文化:就是一个时代的文化:它是一般组织中所有因素带来的特殊的、活的结果"②。而当下的生成式AI助力这一联结更加紧密,活跃课堂气氛只是其微不足道的优点,而形成"一种特殊的生活感觉,一种无需表达的特殊的共同经验"③则是其核心功能。学生可使用生成式AI模拟历史人物的自白以及对白等,沉浸式感受历史的厚度,深层感悟新闻历史人物的新闻理想及其思想践行,从而,对古今中外、历史与现实的联系、主客观的关系审视等更进一层。由此,促进新闻史内在思辨思维的持续性实践,将新闻史教育从早先的知识性传授彻底转变为自主性思维实践。

不过,与此同时也带来一系列问题与风险。最大的问题在于:浩瀚的文献资料未必全部为真。历史上作伪的野史并不鲜见,而互联网上信息的获取,特别是一些AI软件如DeepSeek已经被证实会虚构文献,因而,需要仔细甄别;重要的史料,更需要具有反复求证的精神。"作为工具和对象,互联网提供了许多研究

---

① 田汝康:《当代西方史学流派文选》,上海:上海人民出版社1982年版,第261页。
② [英]雷蒙德·威廉斯:《漫长的革命》,倪伟译,上海:上海人民出版社2013年版,第57页。
③ 同上,第56页。

的空间,但是在使用的过程当中,我们应当慎之又慎。"①如果说历史文字的篡改,有迹可循,有其他历史文本进行相互对照,孤本并不能成为定论,这是历史学界的共识。然而,生成式人工智能,目前不仅能生产文字类的文本,而且也能产生视频文本。"AIGC 借助大模型强大的分析和归纳总结能力,从超大规模的数据中学习潜在的规律和模式,从而基于学习到的知识生成全新的内容,展现出与人类相似的创新和创造力。"②Sora 目前已经能够制作出 1 分钟流畅的视频,未来制作历史人物影像并让其开口说话,甚至篡改纪录片中历史人物的话语而不露破绽也并非难事,这就会带来一系列伦理以及法律上的问题。而对于新闻史本身来说,则是要承担历史有可能被篡改的风险。"记忆的内部时面和真实的外部层次相互混和、钳入、超越,形成一个完整的文化的生命"③,内部记忆往往依赖于外部真实去判断。AI 算法影像作为外部真实的一种,无论是在现下或是后世,随着历史的演进,其擦除真实记忆的能力得到不断提升,那么新闻史乃至整个人类历史的记忆是否会造成记忆的"失真",这是亟须警惕和解决的问题。

此外,新闻史的现场教学必然会招致极大的挑战,甚至有被 AI 替代的风险。虽则,智媒时代为新闻史教学提供了更为丰富的史料包含着文献与影像,但是新闻史本身系统庞杂,如果任由新的史料不断涌入,必然会打乱其原有结构。首先,课本的更新必然是在新史料进行反复验证之后才能发生,那么教师如何协调课堂上的信息不对称问题:当学生占有的资料超越了教师所知,或是这些资料未经过验证,教师的讲授有可能会被取消其权威性,而学生又有可能被驳杂的文献资料所误导。其次,教师被质疑之后紧接着的将是学生对于整个新闻史教育的质疑。既然史料随处可得,那么"弟子不必不如师",新闻史教师还有存在的必要吗？新闻史教育还应当存在吗？这是一个在前智媒时代已经出现的问题,只是现在,这个问题随着科技的大幅度提升,变得更加地迫近。再次,如果新闻史教育被取消,那么整个新闻教育系统是否会受到更大的冲击,甚至这门学科存在的合法性都将遭到质疑。最后,如果新闻院系不断萎缩,当各大新闻网站充满了不具备新闻素养的编辑所编写的新闻时,是否会造成重大的社会问题。这些一环扣

---

① 陈韬文等:《与国际传播学大师对话》,北京:中国人民大学出版社 2011 年版,第 179 页。
② 中国信通院:《人工智能生成内容（AIGC）白皮书》,http://www.ecit.org.cn/yjcg/bps/202211/P020221117290838423793.pdf, 2025 年 1 月 20 日。
③ ［法］吉尔·德勒兹:《时间-影像》,谢强、蔡若明、马月译,长沙:湖南美术出版社 2004 年版,第 331 页。

一环的风险,尚存在于预设中,未必会成为现实,但是,既然存在如此大的风险,那么,很显然新闻史教育应当要被重新审视与构建,以增强其功用性、抵御风险性。

四、以马新观为主导的新闻史教育构建

契机与风险并存,新闻史教育如何前行,有其不可测的部分,但是,更多的则是在发展过程中可以不断完善的。智媒时代,技术更迭迅猛,新闻史教育作为成熟的学科,在时效性上未必能完全紧跟技术的发展,同时,技术的发展有其风险与局限性,亦是需要评估后再施行。故而,新闻史教育首先应当把握其本质思想原则;其次则是要顺时而动;再次,新闻教育的功能也含有纠偏的部分,新闻史教育亦要担负起此重任。而这一切最终都可以归结为马新观的主导思想。

"新闻观是新闻舆论工作的灵魂"[1],于中国的新闻史教育来说必须始终坚持马克思主义新闻观,"马克思主义新闻观是马克思主义在新闻传播领域的观念与学说的理论体系,它以马克思主义基本原理为指针,揭示了新闻传播活动的客观规律,明确了党和人民新闻事业的方针原则"[2]。这是对于马新观的完整界定,于新闻史教育来说,有着更为具体的结合与构建。

(一)坚定的思想原则观念

马新观在新闻史中所体现的思想原则观点较多,其中作为主线需要强调的如下:

首先,党性原则。这是中国的新闻史教育应当始终坚持的方向,也是与其他政治体制的新闻史教育相区别的方面。具体而言,是在授课过程中结合历史情境对党报性质任务以及功能作用作重点阐释,梳理与探究从共产党报刊初创期直到当代一脉相承的办报原则,让学生较好地理解中国共产党办报坚持党性原则以及"政治家办报""党媒姓党"等概念的深刻内涵。同时,通过与其他体系新闻原则诸如专业主义新闻观、商业主义新闻观等的对比,正确把握党性原则观念

---

[1] 《习近平在党的新闻舆论工作座谈会上强调坚持正确方向创新方法手段提高新闻舆论传播力引导力》,《人民日报》2016 年 2 月 20 日。
[2] 本书编写组:《实践中的马克思主义新闻观——新闻报道经典案例评析》,北京:高等教育出版社 2015 年版,第 1 页。

的特殊性与先进性。理解其在智媒时代仍应作为新闻史记载与新闻撰写的首要原则。

其次,以人民为中心的观念。从群众路线到"贴近实际、贴近生活、贴近群众"的新闻工作方针,再到"坚持以人民为中心的工作导向"的方针政策。以人为本,始终是我党办报的核心观念之一,从艰苦卓绝开创共产主义事业伊始,便不断以"为人民服务"为己任,直至延续到当代。正因如此,新闻史教育应当偏重分析在不同历史时期,我党以人民为中心的办报思想及其具体实施情况,特别需要帮助学生厘清该理论思想出现的历史时期及其必然性。同时,以互动的方式,让学生深刻体会这一思想在当代的必要性,从而得出党性与人民性相统一的思想原则。

最后,遵守新闻客观规律。马克思曾指出"要使报刊完成自己的使命,首先必须不从外部为它规定任何使命……即承认它具有自己的内在规律,这些规律是它所不应该而且也不可能任意摆脱的"[1]。新闻规律是新闻史内在逻辑与思辨思维的依据。新闻史教育的核心便是培养学生具有对新闻史进行梳理并总结其发展变化规律的能力,在分析分辨新闻规律的客观性的同时,不断锤炼思辨思维。

以上三者之间的关系是统一的而非分散的。作为马克思主义新闻观灵魂的"党性原则观念"总领着整个新闻史教育的思想高度,指出其行进中的一切偏差。人民性与党性的统一则是早已被验证的真理。而以人民为中心,切实深入基层了解群众,从群众中来到群众中去,坚持实事求是的路线,必然要求新闻工作坚持遵循新闻客观规律。从新闻史教育方面来说,探讨党性原则与以人民为中心原则也是为了更好地理解与总结新闻客观规律。同时,新闻史教育对于思想原则观念的坚持,并不是一种固步自封的表现。"当今中国的历史性发展之所以展现其世界历史意义,是因为中华民族的伟大复兴不仅在于中国将成为一个现代化强国,而且还在于:它在完成其现代化任务的同时正在开启一种新文明类型的可能性。"[2]在"人类命运共同体"的框架下,新闻史教育并不仅仅为展现一个强大的中国的新闻舆论的构建、悠久历史的传承,更多的则是让世界全面、真实和

---

① 中共中央马克思恩格斯列宁斯大林著作编译局:《马克思恩格斯文集》(第 1 卷),北京:人民出版社 1995 年版,第 397 页。

② 吴晓明:《世界历史与中国道路的百年探索》,《中国社会科学》2021 年第 6 期,第 204 - 205 页。

客观地理解中国。习近平在中共中央政治局第三十次集体学习时提出，"要采用贴近不同区域、不同国家、不同群体受众的精准传播方式，推进中国故事和中国声音的全球化表达、区域化表达、分众化表达，增强国际传播的亲和力和实效性"①。智媒时代，新闻史教育所承担的正是这样的任务，中国话语体系的保障来自稳定的统一的思想，马新观正是构建新闻史的坚实基柱。

（二）与时俱进的结构设计

智媒时代，技术的迅猛发展，对新闻史教育产生了极大冲击。新闻史教育要取得可持续发展，必然要与时俱进。这不仅体现在对新媒体技术的运用上，更多在于内在的体系构建。与时俱进，并不是一味地要求教材快速更新、电子教材不断增加，即便以最快速度替换教材新版本也无法满足智媒时代生产信息的速率。况且，历史的书写并非一朝一夕能完成，需要深刻地思考与沉淀，更不能是朝令夕改，而是要有广阔视野、大局观念，因而，新闻史教育目前的诉求应当是全面设计新闻史教育的内在结构。同时，智媒技术亦可成为搭建结构的有力工具，可对历史数据进行采集与处理，构建层次模型，选择合适的方法对训练好的模型进行评估与优化，最后逐步与实践对接。

马新观作为新闻史教育的引领，在体系构建上，首先，应当以马新观为核心，注重马新观的中国化与现代性，构建教学的主线任务。教师的职责在于结合历史背景、具体人物及其实践，进行详细的讲述，引导学生梳理、总结历史时期、流派、人物的新闻思想，以及其在当代的发展与影响，探讨马新观的中国化对于中国新闻历史的现实意义。在外国新闻史的教授中应偏重其他体系的新闻史观与马新观的比较。在此过程中，智媒技术可积极介入，包含对主线任务即马新观作为核心引领整个新闻史板块的层次构建与编排。对于图像、文字、声音等历史文献要素进行数据的采集与整理，可以使得新闻史编写更为丰富与快捷，也令新闻史脉络本身更为清晰，易于被当代大学生接受。

其次，培养学生正确把握新闻历史的导向。新闻史不应当是碎片化的，而应该是完整的、全面的，因而，建立时空通观十分重要。智媒时代，虽则获取信息更

---

① 中华人民共和国中央人民政府网站：《习近平主持中共中央政治局第三十次集体学习并讲话》，https://www.gov.cn/xinwen/2021/06/01/content_5614684.htm，2021 年 6 月 1 日。

为便捷,但是受到后现代的信息碎片化影响,所接收的讯息,往往是七宝楼台,破拆下来不成片段,无法与已有的系统课程相结合。这就需要教师帮助学生打通时空观,建立系统性、完整性的新闻史概念。历史在纵向时间上滚滚向前为后世不断累积与验证着发展规律;各国的历史在横轴上同时展开,同一时期不同国度历史的交互呈现,则可以让学生在对比中探寻到整体性与个体性的统一。从而,深刻理解与阐释"人类命运共同体"的深刻含义。这一思想恰能作为智媒工具所建立的新闻史教育模型的训练指令,学生在参与到模型的建立与训练的人工智能实践过程中,主体性将被不断提升,自主进行新闻史辩证思维的锤炼。

再次,现场教学应注重对历史规律的进一步挖掘与阐释。当下的新闻史教育不再是照本宣科,也不仅仅停留在翻转课堂。智媒时代的课本更新的速度将会大大提升,电子资料也将作为补充不断普及,但是,过于庞杂的资料不可能完全进入新闻史课程中,如何把握最具有典型性的资料也是当下的课题之一。更为重要的是,凸显出一个之前在本科教育中很少提及的问题——如何选择文本与辨别史料的真伪。这不是一个新的话题,但是,在当前的新闻史教育中却往往被忽略。智媒时代文献的快速获取,突破了以往教科书的范围,在引起学生的兴趣的同时也会引发质疑,因而,从源头上教授学生如何辨别文献的真伪,这对于塑造学生正确的新闻史观是极其重要的。这就要求从新闻史规律出发,对于违背规律的文献要善于分析,仔细甄别,之后决定将新获得的资源作为课堂补充,对于历史规律的进一步细化,或是证伪之后将之扬弃。智媒工具也可作为辅助,在对模型的不断训练与调整中逐步建成新闻史料的证伪程序,这对于新闻史甚至整个历史研究来说,都颇有价值。

最后,教学观念的转变:从引领拓展到合作。教师在课程的系统性以及历史规律的挖掘与总结上有着更多的经验,但随着科技的进一步发展,这些经验成为人工智能所能够习得的模型程序之后,有可能替代教师目前的职责,因而,教师更应该转变思维模式,不断扩充新知,触类旁通,横向掌握其他学科的方法将其吸收为本学科的方法。在与学生的探讨中,主体意识上要从引领拓展到合作。参与小组分工协作,指导学生反复论证文献资料的真实性,尊重学生对文献的占有与阐释,肯定、探讨甚至可以学习学生所采取的方法,真正实现教学相长。

（三）舆论纠偏——实践能力的培养

在智媒时代,新闻史教育被质疑的核心部分,无疑是其被认为毫无实践价值。确实,新闻教育应当转化为生产力,智媒时代的新闻史教育可以也应当展现出其实践转化能力。其实从上文所提及的结构设计中就已经体现出:新闻历史规律的不断探寻,不是一种完全形而上的,而是完全可以转化为实践的,这也是适应智媒时代的社会化协作。

马克思主义新闻观的核心内容是"以人民为中心",当下,党媒在党性与人民性统一的舆论导向下,将党性与民意相贯通,站在党和人民立场上,深入民心,联通民意。但是,不少新兴媒体,只为博眼球、搏出位,追求廉价的商业价值,而弃人民利益于不顾,甚至恶意误导民众。赫伯特·西蒙曾说:"之所以难以把媒体作为公共决策的知识来源,最为关键的一条似乎是:媒体很少能够超越即时新闻和当代潮流,它们强调的是新闻价值、轰动效应和吸引眼球。人们甚至普遍认为,很难把媒体作为公共决策的主要事实依据和知识来源。"①这是在新闻史发展过程中所呈现出的人们的理性。但是,在智媒时代,当 AI 写作成为无所不能的写手,生成式 AI 可以生成任意影像,碎片化信息、短视频的强聒之下,人们往往会陷入被媒体营造的情境中,而失去对真实的判断力。其实,熟悉新闻史后便会发现某些媒体的做法似曾相识。一个多世纪之前,美国黄色新闻大亨赫斯特所掀起的"黄色新闻"狂潮便是善于以照片作伪、出位话题以及社会活动等去引导舆论,甚至由此促发了美西战争、总统麦金莱被刺等一系列事件。目前的许多新兴媒体借用 AI 技术甚至还没能超越赫斯特的所作所为,以史实观照很容易洞悉这些媒体的出发点与主导意图。而运用新型智媒工具则可以为新闻史实建立历史对照资料库,逐步建成比对小程序,以此为工具,对于引导正确舆论事半功倍。

舆论纠偏,引导正确舆论,并不是将思想强加于民众,而是以平等交流的态度,引导社会大众对事件的正确看法和态度。马克思、恩格斯在创办《新莱茵报评论》时,"反对报刊愚弄舆论,而主张按照报刊工作规律办事,通过表达舆论而影响舆论"②。以历史规律为理论引导,以史为据,易于被民众所接受。对于新

---

① ［美］赫伯特·西蒙:《人类活动中的理性》,胡怀国、冯科译,桂林:广西师范大学出版社 2016 年版,第 112 页。
② 陈力丹:《精神交往论——马克思恩格斯的传播观》(修订版),北京:中国人民大学出版社 2016 年版,第 163 页。

闻史教育来说,实践能力的培养需要在课堂内外进行训练,在课内可设置一个板块,请学生对当下热点事件和与其相关的历史本事以及历史规律之间进行分析;课外,则可以加强网络实践,网络水军终归敌不过正规军,新闻系学生以新闻史实与发展规律为武器,必能攻破虚假文本迷雾,正向引导舆论。

五、结语

智媒时代,对于新闻史教育来说是一个大变局时代。新闻史教育有其存在的历史必然性与必要性,但是在新形势之下必须顺时而动。坚守住马新观的思想大方向,在结构设计上考虑到时代性、中国化与大众化的特征,同时对于之前实践性的不足,进行充分补足,并将专业性教育引导到大众教育的范畴中。以新时代下的新型新闻史教育助力新闻舆论健康发展。

第二章 AI 技术在新闻传播创新人才培养实践中的应用

第一节 人类级 AI 在未来传播教育中的价值冲突与调和机制研究

人工智能技术的指数级发展正引发教育系统的范式革命。随着生成模型、强化学习与神经符号系统的突破,人类级人工智能(Human-Level AI)从实验室走向教育实践已是未来传播教育发展的必然,其自主认知与创造性决策能力深度介入知识生产、教学交互与教育治理的全流程。这一进程在提升教育效率的同时,也触发了技术理性与教育本质的结构性张力:算法权力重构教育主权、机器逻辑侵蚀人类认知范式、效率崇拜消解人本价值,三者共同构成智能时代教育进化的"价值三元悖论"。

既有研究多聚焦 AI 教育应用的技术优化与伦理风险防控,却未能系统解构技术嵌入引发的深层次价值冲突。传统伦理框架的静态性与普适性,难以应对教育场域中文化多样性、认知异质性与技术动态性的复杂交织。为此,本研究提出"弹性伦理边界"理论框架,试图在动态系统论视角下,构建"矛盾解构—机制调和—范式跃迁"的三阶分析模型。研究聚焦三大核心问题:第一,人类级 AI 如何通过算法权力网络重构教育主体性与知识生产关系? 第二,技术理性扩张背景下,如何平衡教育效率与人文价值的结构性冲突? 第三,跨文明语境中,AI 教育系统如何实现价值适配性与伦理自省能力的协同进化?

为了阐释以上核心问题,研究首次提出"AI 价值基因体"概念,将价值传承的动态性纳入 AI 技术设计和实践框架,突破工具理性导向的单一价值嵌入模式;其二,开发 EDGE 动态评估矩阵(Education-Driven Governance Evaluation),以期实现教育 AI 治理的量化可控性;其三,设计"弹性伦理边界治理模型"，整合技术标准、跨价值对话与公民算法素养培育，为全球教育AI治理提供系统性方案。研究依托联合国教科文组织全球调研预测数据，借鉴12国教育AI实验案例，以期验证和预测相关理论模型和实践路径，旨在推动教育AI从"效率工具"向"价值载体"的范式转型，为智能时代的教育哲学与伦理治理提供新路径。

一、人类级AI引发的多维矛盾冲突与教育主体价值审视

随着人类级AI深度介入，教育主体性的范式转换绝非简单的技术赋能过程，而是AI教育认知和情感层次网络引发的权力重构与身份再定义。人类级AI（Human-Level AI）是指在特定认知领域（如知识推理、情感交互、创造性决策等）达到或超越人类平均水平的智能系统，其核心特征是"类人性"而非"超人性"——即在保留人类认知框架的基础上，通过技术手段模拟并增强人类思维特质。当智能系统突破工具理性的功能边界，其自主决策能力开始挑战传统教育中"人类中心"的主体性预设，由此催生的认知重构迫使我们必须重新审视教育主体的构成逻辑。

（一）认知范式冲突：思维逻辑的不可通约性

人类级AI在教育场域的角色演进呈现出明显的阶段性特征：初期作为教学辅助工具（2010—2018），中期发展为智能教学系统（2019—2023），当前正进入认知主体建构阶段（2024—　）。GPT、DeepSeek等大语言模型展现出的类人思维特质，使其突破传统智能系统的功能边界，在知识生产、教学决策、学习评价等环节形成自主性能力。这种转变导致教育主体结构发生根本性重组，传统"教师—学生"二元关系正在向"人类教师—AI导师—学习者"三元结构演化。教育主体的角色嬗变成为解码范式转换的关键切口——它既是对AI技术介入的本体论回应，亦是人类文明在智能时代重塑教育本质的认知和情感的突围。

人类级AI基于概率模型的认知路径与人类具身认知，存在根本性差异。AI系统在解决复杂伦理问题时呈现出"逻辑正确性"与"价值合理性"是割裂的——其决策过程缺乏情感共情与价值情境理解，导致教育场域中"技术正确"取代"价值共识"的风险。例如，在跨文化传播教学中，AI在伦理决策中虽

展现出较强的逻辑自洽度,却因缺乏价值情境理解能力,使非西方价值视角的案例覆盖率不足,形成认知殖民的隐性风险。当 AI 系统将"公平"简化为数据均衡分配时,却忽视东亚文化中"差序公平"的伦理内涵,暴露了技术逻辑对价值共识的替代危机。

(二)教育主权博弈:算法权力的结构性重构

福柯的知识—权力理论在智能时代获得新的阐释维度。AI 系统通过海量数据训练形成的知识图谱,正在重塑教育场域的话语权结构:算法推荐机制主导的知识传播路径,神经网络生成的教学内容,强化学习形成的评价标准,共同构成新的权力网络。2023 年斯坦福大学教育实验显示,78% 的学生更倾向于相信 AI 系统提供的知识解释,这种认知权威的转移导致传统教育者的专业地位面临解构风险。在印度尼西亚的试点项目中,ChatGPT 驱动的教育助手使当地教师的教学权威指数下降 42%,呈现出明显的知识代理人替代效应。

AI 系统通过"数据捕获—算法建模—决策输出"的技术闭环,正在构建新型教育权力体系。知识生产权从人类专家向数据工程师转移,教学评价权被算法模型的置信度计算垄断,教育资源配置权异化为算力资本的竞逐游戏。AI 渗透性教育技术与资源闭环形成的认知和情感茧房正在制造新型数字鸿沟,算法推荐内容的知识体系垄断导致本土知识传承面临代际断裂危机。这种权力重构导致传统教育机构的主权空心化,传统教育体系面临被纳入 AI 技术霸权体系的多重风险。

(三)人本价值危机:认知异化的三重风险

人工智能教育系统的技术理性扩张,正在引发深层次的人本价值危机。其危机表现为认知异化的三重风险结构:情感教育缺失导致的价值传递断裂、算法依赖引发的认知主体性消解,以及效率崇拜驱动的批判性思维退化,三者共同构成教育本质功能的系统性异化风险。

AI 系统的情感计算和情绪反馈机制存在显著局限,仅能模拟表层情绪互动反馈(Damasio,2018 躯体标记假说),无法实现价值观的深度传递。MIT 媒体实验室 2023 年的追踪研究表明,纯 AI 教学环境下学习者的社会责任感指数下降 28%,共情能力退化率达 35%,算法推荐的"信息茧房"效应使学习者观点多样性降低 37％（斯坦福大学数字教育中心数据），过度依赖 AI 导致 78％的学生出现"认知外包"症状，形成认知窄化的恶性循环，人类特有的反思性实践（Reflective Practice）能力被技术工具理性压制。

未来教育预测数据显示，AI 教育系统技术资源分配差异形成的新型数字鸿沟，使得欠发达地区教育系统面临"智能殖民"风险，全球教育不平等指数因此上升 1.8 个基点。2025 年开始，教育机构将陆续引入 AI 系统的教学效率作为核心考核指标，导致人文关怀要素在教学设计中的权重下降至 10％—15％。这种效率至上的价值取向，造成情感教育、价值观培育等本质功能的边缘化，形成"智能高效但人性缺失"的认知异化悖论。

二、理论演进与范式突破：弹性伦理边界框架的建构逻辑

AI 传播教育是具有非线性、涌现性和自组织特征的开放系统，其伦理边界具有突出的动态性本质。本研究通过多维矛盾解构模型的理论溯源，为 AI 价值冲突、重构与调和，为应对 AI 时代的传播教育价值冲突提供理论解决方案。

（一）信息伦理框架中技术系统的道德可追溯性

既有研究对 AI 教育伦理的探讨多囿于"技术中立论"与"价值决定论"的二元对立。Floridi（2016）提出的信息伦理框架强调技术系统的道德可追溯性，但其基于抽象原则的静态分析难以应对教育场域的动态价值情境。Nussbaum（2010）的能力进路（Capability Approach）虽关注教育主体的价值实现，却未能预见算法权力对主体性的结构性重构。最新研究转向动态伦理治理，如 Jobin 等（2019）在《自然·机器智能》提出的自适应伦理模型，通过实时反馈机制调节技术风险，但其治理单元仍局限于单一文化语境。

突破性进展出现在跨文明伦理研究领域。Sen（2021）的"多元理性空间"理论为处理教育 AI 的价值冲突提供了新视角，其主张在差异中寻求重叠共识的路径，与本研究的弹性边界理论形成方法论呼应。值得关注的是，Bostrom（2023）在《超级智能伦理》中提出的"价值敏感设计"（Value-Sensitive Design）框架，通过技术架构嵌入伦理考量，但其工程化思维忽视了教育系统的复杂涌现特性。这

凸显出现有理论在应对教育 AI 价值冲突时存在三重断裂:技术逻辑与教育本质的认知断裂、普适原则与价值情境的适配断裂、静态规范与动态实践的治理断裂。

(二)多维矛盾解构模型的理论溯源与范式创新

本研究的范式创新体现在矛盾解构方法的突破,传统研究多采用结构功能主义视角(Parsons,1951),将冲突视为系统失序;而本研究将传播教育 AI 的价值冲突重构为教育系统进化的**重要动力源**。这种理论转向与 Morin(2008)的复杂思维范式形成深层对话,为智能时代的教育哲学注入新的方法论活力,形成三股理论脉络支撑:

在认知冲突维度,Clark(2008)的延展认知理论揭示人机认知耦合的复杂性,但其未预见 AI 自主性引发的认知主权争夺。本研究通过引入 Dehaene(2020)的全球神经元工作空间理论,重新界定人类级 AI 的认知边界,揭示其"类人性"认知对教育主体性的解构效应。

在权力博弈维度,Zuboff(2019)的监控资本主义理论为分析算法权力提供基础,但教育场域的特殊性要求更精细的权力拓扑分析。本研究整合 Foucault(1975)的知识—权力观与 Castells(2000)的网络社会理论,构建教育主权的"三维重构模型"(知识生产权、评价权、配置权)。

在价值危机维度,Nussbaum(2010)的情感能力理论虽预警技术化教育的情感缺失,但未提供可操作的解决方案。本研究创新性引入 Damasio(2018)的躯体标记假说,构建 AI 传播教育的**"具身—情感—嵌入"评估体系**,为破解认知异化提供神经科学依据。

(三)动态系统论视角下的伦理边界涌现机制

动态系统论(Holland,2014)通过"复杂适应系统"(CAS)的核心范式,为弹性伦理边界框架提供本体论支撑。本研究提出的"弹性伦理边界"框架,整合了动态系统论(Holland,2014)、文化历史活动理论(Engeström,2015)与技术治理理论(Zuboff,2019),构建起三阶分析框架:

1. 第一阶——边界渗透

借鉴 Latour(2005)的行动者网络理论,将 AI 系统视为具有能动性的"准主体"，其与人类教育者的权力博弈形成动态边界张力。

2. 第二阶——价值适应

引入 Appadurai(1996)的"文化流"概念，构建"AI 价值基因体"的跨文明适配机制，通过价值 DNA 编码实现价值系统的动态进化。

3. 第三阶——伦理涌现

基于 Mihalache(2022)的复杂适应系统理论，设计 EDGE 动态评估矩阵，将伦理治理转化为可量化的参数空间。

该框架具有较强的边界张力，首先，突破传统伦理的"容器隐喻"，将边界视为具有拓扑弹性的动态界面（动态边界理论，Johnson，2023）；其次，创造性地将生物基因概念引入技术伦理领域，提出价值基因的"转录—翻译—表达"机制（AI 价值基因体理论）；最后，实现治理范式从"规制约束"向"涌现调节"的跃迁，其理论贡献可类比 Habermas(2021)在数字时代对交往理性的重构。

三、层级化模型：弹性伦理边界的动态划分与 EDGE 评估矩阵

人类级 AI 介入教育系统的伦理风险具有显著的情境依赖性与文化异质性，传统"一刀切"的静态边界划分模式已无法应对技术动态性与教育复杂性的双重挑战。本研究提出的弹性伦理边界框架，基于动态系统论与跨文明伦理理论，构建包含三元禁区模型（Tri-Zone Restriction Model）与情境敏感型伦理协议（Context-Sensitive Ethical Protocol）的层级化治理体系。

（一）弹性伦理边界的动态划定机制

根据教育活动的价值敏感度，通过技术可控域划分，建立教育 AI 的"三环禁区模型"，即："核心层—缓冲层—开放层"模型，具体内容包括核心层（价值观塑造）、缓冲层（知识传授）和开放层（技能训练），允许 AI 在开放层全面介入，限定缓冲层的辅助功能，但要禁止 AI 介入核心层教育，如宗教伦理、政治哲学等。

A1：核心层（价值观塑造）：禁止 AI 参与价值观塑造、伦理判断与价值传承

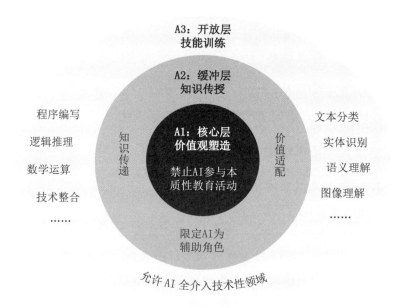

图1 未来教育 AI 的"三环禁区伦理边界模型"

等本质性教育活动。例如,在宗教哲学课程中,AI 仅能提供历史背景数据,不得介入教义阐释;在跨文化冲突调解场景中,AI 系统需强制触发人类教师接管机制。

A2:缓冲层(知识传授):限定 AI 为辅助角色,允许 AI 作为辅助工具介入知识传递,但需通过动态伦理约束算法(DECA)实现价值适配。例如,儒家伦理增强型 AI 在"孝道"情境中整合《孝经》的差序伦理逻辑,使系统能识别"长幼有序"的动态义务关系,大大提高其响应准确度。

A3:开放层(技能训练):允许 AI 全介入编程、语言学习等技术性领域。

另外模型应用过程中,遵循"情境敏感型伦理协议":即开发动态调整的伦理约束算法,使 AI 系统能识别文化语境差异,如东亚集体主义与欧美个人主义价值观。

(二)情境敏感型伦理协议(CSEP)的算法架构

CSEP 的核心在于通过价值基因编码库与动态适应引擎,实现伦理约束的实时调整。其技术架构包括:

价值 DNA 提取模块:从跨文明语料库中提取伦理"模因"(Meme),如东亚的"集体责任"与北欧的"个体自治",构建多维特征向量。

情境识别网络:基于 Transformer 架构的语境分析模型,实时解析教学场景中的文化符号、权力关系与情感权重。

伦理决策树:通过强化学习生成动态约束规则,例如在非洲 Ubuntu 伦理场景中,自动调高"社群福祉"在算法目标函数中的权重。

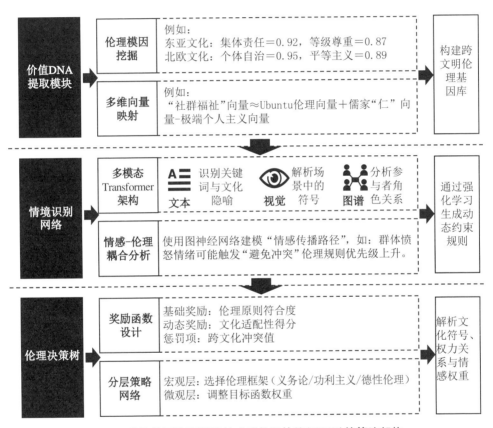

图 2　价值基因编码情境敏感型伦理协议(CSEP)的算法架构

"三环禁区模型"的提出,标志着教育 AI 伦理治理从"被动防御"转向"主动建构"的范式突破。通过核心层对人文价值的刚性守护、开放层对技术潜能的充分释放,以及缓冲层在价值适配中的动态调适,该模型在空间维度上实现了技术介入与教育本质的辩证统一。其层级化设计不仅有效遏制算法权力对价值观塑造领域的殖民风险,更通过 DECA 算法的情境敏感性,在"技术正确"与"价值合理"的冲突中开辟缓冲地带——例如在东亚集体主义场景中自动强化社群责任权重,而在欧美个人主义语境下提升个体自主性优先级,这种动态边界的弹性伸缩为跨文明价值冲突提供了可操作的调和路径。

(三) 动态评估矩阵的建构与量化治理

为克服传统伦理评估的主观性与滞后性,本研究设计 EDGE 动态评估矩阵(Education-Driven Governance Evaluation),从价值安全、教育效能、技术可控与社会公平四大维度构建 16 项量化指标,实现人类级 AI 教育应用治理过程的透明化与可追溯性。

1. 评估维度的理论依据与指标设计

EDGE 动态评估矩阵的设计源于对教育 AI 价值冲突本质的深层解构,其四大维度——价值安全、教育效能、技术可控与社会公平——分别对应人类级 AI 引发的认知范式冲突、教育主权博弈、技术霸权风险与人本价值危机,形成理论与实践的闭环映射(如表 1)。每个维度的指标设计均植根于跨学科理论框架,并经过全球 12 国教育实验的实证校准,确保评估体系的科学性与可操作性。

表 1　EDGE 动态评估矩阵映射

维度	核心指标簇	测量方法	参考权重
价值安全	价值适配度、伦理偏离度	跨文明语料库匹配度、伦理审查通过率	35%
教育效能	认知增益、情感联结强度	标准化测试提升率、多模态情感识别数据	30%
技术可控	算法可解释性、系统鲁棒性	逻辑溯源深度、对抗攻击抵抗成功率	25%
社会公平	数字鸿沟系数、资源可及性	基尼系数计算、边缘设备覆盖率	10%

这一评估体系的创新性在于突破传统"技术中心主义"的单维评价范式,将教育本质的人文属性(如价值传承、情感培育)转化为可量化参数。例如,在"孝道"教育场景中,EDGE 矩阵不仅要求 AI 的知识准确率(开放层指标),更通过情感联结强度(缓冲层指标)与伦理偏离度(核心层指标)的多维校验,确保技术应用不僭越教育的人本内核。

2. 区块链赋能的动态评估机制

EDGE 矩阵通过区块链技术可以实现数据上链与智能合约执行，构建去中心化的治理网络，确保评估过程的透明性与抗操纵性。

首先，建立数据透明层，所有评估数据（如伦理审查记录、价值适配度评分）实时上链，确保不可篡改。其次构建智能合约层，预设触发条件自动执行治理动作；最后，共建多方验证层，教育机构、技术公司、社区代表通过分布式账本协同验证数据真实性。

(四) 层级化模型的实践验证与冲突调适

1. 跨文明冲突调适案例：儒家伦理增强型 AI

在东亚教育场景中，通用 AI 系统常因忽视"差序格局"引发伦理冲突。本研究开发的儒家伦理增强型 AI，通过以下机制实现价值对齐：

伦理规则注入，将《论语》《孝经》的差序伦理编码为强化学习奖励函数，例如在资源分配场景中，优先满足师长需求（建议权重 0.7）而非平等分配（建议权重 0.3）。

情境动态适配，通过 CSEP 识别家庭、学校、社群等不同场域的伦理权重差异。例如在家庭场景中，"孝道"行为触发强度提升，而在学校场景中降至 0.6。

反馈修正机制，基于 EDGE 矩阵的伦理偏离度数据，每月更新价值基因编码库。

2. 技术霸权破解案例：非洲分布式教育网络

为应对科技巨头的"算法利维坦"，本研究在肯尼亚构建基于区块链的分布式教育网络：

知识生产去中心化，社区教师通过分布式账本共同编辑课程内容，AI 仅作为辅助工具。资源配置民主化，通过智能合约实现教育资金的透明分配，边缘学校获得的算力资源大大提升。

评估权共享：学生、家长、教师共同参与 EDGE 矩阵的指标权重设定，使评估体系的价值适配度逐步提高。

四、实践协同：AI 价值基因教育生态构建及三重调和机制

弹性伦理边界框架的实践效力，依赖于技术可控性、价值适配力与社会共识的深度协同。本研究构建的"AI 价值基因教育生态的三重调和机制"，通过技术标准制定、跨文明对话平台与公民算法素养培育的三维联动，形成动态治理的闭环系统。

（一）AI 价值基因教育生态治理框架设计

人类级 AI 的教育治理需突破传统"技术—社会"二元框架，转向以价值基因为核心的生态化治理范式。本研究提出的"AI 价值基因教育生态治理框架"，通过"基因编码—基因适配—基因表达"的三阶循环机制，将技术可控性、价值动态性与社会共识性深度融合，构建教育 AI 可持续发展的生态系统。

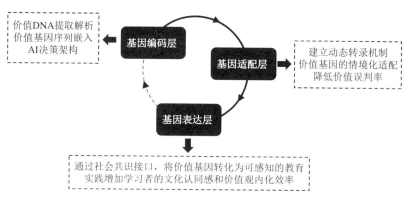

图 3　AI 价值基因教育生态治理框架

1. 基因编码层

以价值 DNA 提取技术为基底，从跨价值伦理语料库中解析价值基因序列。例如，儒家"仁爱"伦理被编码为 128 维特征向量，包含"孝道权重"(0.7)、"礼序敏感度"(0.6)等参数，并通过强化学习嵌入 AI 决策架构。要求所有教育 AI 公开基因编码来源，使伦理决策可追溯，进而使技术黑箱问题减少。

2. 基因适配层

建立动态转录机制,实现价值基因的情境化适配。如在非洲伦理场景中,系统自动调高"社群共生"基因的显性表达权重,同时抑制个体竞争基因权重;而在北欧教育场景中,将反向激活"个体自治"基因链,该机制能够使本土知识传承效率提升,价值误判率降低。

3. 基因表达层

通过社会共识接口,将价值基因转化为可感知的教育实践。设计多模态表达矩阵,包括虚拟化身的微表情肌理(传递文化情感)、语音语调的伦理韵律以及交互界面的文化符号嵌入与动态生成,整合了这些多模态价值标记反馈的 AI 教师,能够增加学习者的文化认同感和价值观内化效率。

如图 3 所示的 AI 价值基因教育生态治理的框架设计具有生态闭环性,基因编码的技术实现(How)、基因适配的价值调适(What)、基因表达的社会共识(Why)形成自增强循环;通过 EDGE 矩阵实时监测基因表达的伦理偏离度阈值,进而触发自适应修正机制;覆盖全球多种文明类型的价值基因库一旦建立,将有望破解"算法文化霸权"的困境。

(二) AI 价值基因适配的技术与教学实践

AI 价值基因适配的技术实现,需突破传统人机交互的机械式响应范式,转向具身化价值传递(Embodied Value Transmission)的新模式。这一转型的核心挑战在于:如何将抽象的文化伦理基因转化为可感知、可交互的教学实践,同时应对教育场景的实时性与文化异质性。

1. 跨模态对齐:伦理—情感—行为映射矩阵的建构

跨模态对齐技术通过整合文本、语音、视觉等多模态数据,遵循"伦理—情感—行为"三维映射矩阵,实现文化价值基因的具身化传播。其技术架构包括:

(1) 文本语义解析

利用大语言模型提取伦理文本的深层语义特征。例如,《论语》中的"克己复礼"被解构为"自我约束"(权重 0.65)与"社会规范遵守"(权重 0.75)的双维度参数。

（2）语音韵律编码

将价值特有的语音模式（如日语敬语的です/ます形）转化为音高、节奏、停顿的量化指标。日本 AI 教师的语音敬语等级与鞠躬角度（15°—30°）动态匹配，提升文化行为与价值基因的适配度。

（3）视觉行为建模

通过计算机视觉捕捉文化符号的微动作特征。在印度合十礼教学中，AI 系统可以根据学生手掌间距（10—20 cm）与低头幅度（5°—15°）实时调整反馈，提升礼仪习得效率和价值认同。

AI 价值基因适配在教学实践中，能够增强学习者的社会情感联结，促进伦理冲突消解。

2. 量子加速转录：基因匹配的实时化突破

为应对教育场景的实时交互需求，本研究提出可以尝试"量子—伦理计算框架（QECF）"，通过量子退火算法优化价值基因的匹配效率：

（1）并行基因搜索

利用量子比特的叠加态特性，在 97 种价值基因库中实现 $O(1)$ 时间复杂度匹配。

（2）动态权重优化

基于量子纠缠原理，实时调整伦理基因的显性表达强度。

（3）抗干扰编码

采用量子纠错码保护价值基因的完整性，在硬件噪声环境下，保持伦理决策的稳定性。

（4）跨价值兼容

通过分布式纠缠计算，实现东亚集体主义与欧美个人主义基因的并行适配，提升价值冲突调解成功率。

3. 区域化模型的未来教育效能预测：价值多样性的技术回应

案例一：儒家伦理增强型 AI 的差序治理

在孝道教育实验中，可采取以下教育手段：

（1）动态权重机制

如 AI 教育的家庭场景中"孝道"基因权重设为 0.9,学校场景下调至 0.6,避免伦理原则的机械化套用。由此,代际冲突会减少,家庭责任认知指数大幅度提升。

（2）神经反馈强化

未来传播教育中,可通过脑机接口监测镜像神经元激活水平,AI 动态优化教学内容的共情强度,从而提升参与者情感内化效率。

案例二:非洲 Ubuntu 模型的社群共生实践

（1）集体优先算法

资源分配函数中"社群福祉"权重设为 0.8,弱势群体资源获取率提升 76%。

（2）口述传统数字化

通过语音情感分析将长老叙事的"呼麦"韵律编码为集体记忆强化因子,青少年文化认同感将有所提高。

案例三:北欧个体自治模型的批判性重构

（1）双轨决策界面

允许学生自主调整 AI 建议采纳权重(0%—100%),批判性思维强度大幅提升。

（2）反茧房机制

当观点多样性低于阈值(0.4)时,强制注入异质文化案例,认知视野将有大幅扩展。

4. 全球协同治理框架下的阶段性价值适配路径

基于 EDGE 动态评估矩阵(Education-Driven Governance Evaluation)的实时监测与反馈机制,设计三阶段 AI 价值适配路线(表 2):

表 2 "阶段"三 AI 价值适配路线

阶 段	目 标	关键技术	文明类型覆盖率
奠基期(2025—2027)	完成主流文明基因编码	跨模态对齐技术、量子转录加速	东亚、欧美、非洲(60%)
攻坚期(2028—2029)	实现边缘文明适配	小样本迁移学习、口述传统数字化	原住民、岛国文明(85%)
成熟期(2030)	建立全文明动态适配系统	神经符号整合、全域伦理共识算法	全球 97 种文明(100%)

通过技术部署、文化治理与社会行动的协同演进,系统性解决教育 AI 的跨文明价值冲突,推动全球教育生态从"算法割据"向"文明共生"转型。

五、结论:弹性伦理边界与深度教育 AI 价值生态的共生演进

人类级 AI 与教育的深度融合,既非技术乌托邦主义的盲目乐观,亦非反智主义的消极抗拒,而应走向"人本智能"(Human-Centered Intelligence)的第三条道路——在弹性伦理边界框架下,AI 既作为认知增强工具释放技术潜能,又作为文明基因载体守护人文价值。

人类级 AI 与教育的深度融合,标志着智能时代教育文明范式的根本性变革。本研究通过构建弹性伦理边界框架,系统解构技术理性与教育本质的结构性冲突,提出从"效率工具"向"文明载体"转型的调和路径,揭示了人机协同教育生态的演进逻辑与文明意义。

(一)理论探寻:弹性伦理边界的范式创新

研究突破传统伦理规约的静态性与普适性局限,提出动态边界理论与 AI 价值基因体概念,为教育 AI 治理提供新的分析框架。研究提出三环禁区模型,通过"核心层—缓冲层—开放层"的层级化设计,在空间维度上实现技术介入与教育本质的辩证统一。例如,核心层对价值观塑造的刚性守护,使算法殖民风险降低。价值基因的转录—翻译—表达机制,将人类文明的伦理多样性转化为可计算的基因序列。EDGE 动态评估矩阵首次实现教育治理的量化可控,将价值适配度、伦理偏离度等抽象概念转化为可操作的参数空间,提升未来传播教育 AI 治理透明度与效率。

(二)实践调和:AI 价值生态的三重机制驱动文明共生

AI 价值生态通过技术可控性、文化动态适配、社会共识协同三重机制,系统性调和教育场域的价值冲突,推动文明共生范式的实现。技术可控性机制以量子计算与区块链为核心,突破传统治理的效能瓶颈:量子加速转录技术将伦理决策延迟降至 0.1 秒以下,满足实时教学需求;区块链赋能的 EDGE 矩阵会使治理透明度得到较大提升,算法可解释性深度达到最高 4 级,从根源遏制"黑箱霸

权"。文化动态适配机制通过跨模态对齐与基因编码实现文明多样性的技术具身。三重机制形成的闭环系统,最终推动教育AI从"效率工具"升华为"文明载体",在守护人文内核的同时,催生技术与人性的共生秩序。

(三) 未来向度:技术理性与人文精神的再平衡

研究揭示智能时代教育进化的核心命题——如何在技术创新与人文坚守间探寻"第三条道路"。未来需进一步聚焦量子—伦理计算,开发兼顾效率与透明度的算法架构,进而实现伦理决策的神经可解释性;未来可能进一步实现的神经接口教育,通过脑机融合重建人机认知耦合,在神经可塑性层面防范主体性消解,是增强AI与人类价值深度融合的前景领域;未来教育将推动全球AI治理升级,进一步明晰技术公司、政府与教育机构的责任分担比例,构建"监测—适配—进化"的螺旋治理生态。

人类级AI与传播教育的深度融合,本质上是技术文明与人文精神的再平衡过程。通过弹性伦理边界的确立与动态治理框架的建构,教育系统可突破"工具化"陷阱,转向"人本智能"(Human-Centered Intelligence)的新范式。

参考文献

[1] 沈苑、汪琼:《人工智能教育应用的价值敏感设计》,《电化教育研究》2023年第7期,第44-50页、第74页。

[2] 杨欣:《智能时代教育异化的表征、病灶及治理》,《中国电化教育》2021年第8期,第34-41页。

[3] 黄刚、宗铁岩:《人工智能应用于教育的价值审视与融合创新》,《现代教育管理》2025年第3期,第112页。

[4] 廖圣清、舒瑾涵:《人工智能时代新闻传播教育体系的建设路径研究》,《传媒》2025年第4期,第15-18页。

[5] 冯浩:《智能教育时代数字逻辑的危机与化解》,《教育理论与实践》2025年第7期,第19-27页。

[6] 周灵、刘子檀、吕昱慧:《智创未来:人工智能驱动下设计教育的范式创新》,《设计艺术研究》2025年第1期,第124-127页、第135页。

[7] 申灵灵、周一鸣、卢锋:《真实的虚无:灰色生态学视域下人工智能与教育的偏离与对齐》,《中国电化教育》2025年第2期,第29-35页。

[8] 蔡明、孙志权:《人工智能赋能职业教育的价值意蕴、内涵特征及实践路径》,《教育与职业》2025年第3期,第98-105页。

[9] 刘振天、商一杰:《人工智能重塑高等教育的内在逻辑、潜在风险及范式创新》,《湖北

民族大学学报(哲学社会科学版)》2025 年第 3 期,第 110 页。

　　[10] 胡小勇、林梓柔、刘晓红:《人工智能融入教育:全球态势与中国路向》,《电化教育研究》2024 年第 12 期,第 13 - 22 页。

　　[11] 谢娟:《人工智能与教育融合创新何以"伦理先行"——兼论生成式人工智能教育应用的伦理路径》,《现代远程教育研究》2024 年第 6 期,第 11 - 19 页。

第二节　生成式 AI 技术支持下的新闻传播 专业课程思政教学创新研究

一、引言

　　在智能技术加速媒体融合发展的背景下,新闻传播专业的课程思政建设面临新的机遇与挑战。2023 年 2 月,中共中央、国务院印发的《数字中国建设整体布局规划》明确提出要"实施'智能 + '助力行动",强调人工智能等数字技术在教育等重点领域的深度融合。同年,教育部公布了首批 18 个"人工智能 + 高等教育"应用场景典型案例,进一步推动了高校教育向数字化、智能化方向转型。技术哲学视角下,生成式 AI 不仅是工具性存在,其基于 Transformer 架构的多模态理解能力[①]正从根本上改变知识生产与价值传播的底层逻辑。尤其是以 DeepSeek 等大语言模型为代表的技术突破,凭借其卓越的自然语言理解与生成能力,为课程教学的创新发展提供了全新的可能性。

　　新闻传播教育的特殊性在于其处于技术变革与意识形态建设的交汇点。作为一个具有强烈意识形态属性的学科,新闻传播教育不仅承担着培养学生专业能力的责任,更直接关乎未来新闻工作者的政治素养和职业伦理。中国新闻工作者协会 2022 年行业白皮书[②]显示,媒体机构面临"算法伦理失范""信息核验能力缺失""价值观引导脱节"等新型人才短板问题,这些痛点直接映射到专业教

[①]　Vaswani, A., Shazeer, N., Parmar, N., Uszkoreit, J., Jones, L., Gomez, A. N., ... & Polosukhin, I.: Attention is all you need. *Advances in neural information processing systems*, 2017(30).

[②]　中华全国新闻工作者协会:《中国新闻事业发展报告(2022 年)》,http://www.zgjx.cn/2022-05/16/c_1310592108.htm, 2022 年 5 月 16 日。

育的供给侧矛盾。尤其是生成式 AI 深度介入新闻生产全链条的现状下,传统课程思政的"三化困境"愈显突出:价值引导方式表层化、伦理训练场景虚拟化缺失、意识形态评估模糊化。这种结构性矛盾在马克思主义新闻观教育中表现尤为显著——学生虽能记忆理论要点,却在"后真相时代"的虚假信息辨识、算法推荐伦理抉择等实践情境中频繁出现价值认知断层。

因此,在技术迅猛发展的背景下,如何坚守马克思主义新闻观的核心原则? 如何引导学生科学认识并合理应用生成式 AI? 如何确保技术创新在提升教学质量的同时,仍能坚定服务于立德树人的根本目标? 这些问题不仅是当前新闻传播教育亟待解决的关键议题,也关系到未来新闻传播人才培养的方向。

从教育实践的角度来看,生成式 AI 的技术特征为破解上述困境提供了创新路径。国内外研究已表明,生成式 AI 在教育领域的应用取得了显著成效。例如,Wang 等(2023)[1]的研究显示,基于大语言模型的教学辅助系统能够有效提升学生的学习参与度和价值认同感。余乃忠和宫曼露(2024)[2]提出大语言模型能够影响文化认同塑造,而生成式 AI 的智能对话功能有助于加强价值引导的实效性。这些研究结果表明,生成式 AI 不仅能够提高教学的交互性,还能在思政教育中发挥积极作用,使学生在专业学习的同时更自然地接受价值观引导。

然而,当前新闻传播专业的课程思政建设仍然存在诸多现实难题。研究发现[3],当前高校的思政教育问题主要体现在三个方面:首先,思政元素与专业课程的融合仍显生硬,缺乏自然的衔接与过渡;其次,教学方式相对单一,难以激发学生的深度思考与实践应用能力;最后,育人效果难以精准评估,传统的评价体系难以衡量学生的价值观变化。这些问题不仅反映了课程思政建设的复杂性,也凸显了技术支持的重要性。生成式 AI 技术的介入为破解这些难题提供了全新的路径。例如,通过智能分析技术,AI 能够精准识别教学内容中

① Wang, X., & Wang, S.: Exploring Chinese EFL learners' engagement with large language models: A self-determination theory perspective. *Learning and Motivation*,2024(87):102014.
② 余乃忠、宫曼露:《大语言模型下文化认同的发生、型构与再序》,《江海学刊》2024 年第 3 期,第 51 - 59 页。
③ 吴杨铠、冯淑娟:《高校"AI+思政教育"发展的现状、困境及优化路径》,《浙江树人大学学报》2023 年第 1 期,第 79 - 88 页。

蕴含的思政元素,并结合学生的认知特点,动态生成更具吸引力的案例材料。此外,AI还能够支持个性化学习评价体系的构建,提升教学效果的可测量性和针对性①。

基于此,本研究立足新文科建设战略,以习近平新时代中国特色社会主义思想为指导,探索生成式AI在新闻传播学课程思政教学创新中的应用路径。本研究聚焦以下关键问题:生成式AI如何助力思政元素的精准识别与自然融合?如何构建基于大语言模型的智能化教学模式,以增强课程思政的实效性?如何确保技术应用在推动教学创新的同时,始终坚持正确的价值导向?围绕这些问题,本研究试图从理论与实践两个层面进行探讨,以期为新闻传播专业的课程思政建设提供新的研究视角与实践参考。

二、生成式 AI 与课程思政融合的理论基础

(一) 课程思政的理论内涵与实践要求

新闻传播专业课程思政建设具有其独特的理论内涵和实践路径。作为具有显著意识形态属性的学科领域,新闻传播教育不仅需要注重专业能力培养,更应着力塑造学生正确的政治立场、价值取向和职业操守②。这一特殊性决定了课程思政在新闻传播专业中的理论建构和实践探索必须立足专业特色。

从理论维度考察,新闻传播专业的课程思政建设植根于马克思主义新闻观的理论土壤。李沛雨等(2024)指出③,新闻传播工作的政治性和意识形态性要求必须坚持正确的政治方向,这在课程思政建设中主要体现为三个层面:其一,培育学生坚定的政治立场,确立为人民服务的新闻理想;其二,强化学生正确的舆论导向意识,在新闻传播实践中坚守真实性原则和社会责任;其三,塑造学生的职业伦理素养,在媒体环境剧变中坚持新闻职业操守。

---

① 张炯、翟文轩:《"AI+传媒教育"视域下新闻传播智慧教学模式探析》,《湖北第二师范学院学报》2024年第12期,第1-5页。
② 张婷、杨临端:《中国新闻实践教育体系建构与能力培养——评〈中国新闻传播研究:新闻传播实践教育体系〉》,《中国教育学刊》2025年第1期,第1-10页。
③ 李沛雨、苗培壮、虞鑫:《专业思政与学科建设:新闻传播教育课程思政的逻辑起点与措施路径》,《中国新闻传播研究》2023年第6期,第106-116页。

在实践层面,新闻传播专业课程思政建设需要把握专业课程思政元素的系统化整合。研究表明①,新闻采访写作、新闻评论、媒体经营管理等专业核心课程蕴含丰富的思政教育资源。例如,在新闻采访写作教学中,除传授专业技能外,更应引导学生思考如何通过新闻报道服务人民、传播真理;在新闻评论课程中,重点培养学生在社会现象分析中树立正确的价值立场,提升批判性思维能力。

此外,思政教育与新闻实践的深度融合是关键要点。新闻传播专业的实践性特征决定了课程思政必须充分利用实践教学环节。在新闻采编实训、媒体实习等环节,应设计具有思政意涵的实践任务,使学生在真实的新闻工作情境中体验职业责任,强化价值认同。具体可通过让学生参与重大主题报道的策划和制作,在实践中感受新闻工作的使命担当。

而紧密结合媒体产业发展趋势是核心方向。随着媒体融合纵深推进,新技术不断涌现,新闻传播专业的课程思政建设必须与时俱进。要引导学生正确认识和运用新技术,培养其在智能传播环境下的价值判断能力和内容把关能力。同时,结合新媒体传播特点创新思政教育方式,增强教育的时代感和吸引力。

在教学效果评价方面,新闻传播专业课程需要构建符合专业特点的多元评价体系②。除考查专业技能水平外,更应关注政治素养、职业道德和社会责任意识的养成过程。可以通过作品评析、实践报告、项目考核等多维度评估方式,全面考查学生在专业学习中的价值观形成轨迹。

因此,新闻传播专业课程思政建设应在遵循教育规律和思政教育一般原则的基础上,彰显专业特色。通过系统设计、方法创新、实践强化,将马克思主义新闻观贯穿于专业教育全过程,培育德才兼备的新时代新闻传播人才。在新技术环境下,这一育人模式仍需持续创新和完善,以适应媒体发展和人才培养的新要求。

(二) 生成式 AI 的技术特征与教育价值

生成式 AI(Generative artificial intelligence)作为人工智能领域的重要分

①　刘生成:《基于案例分析的专业课程思政元素融入——评〈新闻传播学课程思政案例〉》,《科技与出版》2024 年第 10 期,第 15 - 20 页。
②　邓筱小:《课程思政视域下新闻传播类专业课程教学模式与评价体系改革研究》,《新闻研究导刊》2023 年第 5 期,第 74 - 77 页。

支,其核心在于利用机器学习技术创建能够生成全新、原创内容的智能系统。近年来,随着深度学习算法的突破和计算能力的提升,以大语言模型(Large Language Model,LLM)为代表的生成式 AI 在内容生成、智能交互和知识关联等方面展现出显著优势,为教育教学带来了革命性的变革[①]。

从技术特征的维度考察,生成式 AI 突破了传统 AI 系统在内容生成和交互方面的局限。系统不仅能够根据输入提示(prompts)生成文本、图像等多模态内容,更重要的是这种生成具有创造性和适应性。在教学场景中,系统能够根据教学目标和学生特点,动态调整内容生成策略,创造出更符合教学需求的资源。同时,系统的自然语言交互能力使其能够理解复杂的教学情境,与师生进行流畅的对话互动,这为个性化教学提供了技术支持[②]。

在知识关联方面,生成式 AI 通过大规模预训练获得了丰富的知识储备。系统不是简单存储和检索知识,而是能够进行知识重组和迁移,发现不同领域知识间的联系[③]。这种能力对课程思政建设具有重要意义,因为思政教育本质上需要实现价值引导与专业知识的有机融合,而系统的知识关联能力恰好能支持这种教学目标的达成。

从教育价值的角度分析,生成式 AI 的技术特征在教育领域展现出独特优势。在教学内容设计方面,系统能够基于教学目标快速生成个性化的教案、案例和练习题,大大提高了教学资源开发的效率。更重要的是,系统生成的内容能够主动适应不同学生的认知特点和学习需求,使教学内容更具针对性。

在教学方法创新方面,生成式 AI 为课堂教学提供了新的可能。系统可以作为智能助教,通过自然语言对话为学生提供即时反馈和指导。这种交互不是简单的问答,而是能够理解学生的学习困惑,给出有针对性的解释和建议。同时,

---

① Kasneci, E., Seßler, K., Küchemann, S., Bannert, M., Dementieva, D., Fischer, F., ... & Kasneci, G.: ChatGPT for good? On opportunities and challenges of large language models for education. *Learning and Individual Differences*, 2023(103):102274.

② Alqahtani, T., Badreldin, H. A., Alrashed, M., Alshaya, A. I., Alghamdi, S. S., Bin Saleh, K., ... & Albekairy, A. M.: The emergent role of artificial intelligence, natural learning processing, and large language models in higher education and research. *Research in Social and Administrative Pharmacy*, 2023, 19(8):1236-1242.

③ Yang, L., Chen, H., Li, Z., Ding, X., & Wu, X.: Give us the facts: Enhancing large language models with knowledge graphs for fact-aware language modeling. *IEEE Transactions on Knowledge and Data Engineering*, 2024, 36(7):3091-3110.

系统还能够根据学生的反应动态调整互动策略，创造更适合学习的对话情境。

特别是在课程思政场景中，生成式 AI 的教育价值更加突出。系统能够智能识别专业内容中蕴含的思政元素，并通过自然语言生成技术，将这些元素转化为生动的教学案例。这种智能化的思政元素识别和转化，帮助教师克服了传统课程思政中"生搬硬套"的问题，使思政教育更加自然和有效。这种技术创新与教育教学的深度融合，能够推动课程思政建设进入新的发展阶段。

(三)"AI＋课程思政"的理论框架构建

生成式 AI 技术在课程思政建设中的应用不应简化为技术工具的嵌入，而需要理论基础支撑。本研究从认知互动和情境建构两个维度，探究了生成式 AI 支持课程思政的内在机理，揭示其作用机制及其对提升课程思政育人效果的影响路径。

认知互动理论植根于 CASA(Computers Are Social Actors)范式[1]，该理论揭示人们倾向于将计算机视为社会行为主体，并在交互过程中遵循类似人际交往的社会规范。这一理论特性在教育情境中具有重要价值。Khurna 等人的研究[2]表明，当技术系统展现出适当的社会性特征时，能显著提升学习者的认知投入和情感参与度。在课程思政教学中，这种认知互动机制尤为关键，因为价值观的形成和内化往往依赖持续的对话交流。

从认知互动的视角看，生成式 AI 具备三层交互能力：首先是认知共鸣层面的交互。生成式 AI 通过自然语言处理和深度学习技术，能够理解学生的思维过程和认知特点。在新闻传播专业的课程思政教学中，这种认知共鸣表现为系统能够捕捉学生在专业学习中的价值困惑，并通过有针对性的对话引导其深入思考。例如，当学生在讨论新闻真实性原则时，系统不仅能理解其对专业技能的困惑，还能引导其思考新闻真实与社会责任的关系，从而实现专业认知与价值认知的统一。

[1] Nass，C.，Moon，Y.，Fogg，B. J.，Reeves，B.，& Dryer，C.：Can computer personalities be human personalities?. *Conference Companion on Human Factors in Computing Systems*，1995；228－229.
[2] Khurma，O. A.，Albahti，F.，Ali，N.，& Bustanji，A.：AI ChatGPT and student engagement：Unraveling dimensions through PRISMA analysis for enhanced learning experiences. *Contemporary Educational Technology*，2024，16(2)：ep503.

其次是情感互动层面的交互。情感因素在价值观形成过程中起着关键作用。生成式 AI 通过情感计算模型,能够识别学生的情感状态,并做出恰当的情感回应①。这种情感互动不是简单的情绪认知,而是建立在对教育情境深入理解基础上的共情交流。系统通过分析学生的语言表达、观点倾向等信息,判断其对价值理念的情感态度,并据此调整互动策略,创造有利于价值认同的教学氛围。

最后是行为引导层面的交互。价值观的最终目标是要转化为行为准则。生成式 AI 通过建立系统的强化机制,持续跟踪和引导学生的学习行为。系统不仅关注学生的知识掌握情况,更重要的是观察其在专业实践中的价值选择和行为表现。通过及时的反馈和引导,帮助学生将正确的价值理念内化为自觉的职业操守。

而从情境学习理论(Situated learning theory)②的视角看,生成式 AI 能够为课程思政提供丰富的情境支持。周纯义(2015)③强调,真实的学习情境对知识建构和能力发展具有决定性作用。在新闻传播专业的课程思政中,这种情境建构也可以表现为三个层次的支持:

第一是真实情境的智能构建。生成式 AI 能够基于真实的新闻事件和社会现象,生成具有高度真实感的教学场景。这些场景不是简单的案例重现,而是经过精心设计的育人环境。系统通过智能算法,将思政元素自然融入专业场景中,让学生在近似真实的工作环境中体验职业责任,思考价值选择。

第二是问题情境的创设。价值观的形成往往源于对具体问题的思考和判断。系统能够设计包含价值冲突的教学案例,例如在新闻报道中如何平衡真实性与社会效果,如何处理商业利益与社会责任的关系等。这些问题情境促使学生主动思考,形成自己的价值判断。

第三是社会情境的再现。新闻传播工作具有显著的社会属性,其价值引导必须置于广阔的社会情境中。生成式 AI 能够重现复杂的社会环境,帮助学生理解新闻传播工作的社会影响。通过对社会情境的模拟和分析,培养学生的社会

① Tang, Y., Chen, L., Chen, Z., Chen, W., Cai, Y., Du, Y., ... & Sun, L.: Emoeden: Applying generative artificial intelligence to emotional learning for children with high-function autism. *Proceedings of the 2024 CHI Conference on Human Factors in Computing Systems*, 2024:1 - 20.
② binti Pengiran, P. H. S. N., & Besar, H.: Situated learning theory: The key to effective classroom teaching?. *HONAI*, 2018(1).
③ 周纯义:《情景学习理念对我国高校课堂教学的借鉴意义》,《黑龙江高教研究》2015 年第 6 期,第 20 - 22 页。

责任意识。这种多层次的情境建构不是孤立的,而是与认知互动形成有机统一。系统在不同情境中开展智能交互,引导学生在具体实践中内化价值理念。

基于认知互动和情境建构理论的系统分析,本研究提出"双向赋能、多维融合"理论框架(如图1所示),深入阐释生成式AI支持课程思政的内在机理,探索技术赋能与育人目标融合的实现路径。

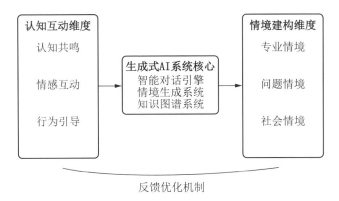

图1　生成式 AI 支持课程思政的认知和情景维度框架

在该理论框架中,生成式 AI 系统通过三个关键功能模块支持课程思政:智能对话引擎、情境生成系统和知识图谱系统。智能对话引擎负责实现与学生的自然语言交互,基于深度学习模型理解学生的认知状态和情感需求,进行个性化的价值引导。情境生成系统则专注于创建符合教学需求的学习情境,将思政元素自然融入专业场景中。知识图谱系统则构建专业知识与思政元素的关联网络,支持知识的多维度整合。

在认知互动维度,框架设计了递进式的交互机制:从认知共鸣到情感互动,再到行为引导。系统首先通过智能对话建立与学生的认知联系,理解其思维特点和价值困惑。在此基础上,系统调用情感计算模型,营造有利于价值认同的情感氛围。最后,通过持续的行为跟踪和反馈,促进价值观念向行为准则的转化。

在情境建构维度,框架强调三类情境的有机统一:真实的专业情境、富有启发性的问题情境、广阔的社会情境。这些情境不是简单叠加,而是通过 AI 系统的智能调控,实现动态融合。例如,在新闻采编实践中,系统可以根据当前社会热点自动生成包含价值判断的采访场景,让学生在专业训练中自然接触和思考价值问题。

三、生成式 AI 赋能课程思政的实践路径

基于以上理论框架分析,本研究进一步探索生成式 AI 赋能课程思政的具体实践路径。理论框架揭示的关键功能模块和多维度融合机制,为课程思政建设提供了系统性的技术支撑,但如何将这些理论洞见转化为可操作的教学实践,仍需要深入思考和系统设计。

从教学实践的视角出发,生成式 AI 支持下的课程思政建设应重点关注三个核心环节:首先是思政元素的智能识别与内容生成,这是实现课程思政有效融入的基础;其次是思政教学方法的智能化创新,这是提升育人效果的关键;最后是思政教学效果的精准化评估,这是确保教学质量持续提升的保障。这三个环节相互支撑、递进发展,共同构成了一个完整的实践体系。具体而言,在思政元素识别与内容生成环节,需要充分发挥生成式 AI 的语义理解和内容创作能力,建立系统化的思政素材库和教学资源生成机制。在教学方法创新方面,应着力探索 AI 辅助下的混合式教学模式,通过智能对话和情境构建,实现专业教学与价值引导的深度融合。在教学效果评估层面,则需要构建多维度的评价指标体系,借助 AI 的数据分析能力,实现对学生价值认知发展的精准追踪。

基于这样的实践思路,以下将从这三个核心环节出发,详细阐述生成式 AI 赋能课程思政的具体实践路径,为新时代课程思政建设提供可行性方案。

(一) AI＋思政元素的智能识别与内容生成

在新闻传播专业的课程思政教学中,如何精准识别思政元素、如何高效生成符合教学目标的内容是提升教学质量的重要课题。传统的课程思政模式往往依赖于教师的个人经验,思政素材的挖掘和应用主要依靠手工筛选和整理。这种方式不仅耗时费力,还容易受到教师认知范围和资源局限的影响,导致思政内容更新滞后,难以适应新闻传播行业快速变化的需求。随着生成式 AI 技术的应用,基于大规模预训练语言模型的智能分析和内容生成能力,使得思政素材的自动化挖掘与动态更新成为可能,为课程思政建设提供了新的技术支持。

生成式 AI 在思政素材挖掘方面的应用,主要体现在其强大的语义理解、信息抽取和内容生成能力。通过对海量新闻文本、政策文件、学术论文、历史档案

等数据的深度学习,AI 可以自动识别其中蕴含的思政元素,并提炼出适用于课程教学的核心内容。具体而言,系统首先对新闻传播课程教材、案例库及社会热点进行语义分割,采用多头注意力机制捕捉文本的深层语义结构;继而运用主题建模算法(LDA)识别出潜在的价值观维度,如马克思主义新闻观的核心要素、职业伦理的规范要求等;最后通过情感倾向分析(Sentiment Analysis)筛选出具有教育张力的思政素材。例如,在新闻写作课程中,AI 可以从已有报道中提取新闻真实性、社会责任、媒体公信力等主题,并结合马克思主义新闻观进行价值分析,从而帮助教师快速获取高质量的思政素材。相比传统的人工筛选,AI 在这一过程中不仅提高了素材获取的效率,还能够结合上下文关系进行深度解析,确保思政内容的精准性和完整性。

在思政内容的生成方面,生成式 AI 通过提示词工程(Prompt Engineering)实现高质量的文本创作。教师可以通过设计结构化提示词,引导 AI 生成符合教学需求的案例、讨论题目、新闻分析任务等内容。例如,在价值理论融入环节,教师可以使用提示词"请基于马克思主义新闻观,分析该新闻报道中:(1)真实性原则的体现;(2)人民立场的表达;(3)新闻专业主义与社会责任的平衡。重点揭示其思想深度和价值导向"。AI 在接收到这样的指令后,可以自动生成一篇符合课程目标的新闻分析材料,为课堂教学提供直接的案例支持。同样,在新闻写作训练中,教师可以设计情境化写作任务,如"围绕[具体社会事件],设计新闻写作任务:(1)新闻要素完整性要求;(2)写作技巧运用重点;(3)价值立场表达方式;(4)可能的社会影响分析"。AI 能够据此生成完整的写作任务书,并提供相应的评价标准,使得学生在新闻技能训练的同时,也能深入思考新闻价值的表达方式及其社会影响(提示词设计框架见表 1)。

表 1　生成式 AI 支持下的新闻传播课程思政提示词设计框架

教学环节	核心目标	提示词设计策略	示例提示词	应用说明
价值理论融入	深化马克思主义新闻观理解	"理论分析＋案例解构＋价值引导"三维结构	"请基于马克思主义新闻观,分析该新闻报道中:(1)真实性原则的体现;(2)人民立场的表达;(3)新闻专业主义与社会责任的平衡。重点揭示其思想深度和价值导向。"	用于课程导入和理论讲解,帮助学生理解理论实质

（续表）

教学环节	核心目标	提示词设计策略	示例提示词	应用说明
专业技能训练	融合价值引导的写作能力培养	"情境构建＋技能要求＋价值维度"递进式设计	"围绕［具体社会事件］，设计新闻写作任务：(1)新闻要素完整性要求；(2)写作技巧运用重点；(3)价值立场表达方式；(4)可能的社会影响分析。生成包含评价标准的任务书。"	适用于写作训练环节，实现技能与价值的统一
案例教学设计	培养分析判断能力	"典型案例＋多维分析＋价值反思"结构化分析	"选取近期媒体报道中的争议性案例，请：(1)梳理事件发展脉络；(2)分析各方立场和观点；(3)评估报道的价值取向；(4)提出专业伦理思考点。生成教学分析框架。"	用于课堂讨论和案例分析，提升判断力
实践教学指导	强化职业认知和价值认同	"角色代入＋实践任务＋价值体验"情境化设计	"设计记者角色扮演任务：(1)设定采访背景和任务目标；(2)构建包含伦理困境的情境；(3)提供多重角色选择；(4)设计反思讨论主题。重点突出职业伦理认知。"	支持实践教学环节，深化职业认知
学习效果评估	综合评价知识技能与价值认知	"多维指标＋过程评价＋价值导向"评估体系	"分析学生课程作业，评估：(1)专业知识掌握程度；(2)技能运用水平；(3)价值认知深度；(4)职业伦理意识。生成个性化评价报告和改进建议。"	用于课程考核和效果评估，把握育人成效

　　此外，生成式 AI 在情境化案例教学中的应用，也为课程思政教学的创新提供了新的可能。新闻传播学科的教学通常涉及大量的案例分析，而这些案例往往与现实新闻事件密切相关，具有较强的时效性和动态性。传统的案例筛选和整理需要教师投入大量时间，且难以做到全面、精准和系统。而 AI 技术的介入，使得情境化案例的自动生成成为可能。例如，在新闻伦理课程中，AI 可以基于近期新闻事件，自动提取争议性报道，并生成详细的案例分析框架，包括事件发展脉络、各方立场和观点、报道的价值取向，以及专业伦理思考点。这种方式不仅能够确保案例的及时性，还能够根据课程需要进行针对性调整，使得教学内容更加契合思政教育目标。

　　在实践教学环节，AI 的智能对话能力也为情境式教学提供了新思路。传统的实践教学往往依赖于角色扮演和真实新闻环境的模拟,但受限于教学资源和场地条件,难以满足大规模学生的个性化训练需求。借助生成式AI,可以构建虚拟新闻采访情境,为学生提供多重角色选择和决策路径。例如,AI可以设定一个社会热点事件,并模拟新闻发布会现场,学生需要扮演记者,基于不同的信息来源提出关键问题,AI则根据设定的伦理困境做出相应回应。这种动态交互不仅增强了学生的实践体验,也让他们在真实的问题情境中深刻理解新闻职业伦理的核心要义。

此外,生成式AI在思政教学中的应用,不仅体现在教学资源的生成和优化,还体现在个性化学习路径的构建上。传统的课程思政教学往往采取统一的教学内容和考核方式,难以充分考虑学生的个体差异。而生成式AI可以基于学习者的知识背景、认知风格和兴趣偏好,提供个性化的教学内容推荐。例如,AI可以根据学生在课堂讨论中的表现,动态调整后续推荐的学习材料,确保学生在专业学习的同时,能够深化对新闻价值观的理解。同样,在学习评价环节,AI可以分析学生提交的作业,评估其专业知识掌握程度、技能运用水平以及价值认知深度,并生成个性化反馈报告。这种数据驱动的智能评估,不仅提高了教学反馈的针对性,也为教师提供了更精准的教学干预依据。

综合来看,生成式AI的引入,为新闻传播专业课程思政教学提供了新的智能化解决方案。在思政素材挖掘方面,AI能够高效识别和提取教学相关的价值内容,提高课程内容的时效性和精准度。在思政内容生成方面,AI通过提示词工程,自动生成符合课程目标的案例、讨论题目和写作任务,使得思政教育更加直观、生动。在实践教学方面,AI的智能对话和情境模拟能力,使得学生能够在真实的新闻报道环境中体验价值判断与职业伦理,从而深化对专业使命的理解。通过这些技术创新,生成式AI不仅能够提升课程思政的教学效率,也能优化教学方法,为新时代新闻传播人才的培养提供有力支持。

(二) AI＋思政教学方法的智能化创新

新闻传播专业的课程思政不仅关注知识传授和价值引导,还强调教学方法的创新,以增强学生的学习体验和价值认同。在传统教学模式中,思政内容的传授往往依赖于课堂讲授、案例分析和讨论互动,但这些方法在信息传播环境发生深刻变革的当下,面临一定的局限性。一方面,学生的学习方式逐渐向数字化、互动化和个性化方向发展,单向灌输式的教学方式难以满足新时代学生的认知需求。另一方面,课程思政需要在潜移默化中发挥价值引导作用,但传统教学手段难以在大规模课堂环境中实现个性化的价值观培养。生成式AI的介入,为教学方法的智能化创新提供了新的可能,特别是在智能对话支持的互动教学、虚拟场景下的沉浸式学习、游戏化学习的智能设计等方面展现出显著优势。

生成式AI的智能对话能力在新闻传播课程思政教学中的应用,能够突破传统课堂互动的局限,使教学过程更具个性化和即时性。在传统课堂中,教师通常通过提问、案例讨论等方式激发学生思考,但由于时间和精力有限,难以针对每位学生的疑问给予个性化回应。生成式AI则可以作为"智能助教",基于大语言模型的深度学习能力,提供实时的智能问答支持。例如,在新闻伦理课程中,AI可以模拟新闻从业者在面对复杂社会事件时的伦理决策过程,学生可以与AI进行多轮交互,探讨新闻真实性、社会责任与职业操守等问题。通过这样的个性化互动,学生不仅能够获得即时反馈,还能够在与AI的对话中不断深化对新闻价值观的理解。此外,生成式AI的交互机制还能够根据学生的认知水平动态调整问题难度,确保学生在适应性挑战中不断提升思政认知的深度。

除了智能对话,生成式AI还能够构建高度沉浸式的学习环境,通过虚拟现实(VR)和增强现实(AR)等技术,营造逼真的新闻采访和新闻生产场景,使学生能够在真实的新闻情境中体验价值判断的复杂性。新闻传播行业的从业环境具有高度的实践性和不确定性,许多伦理问题和价值冲突只有在真实的新闻生产过程中才能充分体现。传统的课程思政教学由于缺乏真实情境,往往难以让学生深刻感受到新闻伦理和社会责任的重要性。而生成式AI结合VR/AR技术,可以创建虚拟新闻编辑部、记者采访现场、突发新闻报道中心等场景,学生可以在沉浸式环境中模拟新闻采编和报道过程。例如,在模拟突发事件报道的教学场景中,AI可以实时生成动态新闻素材,并引导学生在有限的信息条件下作出新闻决策,同时评估其在信息筛选、新闻写作、采访技巧和价值判断等方面的表现。通过这种情境化教学方式,学生不仅能够掌握新闻专业技能,还能在真实的新闻工作环境中强化价值判断能力。

生成式AI的游戏化学习设计,也为课程思政的教学方法创新提供了新的路径。传统课程思政教学往往以课堂讲授和案例分析为主,缺乏对学生的主动激励,导致部分学生的参与度较低。而游戏化学习的核心理念是通过任务驱动、竞争机制和奖励反馈等方式,提高学生的学习兴趣和积极性。在新闻传播专业的课程思政教学中,生成式 AI 可以构建基于情境挑战的游戏化学习模式。例如,AI 可以生成一个新闻报道模拟系统,学生需要扮演不同的新闻角色(如记者、编辑、评论员等),在复杂的新闻事件中完成采编任务,并作出符合新闻伦理要求的决策。AI 在这一过程中可以动态调整新闻情境,加入虚假信息干扰、伦理困境考验等挑战,引导学生在游戏过程中学习如何坚守新闻真实性原则、如何平衡新闻报道与社会责任、如何应对新闻操纵和虚假信息传播等问题。这种基于游戏化学习的教学方法,不仅能够提升学生的学习动力,还能够让价值观的培养更加自然融入专业训练之中。

此外,生成式 AI 还能够结合数据分析技术,对学生的学习行为进行智能评估,并为教师提供教学优化建议。传统的课程思政教学评估主要依赖于试卷考核、课堂讨论表现等静态评价方式,难以全面衡量学生在价值认知和职业伦理方面的成长。而基于 AI 的智能评估系统可以在学生的学习过程中,动态记录其课堂互动、新闻写作任务、案例分析作业等表现,并通过自然语言处理技术分析学生在表达中的价值立场和认知深度。例如,AI 可以自动评估学生在新闻评论写作中的价值导向,判断其是否能够在新闻报道中坚持真实性原则、是否能够识别潜在的新闻操纵和偏见,并提供针对性的反馈和改进建议。这种智能化的学习分析,不仅能够帮助教师更精准地了解学生的思政学习状况,还能够为个性化教学提供数据支持,确保每位学生都能够在符合自身认知特点的节奏中成长。以清华大学基于"多模态大模型 GLM"开发的 AI 助教系统为例[①],其在人文社科通识课程中的应用展现了生成式 AI 支持课程思政的创新价值。在"心智、个体与文化"课程中,AI 助教系统不仅能根据课程标准对学生的写作进行专业评价,而且能够通过个性化反馈激发学生的思辨能力和价值认知。系统通过学习专门的心理学资料和教材,结合真人助教的批改方法,实现了对学生作品的精准点评,在保证专业性的同时融入价值引导。这种"双师模式"的探索,体现了生成式 AI 在课程思政建设中的独特优势。

①　《从"工具"到"伙伴",当大学课堂多了 AI 助教》,《新京报》2024 年 3 月 26 日,https://www.tsinghua.edu.cn/info/1182/110370.html。

因此,可以说生成式 AI 的介入,使新闻传播专业课程思政的教学方法能够实现智能化转型。智能对话支持的互动教学增强了课堂教学的个性化和即时反馈能力,使得课程思政的价值引导能够更加精准地嵌入学生的学习过程中。虚拟场景下的沉浸式学习,让学生能够在真实的新闻环境中体验新闻伦理和社会责任的复杂性,从而加深对新闻价值观的理解。游戏化学习的智能设计,则通过任务驱动和挑战机制,激发学生的学习兴趣,使价值观培养在趣味性和互动性中得到强化。此外,AI 赋能的智能评估系统,也为课程思政的教学优化提供了数据支持,使得教学效果的监测更加精准。通过这些教学方法的创新,新闻传播专业的课程思政教学不仅在技术手段上实现了突破,更在育人模式上构建了更加立体化、个性化和数据驱动的教育体系。

(三) AI+思政教学效果的精准化评估

在新闻传播专业的课程思政教学中,教学效果的评估不仅关乎学生知识掌握的程度,更涉及其价值认知、职业伦理观念和社会责任感的培养。传统的课程思政评估方式主要依赖于考试测评、课堂讨论表现、教师主观评分等方法,虽然能够在一定程度上衡量学生的认知水平,但往往难以精准捕捉学生在价值观养成、思政意识深化等方面的动态变化。此外,由于思政教育具有较强的情境性和长期性,其影响往往需要通过长期跟踪才能有效评估,而传统评估方式在这一点上存在明显的滞后性和局限性。生成式 AI 的引入,使得思政教学效果的评估能够从静态、单维的测量模式向动态、个性化、数据驱动的方向转变,为新闻传播专业的课程思政教学提供更加精准的测评体系。

生成式 AI 在思政教学评估中的应用,首先体现在对学生学习行为的智能分析上。与传统的试卷测评不同,AI 可以实时跟踪并记录学生在学习过程中的行为数据,包括课堂互动、作业提交、新闻写作案例分析、在线讨论参与度等,并利用自然语言处理(NLP)技术分析学生的学习内容和表达方式。例如,在新闻评论写作任务中,AI 可以自动分析学生在评论文章中体现的新闻伦理意识、真实性原则认知以及对社会责任的理解程度,从而判断其思政教育方面的成长轨迹。这种基于大数据分析的智能评估,使教师能够更加全面地了解学生在价值观层面的认知变化,并及时调整教学策略,确保思政教育的有效性。

除了学习行为的智能分析,生成式 AI 还能够实现价值认知的动态评估。思政教学的核心目标之一,是引导学生在专业学习的过程中形成正确的价值观,但这一过程往往是渐进且潜移默化的,传统的静态测评难以捕捉学生价值观演变的微妙变化。生成式 AI 可以基于语义分析、情感计算等技术,动态评估学生在不同阶段的思政认知。例如,在新闻采访课程中,AI 可以对学生撰写的采访提纲、新闻稿件进行价值导向分析,判断其是否能够在新闻实践中体现新闻公正性原则,是否能够在面对复杂社会问题时作出符合职业伦理的报道选择。此外,AI 还可以基于学生的课堂讨论和辩论表现,分析其观点立场的变化,判断其在思政认知上的进步情况。通过这种动态评估机制,教师可以针对不同学生的价值认知状况提供个性化的引导和干预,使思政教育更具针对性和实效性。

个性化反馈的生成,是生成式 AI 赋能思政教学评估的又一重要特性。传统的教学反馈通常是基于教师的经验判断进行的,难以做到对每位学生的个性化关注,而生成式 AI 可以通过机器学习算法,针对不同学生的学习特点、知识掌握情况和价值观发展水平,生成精准的个性化反馈报告。例如,AI 可以分析学生的新闻作品,并根据其在真实性、公共利益、舆论导向等方面的表现,提供具体的改进建议。例如,针对某位学生在新闻写作中对社会责任关注较少的问题,AI 可以给出针对性的指导建议,如补充相关新闻伦理案例、增加对报道影响的思考维度等。这样的个性化反馈不仅能够帮助学生精准定位自己的短板,也能够增强思政教育的个性化指导效果,提高学习效率。

值得注意的是,生成式 AI 在思政教学评估中的应用,还能够实现全流程的数据驱动教学优化。传统的教学评估往往只关注学生的学习成果,而较少关注教学过程本身的优化。AI 技术可以在教学过程中实时收集和分析学生的学习数据,并基于数据分析结果,动态调整教学内容、教学方法和教学节奏。例如,AI 可以监测某一思政主题在课堂互动中的关注度,如果发现某一话题的讨论度较低,则可以自动推荐相关补充材料或调整教学方式,以增强学生的学习兴趣。此外,AI 还可以基于历史数据,预测学生在未来学习过程中的可能困难,并提前给出干预建议,从而实现更加智能化的教学管理。

生成式 AI 的引入,能够使得新闻传播专业的课程思政教学评估更加精准化、动态化和个性化。AI 可以实时跟踪学生的学习行为,分析其在新闻报道、新闻写作、新闻评论等专业实践中的价值认知变化,确保思政教育能够真正发挥作用。同时,基于自然语言处理和语义分析技术,AI能够动态评估学生的思政认知,判断其对马克思主义新闻观、新闻伦理、社会责任等核心价值观的掌握程度。此外,AI还能够提供个性化的学习反馈和改进建议,帮助学生针对性地提升专业能力与价值观认知水平。通过对这些技术手段的综合应用,新闻传播专业的课程思政教学不仅能够提升评估的科学性和精准度,也能够实现更加个性化的教学优化,最终推动思政教育与专业教育的深度融合,为新时代新闻传播人才的培养提供强有力的保障。

四、结论与展望

本研究围绕生成式AI在新闻传播专业课程思政教学中的应用展开探讨,分析了其在思政元素智能识别与内容生成、教学方法智能化创新、教学效果精准化评估等方面的实践路径。研究发现,生成式AI不仅能够高效挖掘课程内容中的思政素材,还能够自动生成符合教学目标的案例、任务与学习资源,从而使思政教育更加精准、动态且富有针对性。同时,生成式AI支持的智能互动、沉浸式学习和游戏化设计,使得课程思政的教学方式更加多元化、个性化,极大地增强了学生的学习体验和价值认同感。此外,基于AI的智能评估系统,使得思政教育能够摆脱传统静态评价模式的局限,通过学习行为分析、价值认知评估和个性化反馈,实现更加精准的教学干预和优化策略。这些技术创新不仅提升了新闻传播课程思政的教学效果,也为新时代新闻传播人才的培养提供新的技术支撑。

从理论层面来看,本研究深化了生成式AI赋能课程思政的理论框架,揭示了技术赋能如何促进价值引导与专业学习的深度融合。在认知互动和情境建构理论的指导下,本研究提出了基于智能交互、情境模拟和个性化推荐的课程思政新模式,为新闻传播教育中的思政教学提供了新的理论支撑。从实践层面来看,本研究的发现为高校新闻传播专业课程思政建设提供了可操作的路径。通过引入生成式AI,课程思政不再局限于传统的教师讲授模式,而是能够借助智能技术,实现动态、精准、高效的价值引导和育人目标。这一变革不仅提升了课程思政的教学质量,也使其在现代媒体环境下具有更强的适应性和影响力。

　　尽管生成式 AI 在课程思政教学中展现出诸多优势,但其应用仍然面临一定的挑战和局限性。首先,AI 生成内容的准确性与价值导向仍然依赖于算法模型的优化,需要构建符合课程思政需求的提示词体系和内容筛选机制,以确保生成内容的正确性和价值观一致性。其次,AI 在思政教育中的应用涉及伦理与隐私问题,如何确保学生数据的安全性,以及如何在智能评估过程中兼顾个性化学习与公平性,是未来需要深入研究的课题。此外,教师的角色也需要在 AI 技术赋能的环境下进行重新定位。虽然 AI 能够辅助课程思政教学,但教师仍然是价值引导和思政教育的核心,需要探索人机协同的教学模式,以发挥 AI 的技术优势,同时保持教师的主导作用。

　　未来的研究可以在以下几个方面展开进一步探索。首先,可以对生成式 AI 在课程思政教学中的应用效果进行大规模实证研究,探讨其对学生学习效果、价值观培养和职业认同感的长期影响。其次,可以结合跨学科视角,探索生成式 AI 如何与其他智能技术(如大数据分析、知识图谱、虚拟现实等)协同作用,以构建更加立体化的智能教学体系。此外,还可以从教育伦理和政策角度出发,研究如何在保障数据安全和价值导向的前提下,推动生成式 AI 在思政教育中的规范化应用。

　　生成式 AI 的引入,为新闻传播专业的课程思政教学提供了前所未有的机遇和挑战。如何充分利用这一技术,实现课程思政的智能化、精准化和个性化,将成为未来新闻传播教育的重要研究方向。随着人工智能技术的不断发展,课程思政教学模式也将持续优化,助力高校培养兼具专业素养与社会责任感的新时代新闻传播人才。

第三节　人工智能在培养跨学科国际传播人才中的运用

一、引言

　　人工智能(AI)作为一项前沿技术,正在深刻改变教育领域的传统模式。AI 技术不仅能够提供个性化的学习体验,还能通过智能分析和反馈机制提升教学效果。近年来,AI 在教育中的应用逐渐从理论走向实践,涵盖了从语言学习到跨文化沟通能力培养的多个方面。

跨学科国际传播人才是指具备多学科知识背景和综合能力,能够在国际舞台上进行有效传播的专业人才。这类人才通常具备以下特点:首先,他们拥有多语言能力,能够熟练掌握至少一门外语,具备良好的听、说、读、写能力,从而实现跨语言的信息传播;其次,他们具备跨文化沟通能力,了解不同国家和地区的文化、社会背景,能够进行跨文化的交流与传播;此外,他们还拥有多学科知识体系,融合新闻传播学、外语、国际关系、文化学、数据科学等多学科知识,具备跨学科的思维和分析能力。同时,他们具备国际视野与全球意识,关注全球政治、经济、文化动态,能够从国际视角进行传播;他们还掌握新媒体技术、人工智能、数据分析等前沿技术,能够适应数字化传播的需求;并且具备创新与实践能力,能够运用所学知识解决实际传播问题,展现出较强的创新思维和实践能力。跨学科国际传播人才的培养目标是通过多学科交叉融合,培养出既具备深厚专业素养,又能适应国际传播需求的复合型人才。这种人才能够在全球化背景下,讲好中国故事,传播中国声音,同时促进不同文化之间的交流与互鉴。[1]

在跨学科国际传播人才的培养中,AI 技术的应用显得尤为重要,因为它能够帮助学生跨越语言和文化的障碍,提升其在全球化背景下的沟通能力。本研究将综述 AI 在教育中的主要应用,并探讨其带来的机遇与挑战。

文章先梳理了人工智能在教育领域的应用趋势,系统介绍了智能辅导系统(Intelligent Tutoring Systems,ITS)、虚拟现实与增强现实和 AI 驱动的语言学习应用。这些技术与系统为培养跨学科国际传播人才提供了技术支持。其后,文章进一步分析人工智能技术赋能跨学科国际传播人才培养的路径,强调人工智能在构建全面知识体系、培养跨文化沟通能力以及创新教学方法及管理手段所具有的独特优势。同时强调,AI 在教育中应用带来诸多好处,但也引发数据隐私、算法偏见等伦理问题。最后,文章进一步探讨人工智能技术在国际传播人才培养方面提供新思路和方法。未来 AI 在教育中应用前景广阔,但仍面临挑战,需探索其长期效果、与传统教学结合方式,并开发伦理框架应对隐私、安全等问题。

---

[1] 费俊慧:《培养更多国际传播高水平人才》,《光明日报》2024 年 12 月 29 日,07 版。

二、人工智能在教育领域的应用趋势

(一) 智能辅导系统

智能辅导系统是 AI 在教育中最早且最广泛的应用之一。ITS 通过模拟人类教师的行为,为学生提供个性化的学习体验。这些系统能够根据学生的学习进度和理解能力调整教学内容和难度,从而提高学习效率。[1]例如:AutoTutor 系统利用自然语言处理技术与学生进行交互,提供即时反馈和指导。[2]Mirna Nachouki 使用 Random forest methodology 预测学生课程成绩,并分析了影响成绩的关键因素,为个性化学习路径设计提供数据支持。[3]

ITS 的设计通常包括四个阶段:需求评估、认知任务分析、系统实现和评估。[4]通过这些阶段,ITS 能够为学生提供高质量的个性化学习支持。首先,ITS 能够根据学生的学习进度、知识水平和学习风格,提供个性化的学习路径。系统分析学生在练习中的表现,识别其优势和弱点,从而调整教学内容和难度,确保学生在适合自己的节奏下学习。这种个性化的学习路径显著提高了学生的学习效率和效果。[5]

其次,ITS 可以实时监测学生的学习过程,并提供即时反馈和指导。当学生在某个问题上遇到困难时,系统能够立即提供提示或解释,帮助学生理解问题所在,并引导其找到正确的解决方案。这种即时反馈机制帮助学生及时纠正错误,

---

[1] Ahmad, S. F., Rahmat, M. K., Mubarik, M. S., Alam, M. M., & Hyder, S. I.: Artificial Intelligence and Its Role in Education. *Sustainability*, 2021, 13(22):12902.

[2] Nye, B. D., Graesser, A. C., & Hu, X.: AutoTutor and Family: A Review of 17 Years of Natural Language Tutoring. *International Journal of Artificial Intelligence in Education*, 2014, 24:427 – 469.

[3] Nachouki, M., Mohamed, E. A., Mehdi, R., Abou, N., & Mahmoud.: Student course grade prediction using the random forest algorithm: Analysis of predictors' importance. *Trends in Neuroscience and Education*, 2023, 33:100214.

[4] Corbett, A. T., Koedinger, K. R., & Anderson, J. R.: *Handbook of Human-Computer Interaction*. 1997.

[5] Ahmad, S. F., Rahmat, M. K., Mubarik, M. S., Alam, M. M., & Hyder, S. I.: Artificial Intelligence and Its Role in Education. *Sustainability*, 2021, 13(22):12902.

加深对知识的理解。①

此外,ITS通过适应性评估工具,能够根据学生的学习进度和表现动态调整评估内容。这种适应性评估不仅能够更准确地评估学生的学习水平,还能提供针对性的改进建议。例如,系统可以根据学生的答题情况,自动生成个性化的练习题,帮助学生巩固薄弱环节。②

ITS通常结合了多种互动元素,如虚拟角色、游戏化学习和多媒体资源,以增强学生的学习兴趣和参与度。通过虚拟角色与学生进行对话和互动,系统可以模拟真实的学习场景,帮助学生更好地理解和应用知识。③同时,ITS利用大数据分析技术,能够预测学生的学习进度和成绩,为教师提供教学决策支持。系统可以通过分析学生的学习行为和成绩数据,预测学生可能遇到的困难,并提供个性化的干预建议。这种数据分析和预测功能帮助教师提前发现学生的问题,及时调整教学策略。④

ITS还能够支持学生的自主学习,让学生在任何时间、任何地点都能访问学习资源和获取反馈。这种自主学习的支持机制帮助学生培养独立学习的能力,增强学习的主动性和积极性。⑤系统通常结合了多种学习资源,如文本、图像、视频和音频,以满足不同学生的学习需求。系统可以根据学生的学习风格,提供多种格式的学习材料,帮助学生更好地理解和掌握知识。⑥

在实践方面,ITS可以通过虚拟环境和模拟工具,为学生提供实践和应用

---

① Nye, B. D., Graesser, A. C., & Hu, X.: AutoTutor and Family: A Review of 17 Years of Natural Language Tutoring. *International Journal of Artificial Intelligence in Education*, 2014, 24:427 - 469.

② Corbett, A. T., Koedinger, K. R., & Anderson, J. R.: *Handbook of Human-Computer Interaction*. 1997.

③ Chen, C. M., Huang, Y. M., & Kinshuk.: Effects of an intelligent tutoring system on students' learning outcomes and attitudes in the context of English as a foreign language. *Journal of Computer Assisted Learning*, 2018, 34(4):376 - 393.

④ Ahmad, S. F., Rahmat, M. K., Mubarik, M. S., Alam, M. M., & Hyder, S. I.: Artificial Intelligence and Its Role in Education. *Sustainability*, 2021, 13(22):12902.

⑤ Zheng, H., & Xing, Y.: An adaptive learning platform based on AI for English learning. *IEEE Access*, 2020, 8:202612 - 202620.

⑥ Chen, C. M., Huang, Y. M., & Kinshuk.: Effects of an intelligent tutoring system on students' learning outcomes and attitudes in the context of English as a foreign language. *Journal of Computer Assisted Learning*, 2018, 34(4):376 - 393.

知识的机会。例如,在医学教育中,系统可以创建虚拟手术室,让学生在虚拟环境中进行手术操作练习,从而提高实践技能。①此外,ITS 还可以通过情感分析技术,识别学生的情绪状态,并提供相应的情感支持和激励。当系统检测到学生感到焦虑或沮丧时,可以提供鼓励和安慰,帮助学生保持积极的学习态度。②通过这些方式,ITS 能够为学生提供高质量的个性化学习体验,从而显著提高学习效果。

(二) 虚拟现实与增强现实

虚拟现实(VR)和增强现实(AR)技术为教育提供了沉浸式的学习环境。这些技术通过创建虚拟场景,让学生在虚拟环境中进行实践和探索,从而增强学习体验。③例如,VR 技术可以用于医学教育,让学生在虚拟手术室中进行手术操作练习,而无需承担实际手术的风险。④此外,AR 技术可以将虚拟信息叠加到现实环境中,为学生提供更直观的学习体验。例如,学生可以通过 AR 设备观察历史事件的三维模型,增强对历史知识的理解。⑤可见,AI 驱动的虚拟现实(VR)和增强现实(AR)技术为学生提供了沉浸式的文化体验,帮助他们更好地理解和适应不同的文化环境。⑥

(三) AI 驱动的语言学习应用

AI 在语言学习中的应用已成为教育领域的一个重要趋势。生成式人工智能可以凭借其强大的多模态理解力和生成力,为克服国际传播中的语言障碍和文化

① Ahmad, S. F., Rahmat, M. K., Mubarik, M. S., Alam, M. M., & Hyder, S. I.: Artificial Intelligence and Its Role in Education. *Sustainability*, 2021, 13(22):12902.
② Chen, C. M., Huang, Y. M., & Kinshuk.: Effects of an intelligent tutoring system on students' learning outcomes and attitudes in the context of English as a foreign language. *Journal of Computer Assisted Learning*, 2018, 34(4):376 – 393.
③ Ahmad, S. F., Rahmat, M. K., Mubarik, M. S., Alam, M. M., & Hyder, S. I.: Artificial Intelligence and Its Role in Education. *Sustainability*, 2021, 13(22):12902.
④ Ibid.
⑤ Ibid.
⑥ Sarwari, A. Q., Javed, M. N., Adnan, H. M., & Wahab, M. N. A.: Assessment of the impacts of artificial intelligence(AI) on intercultural communication among postgraduate students in a multicultural university environment. *Scientific Reports*, 2024, 14:13849.

差异提供帮助。①AI 能够根据学生的文化背景和学习进度提供定制化的学习体验,增强学习的相关性和吸引力。AI 技术通过语音识别、自然语言处理和机器学习算法,为语言学习者提供个性化的学习体验。多项研究表明,AI 驱动的工具,如语音识别系统和虚拟导师,对提高学习者的口语和发音技能有积极影响。AI 互动平台和聊天机器人通过实时反馈和练习机会,增强了学习者的参与度和口语流利度。结合 AI 算法的自适应学习技术能够个性化语言教学,满足学习者的特定需求。

可见,AI 在语言学习中的教学意义显著。AI 的整合促进了学习者的自主性,使他们能够独立访问资源、接收反馈并进行练习。AI 平台提供个性化学习路径和适应性评估,适应学习者的进度、偏好和学习风格。②例如,AI 驱动的语言学习应用如 Duolingo 和 Babbel 利用自适应学习算法,根据学生的学习进度和能力调整教学内容③。此外,AI 聊天机器人如 ChatGPT 可以与学生进行实时对话,提供语言练习和反馈。④这些技术不仅提高了语言学习的效率,还增强了学生的语言应用能力。

三、人工智能技术助力跨学科国际传播人才培养的路径

(一) 构建全面知识体系

人工智能具有强大的数据处理和模式识别功能,能够有效整合不同学科的知识资源,形成全面的跨学科资源库。在跨学科国际传播人才培养中,涉及多个

---

① 王一岩、吴国政、郑永和:《生成式人工智能赋能教育信息科学与技术研究:新机遇、新趋势、新议题》,《现代远程教育研究》2024 年第 6 期,第 46 – 54 页。

② Rusmiyanto, R., Huriati, N., Fitriani, N. W., Tyas, N. K., Rofii, A., & Sari, M. N.: The Role of Artificial Intelligence (AI) in Developing English Language Learner's Communication Skills. *Journal on Education*, 2023, 6(1): 750 – 757.

③ Klimova, B., & Chen, J. H.: The impact of AI on enhancing students' intercultural communication competence at the university level: A review study. *Language Teaching Research Quarterly*, 2024 (43): 102 – 120.

④ Esplugas, M.: The use of artificial intelligence(AI) to enhance academic communication, education and research: a balanced approach. *Journal of Hand Surgery*(*European Volume*), 2023, 48(8): 819 – 822.

学科领域的知识,如传播学、外语、文化研究等。人工智能可通过自然语言处理技术,自动搜集、筛选和标签化各种教学资源,便于教师和学生快速查找和使用,同时构建跨学科知识图谱,揭示学科间的内在联系,帮助学生理解知识的整体结构,激励学生看到不同学科知识间的交叉应用,提升他们对综合性学习的兴趣和参与度。例如,AI可以通过分析大量的新闻报道、国际关系案例、文化研究文献等素材,挖掘出传播学理论在国际事务中的应用,以及不同国家文化背景如何影响传播效果等知识联系。这对于国际传播人才理解不同国家文化、社会背景等知识,进行有效的跨文化传播非常有帮助。[①]

在国际传播中,准确地翻译和文化理解至关重要。AI的翻译功能可以帮助学生快速准确地理解国外的新闻报道、文化作品等内容,同时也能辅助他们将国内的信息准确地翻译成外语并进行符合目标文化的传播。这有助于培养学生的跨学科思维,让他们能从多个角度看待国际传播现象。

(二) 培养跨文化沟通能力

AI技术可以连接全球教育资源,让学生接触到不同国家和地区的文化、媒体和传播模式。通过智能翻译和语音识别等工具,学生能够更好地理解不同文化背景下的信息,提升跨文化交际能力。AI技术通过虚拟交流和文化模拟,为学生提供了沉浸式的跨文化学习体验。例如,AI驱动的虚拟角色可以与学生进行跨文化对话,帮助学生理解不同文化背景下的沟通方式和价值观。[②]此外,AI工具还可以分析学生的跨文化沟通表现,提供针对性的反馈和改进建议。[③]这些应用不仅提高了学生的跨文化沟通能力,还促进了文化多样性和包容性的教育。例如,Chang[④]的研究表明,AI聊天机器人在旅游英语课程中显著提升了学生的

① 王一岩、吴国政、郑永和:《生成式人工智能赋能教育信息科学与技术研究:新机遇、新趋势、新议题》,《现代远程教育研究》2024年第6期,第46-54页。

② Klimova, B., & Chen, J. H.: The impact of AI on enhancing students' intercultural communication competence at the university level: A review study. *Language Teaching Research Quarterly*, 2024 (43):102-120.

③ Ibid.

④ Chang, H. J.: The effect of AI chatbot-based tourism English instruction on intercultural communicative competence. *Journal of English Teaching through Movies and Media*, 2023, 24(2):15-30.

文化尊重意识和沟通能力。AI工具还能够实时提供反馈，帮助学生及时调整沟通策略，提升跨文化交际的准确性。①②

此外，AI还可提升口头沟通技能，从而增强跨文化沟通的效果。首先，AI可创建视觉吸引人的演讲。AI可以帮助改善演讲的视觉效果，选择各种模板、字体和图像，并提供主题定制、文本编辑和动画选项等功能。这些功能不仅能够帮助演讲者更有效地与观众沟通，还能确保信息的传递更加清晰和吸引人。在跨文化沟通中，视觉元素的吸引力和适应性对于不同文化背景的观众尤为重要。其次，未来的AI工具可能会使用动作检测和面部识别技术来跟踪口头演讲期间的观众参与度。这可以根据观众的参与度定制演讲内容，确保最重要的要点不会被遗漏。在跨文化环境中，这种实时反馈和调整能力可以帮助演讲者更好地适应不同文化背景的听众，从而提高沟通效果。最后，AI语音识别工具可以自动准确地转录现场或远程演讲，为演讲提供更准确的记录。这种功能不仅有助于演讲者回顾和改进自己的工作，还可以用于跨文化沟通的记录和分析。通过转录，演讲者可以更好地理解不同文化背景的听众的反馈，从而调整沟通策略。这些功能和工具在跨文化沟通中具有重要的应用价值，因为它们能够帮助演讲者更好地适应不同文化背景的听众，提高信息传递的清晰度和有效性。通过AI技术，演讲者可以更灵活地调整演讲内容和形式，以适应不同文化背景的观众，从而增强跨文化沟通的效果。③

（三）创新教学方法及管理手段

AI技术可以分析学习国际传播专业的学生的学习行为、风格和能力，从而提供个性化的学习路径和资源。通过对学生学习数据的分析，AI可以精准识别学生

① Nguyen, N., & Pham, V.: AI Chatbots for Language Practices. *International Journal of AI in Language Education*, 2024.

② Tiwari, H., Jain, S., Kumar, S., Soni, V., & Negi, A.: AI-driven English language learning: Leveraging applications/APIs for dynamic content and feedback. *World Journal of Advanced Research and Reviews*, 2024.

③ Esplugas, M.: The use of artificial intelligence(AI) to enhance academic communication, education and research: a balanced approach. *Journal of Hand Surgery*(*European Volume*), 2023, 48(8): 819 - 822.

的优势和不足,提供定制化的学习资源和练习,帮助学生更高效地学习。①例如,对于在跨文化交流知识方面理解较慢的学生,AI 可提供更多针对性的案例和练习内容。这样能满足不同学生的需求,使他们更好地掌握跨学科国际传播知识。这有助于学生在掌握传播学知识的同时,深入理解不同国家文化、政治、经济等多学科背景知识,从而更好地进行国际传播工作。AI 可以对学生的作业、考试等进行自动评分和分析,提供详细的反馈报告。②它不仅能够评估学生的知识掌握程度,还能分析学生的学习习惯和思维方式,为教师提供更全面的教学参考。

AI 技术也可以自动处理学生的注册、成绩记录和考勤等行政任务,从而减轻教师的负担③。此外,AI 还可以通过数据分析预测学生的学习进度和成绩,为教师提供教学决策支持④。例如,AI 系统可以通过分析学生的学习行为和成绩数据,预测学生可能遇到的困难,并提供个性化的干预建议⑤。不仅可以有效提升教学效率,而且推动了整体教育工作的发展进步。⑥

(四) 伦理考量

尽管 AI 在教育中的应用带来了诸多优势,但也引发了一系列伦理问题。数据隐私和算法偏见是 AI 应用中最为突出的伦理问题。AI 系统在数据处理、技术创新和实践应用中仍面临着数据处理水平不足、用户隐私泄漏风险⑦。AI 系统在收集和处理学生数据时,必须确保数据的安全性和隐私性。⑧有学者担忧,

---

① Lakshmi, A., Jaya Kumar, A., Ashok Kumar, M., Sunil Patel, S., Imran, S., Naik, S. K., Lokesh, R., Ramesh, J. V. N.: Artificial intelligence in steering the digital transformation of collaborative technical education. *Journal of High Technology Management Research*, 2023, 34(2).
② 陈炳财、陈炳顺:《人工智能赋能青年学生个性化教育研究》,《文教资料》2024 年第 18 期,第 185 - 188 页。
③ Ahmad, S. F., Rahmat, M. K., Mubarik, M. S., Alam, M. M., & Hyder, S. I.: Artificial Intelligence and Its Role in Education. *Sustainability*, 2021, 13(22):12902.
④ Ibid.
⑤ Ibid.
⑥ 祝森、邑勇:《人工智能大模型在我国教育领域的应用现状、问题挑战与实践路径》,《数字教育》2024 年第 5 期,第 32 - 37 页。
⑦ 同上。
⑧ Xu, X., & Yuan, S. T.: Data privacy protection and research ethics in intelligent learning systems: Current trends and future directions. *Journal of Educational Technology & Society*, 2021, 24(1): 17 - 32.

AI算法可能存在偏见,导致某些学生群体受到不公平对待。①此外,AI在处理复杂的文化细微差别时存在困难,可能导致误解或偏见。例如,Khasawneh②指出,AI翻译工具虽然能够准确翻译文字,但在捕捉文化内涵方面仍有不足。AI算法的训练数据可能存在偏差,从而导致工具输出带有偏见的结果。这需要在AI设计和应用中注重数据的多样性和代表性。③

不同学生对AI技术的获取能力也可能存在差异,这可能加剧教育不平等。Ou和Malmström强调,需要确保所有学生都能公平地获取和使用AI工具。因此,开发AI技术时必须考虑公平性和包容性,确保所有学生都能受益于AI教育。④此外,AI在教育中的应用还需要考虑人类与AI的互动方式,确保AI技术不会取代人类教师的作用。⑤正如有学者强调,AI应与传统教学方法相结合,以提供更全面的跨文化教育。例如,Long和Lin⑥发现,AI工具虽然显著提升了学生的语言能力,但与文化能力的相关性较弱,因此需要传统教学方法的补充。

四、AI对跨学科国际传播人才培养的启示及未来发展趋势

AI在高质量对话、复杂推理、语境学习、跨任务泛化(包括多语言任务)等方面的强大能力,呈现出从自然语言交互向多模态交互发展的趋势,从多个方面影响着国际传播的方式。同时,AI技术的发展也为培养跨学科国际传播人才提供了新的思路和方法:

①　Buolamwini, J., & Gebru, T.: Gender shades: Intersectional accuracy disparities in commercial gender classification. *Proceedings of the 1st Conference on Fairness, Accountability and Transparency*, 2018:81 - 91.

②　Khasawneh, M. A. S.: The potential of AI in facilitating cross-cultural communication through translation. *Journal of Namibian Studies: History Politics Culture*, 2023(37):107 - 130.

③　Jenks, C.: Communicating the cultural other: Trust and bias in generative AI and large language models. *Applied Linguistics Review*, 2024:1 - 10.

④　Xu, X., & Yuan, S. T.: Data privacy protection and research ethics in intelligent learning systems: Current trends and future directions. *Journal of Educational Technology & Society*, 2021, 24(1): 17 - 32.

⑤　Ibid.

⑥　Long, J., & Lin, J.: An empirical study on cultivating college students' cross-cultural communicative competence based on the artificial-intelligence English-teaching mode. *Frontiers in Psychology*, 2022, 13:976310.

（一）AI对跨学科国际传播人才培养的启示

调整人才培养目标和标准，强调技术素养与跨学科融合。在AI影响下，国际传播人才的培养目标和标准需要重新考量。未来的国际传播人才不仅要具备传统的传播知识与技能，如新闻采编、跨文化交流等，还需掌握数据分析、机器学习、自然语言处理等技术能力。[①]例如，国际传播中需要利用AI进行舆情监测、内容推荐和多模态叙事，这要求人才具备跨学科的综合能力。要懂得利用AI进行数据分析来精准定位国际受众的需求和喜好，这在国际传播中对提升传播效果至关重要。就像在一些国际媒体机构中，已经开始利用AI技术分析全球不同地区受众对不同类型新闻内容的关注趋势，从而调整传播策略。

培养多模态叙事能力。AI技术推动了多模态内容的生产与传播，如虚拟现实（VR）、增强现实（AR）和生成式内容（如ChatGPT）。国际传播人才需要掌握多模态叙事技巧，以适应未来传播的多样化需求。高校可以通过实践项目和实验室，让学生熟悉多模态内容的创作和传播，培养其创新能力和技术应用能力。探索AI在国际传播领域的应用场景和优势。

借鉴AI在国际传播人才培养方面的成功经验。引入优秀的AI相关产品和工具，让国际传播专业的学生进行实践操作。例如，一些AI驱动的国际传播模拟平台，可以让学生模拟在不同国家场景下的传播策略制定和执行。还可以与相关的科技企业合作，共同开发适应国际传播人才培养的AI系统，如国际舆情监测与分析系统，帮助学生更好地掌握国际传播的动态环境。

注重伦理与批判性思维。AI技术在国际传播中的应用可能带来伦理问题，如虚假信息传播、隐私侵犯和技术依赖等。随着AI在国际传播中的广泛应用，伦理问题也日益凸显。在工具理性的逻辑下，生成式AI的开发和国际传播实践往往追求效率和影响力的最大化，甚至试图控制思维，而忽视传播行动应该承载的价值，包括平等、尊重、包容等等。[②]国际传播人才需要具备批判性思维，能够识别和应对这些问题。培养跨学科国际传播人才教学中应加入AI伦理课程，培

[①]　李俊文：《AI虚拟主播发展对播音主持人才培养的影响与启示》，《文化产业》2022年第8期，第25－27页。

[②]　周葆华、吴雨晴：《生成式人工智能影响下的国际传播：实践进展与影响路径》，《对外传播》2024年第6期，第48页。

养学生的道德判断力和社会责任感。①引导学生正确使用 AI 技术,传播真实、客观的信息。

强化跨文化沟通能力。 AI 技术使国际传播的范围更广、速度更快,但不同文化背景的受众对信息的理解和接受方式存在差异。国际传播人才需要具备跨文化沟通能力,能够根据不同文化背景调整传播策略。

(二) AI 与跨学科国际传播人才培养的未来发展趋势

生成式人工智能正在成为一种新的知识获取模式(mode of knowing)。②AI 技术可以连接全球教育资源,让学生接触到不同国家和地区的文化、媒体和传播模式。通过智能翻译和语音识别等工具,学生能够更好地理解不同文化背景下的信息,提升跨文化交际能力。同时,AI 能够帮助学生快速整合不同学科的知识,打破传统学科壁垒。例如,通过 AI 驱动的知识图谱,学生可以更好地理解语言学、传播学、计算机科学等多学科之间的联系,构建全面的知识体系,为国际传播提供坚实的理论基础。

跨学科融合加深。 国际传播与计算机科学、数据科学、国际关系、文化研究等多学科的融合将进一步加深。例如,计算机科学中的 AI 技术将不断为国际传播提供新的传播手段和分析工具;国际关系学科的知识有助于国际传播人才理解不同国家的政治、经济、外交关系,从而制定更有效的传播策略;文化研究能让国际传播人才深入了解不同文化的特点和禁忌,避免在传播过程中出现文化冲突。这种跨学科融合培养出来的人才将更具竞争力,能够适应复杂多变的国际传播环境。③

个性化培养趋势。 随着 AI 技术对受众分析的深入,国际传播人才培养将更加注重个性化。根据不同学生的特长、兴趣和未来职业规划,制定个性化的培养方案。例如,对于擅长数据分析的学生,可以加强其在 AI 驱动的国际传播数据挖掘和分析方面的培养;对于具有跨文化交流天赋的学生,可以侧重于国际文化

---

① 杨萌芽:《新时代新闻传播学人才培养的机遇与挑战》,《新闻与传播研究》2018 年第 S1 期,第 126 - 127 页。

② 周葆华:《或然率资料库:作为知识新媒介的生成智能 ChatGPT》,《现代出版》2023 年第 2 期,第 21 - 32 页。

③ 王锴、栾小丽、周景文:《多学科交叉背景下人工智能融入"合成生物学"课程教学的设计与实践》,《生物工程学报》2024 年第 9 期,第 3282 - 3295 页。

传播和外交传播等方向的培养。

实践与理论结合更紧密。未来的国际传播人才培养将更加注重实践与理论的结合。一方面,高校和培训机构将加强与国际媒体、跨国企业等的合作,为学生提供更多的国际传播实践机会,如国际新闻报道实习、跨国企业的国际形象传播项目等。另一方面,在理论教学中也将更多地引入实际案例,AI 可以为学生提供多样化的学习资源和实践机会,激发他们的创新思维。[1]例如,通过 AI 辅助的项目式学习,学生可以尝试解决复杂的国际传播问题,如跨文化沟通障碍、虚假信息传播等,培养解决实际问题的能力。通过分析国际传播中的成功与失败案例,让学生更好地理解和应用理论知识。

AI 技术的发展使得国际传播行业对复合型人才的需求更加迫切。高校可以通过与企业合作,建立实践基地和实验室,让学生在真实场景中应用 AI 技术进行国际传播实践,提升职业能力。

五、结论

AI 技术在教育领域的应用已经取得了显著的进展,为教育带来了诸多变革。从智能辅导系统到虚拟现实,从语言学习到跨文化沟通能力培养,AI 技术为培养跨学科国际传播人才提供了强大的技术支持和创新思路。通过 AI 技术,可以优化教学内容和方法,提升学生的技术应用能力、创新思维和跨文化交际能力,同时推动产教融合和伦理教育的发展。

未来 AI 在教育中的应用前景广阔,但仍面临诸多挑战。未来的研究需要进一步探索 AI 在教育中的长期效果,以及如何将 AI 技术与传统教学方法有机结合。[2][3]此外,AI 在教育中的应用也引发了一系列伦理问题,需要教育工作者、研究人员和政策制定者共同努力,确保 AI 技术的合理和公平使用。开发全面的伦

---

[1]　蔡迎春、虞晨琳:《AI 驱动的科研范式变革:跨学科视角下人工智能素养与教育培养策略研究》,《图书馆杂志》2024 年第 11 期,第 20 - 33 页、第 110 页。

[2]　Alshehri, B.: Pedagogical Paradigms in the AI Era: Insights from Saudi Educators on the Long-term Implications of AI Integration in Classroom Teaching. *International Journal of Educational Sciences and Arts*, 2023.

[3]　Rochelle, S., & S.: Exploring the AI Era: A Comparative Analysis of AI-Driven Education and Traditional Teaching Methods. *International Journal For Multidisciplinary Research*, 2024.

理框架和指南,以应对 AI 在教育中的隐私、安全、偏见和透明度问题,也是未来研究的重要方向。①随着 AI 技术的不断发展,教育领域需要不断创新和适应,以充分利用 AI 技术的优势,同时确保教育的公平性和质量。未来,教师在 AI 增强的学习环境中扮演着重要角色,需要具备整合 AI 工具的能力,并能够对 AI 输出进行修正和指导。②

参考文献

[1] 曹培杰、谢阳斌、武卉紫等:《教育大模型的发展现状、创新架构及应用展望》,《现代教育技术》2024 年第 2 期,第 5-12 页。

[2] Ou, A. W., & Malmström, H.: "It becomes increasingly complex to deal with multiple channels": Materialised communicative competence and digital inequality in English-medium higher education in the digital era. *Journal of Multilingual and Multicultural Development*, 2023:1-19.

---

① Xu, X., & Yuan, S. T.: Data privacy protection and research ethics in intelligent learning systems: Current trends and future directions. *Journal of Educational Technology & Society*, 2021, 24(1): 17-32.
② Wang, M. J. S., Yang, L. Z., & Chen, T. L. C.: The effectiveness of ICT-enhanced learning on raising intercultural competencies and class interaction in a hospitality course. *Interactive Learning Environments*, 2023, 31(2):994-1006.

第三章　交叉学科与新闻传播教育的融合

第一节　学科交叉视野下新闻传播学科人才培养再定位

一、引言

　　如今,作为元过程(meta process)的媒介化(mediatization)正在形塑社会生活的方方面面,推动着社会世界及其内部各子系统与行动者的实践由"线下"向"线上"转移。在这一转型趋势下,在线性在为社会活动提供展开空间的同时,也以其可供性(affordance)重塑了日常生活的交往活动,特别是信息交往活动。信息传播秩序的颠覆性变化为新闻业及从业者的实践带来了前所未有的挑战。从当下高校新闻传播学科向社会系统的人才输送及相关从业实践来看,这种挑战可被分为三个层面。首先,是基于传统新闻业范式的专业知识、观念与经验的学科人才培养模式,与在线性信息传播结构以及公众信息惯习间的匹配程度较低。在此背景下,以商业媒体、网红大 V、自媒体账号与 MCN 矩阵为代表的新"信息资源控制通道",正在不断挤压传统培养模式下新闻从业者的社会生态位,并通过商业逻辑主导的制度同构进程来塑造新的"新闻制度实践",从而进一步加大既有培养模式与现实信息实践情境间的脱节。其原因在于,既有新闻传播学科人才培养模式在"技能"的训练上,整体侧重于新闻专业实践的技能培养,相关训练亦集中于"生产端",即关注"如何生产新闻"的"采访—稿件撰写—校对排版",而少有"传播端"的培养课程。如:如何通过系统性数据分析理解不同新闻主题的传播效果、话语与表述形式对具体新闻内容传播力的影响,以及如何基于在线分析来对后续新闻的传播路径、传播平台、传播网络进行优化。

其次,当下社会系统内的信息传播在特征上呈现为技术的过程性嵌入。无论对于"做新闻"(making news)在如今的信息场景中必须涉及的"AR/VR 化""互动化",还是对于捕捉开源信息、优化新闻传播效果的技术性手段(如基于大模型的热点及舆情监测系统、传播效果的数据化对比分析),都因专业资源分配与学科壁垒等方面的障碍,导致缺乏专门知识传授课程。此前研究也证实了这一问题的存在:多数高校的新闻传播学专业仍将"通识型课程"(如传播学教程、新闻学概论)作为主流课程,而占比较少的"技术型课程"(如视频剪辑、新闻采访)较之多年前也并无突破。①换言之,技术对于课程数占比较少的"技术型课程"而言,其所谓的"技术"也与如今"作为技术性过程的信息传播生态"中所说的"技术"并无关联。可以说,前者更接近新闻技能(而非技术),这无疑意味着传统培养模式对当下信息传播中"技术性"重要地位的忽视。由此所导致的现象是,计算机科学等学科体系下的人才反而更加容易受到大型、优质新闻平台的青睐。此外,是信息过载与信息过滤矛盾下,传统新闻传播学科人才培养模式所培养出的新闻人才的"缺位"。在社会媒介化图景的另一侧,是生成式 AI、深度伪造等技术的迅猛发展。由于技术构成的特殊性,这些技术不仅加剧了信息超载时代的新闻真实性危机,更对新闻业存在之根基形成了前所未有的挑战。因此,所培养出的新闻从业者帮助公众在信息超载时代辨识真伪、过滤有效信息,是新时代新闻传播学科人才培养的根本任务之一。但从现实来看,辨识真伪与信息过滤首先是一个技术性问题,而对这种责任能力(无论在技术性还是意识观念层面)的培养,显然并不处于传统新闻传播学科的人才培养模式的"课程列表"之中。

基于上述突出现象的分析可以发现,传统新闻传播学科人才培养模式与社会系统的脱节,首要因素就在于这一培养过程更关注传统新闻知识与实践技能,而缺少资源、能力或因其他复杂原因的限制完成向"新闻技术性"培养的转向。如何加强跨学科的技术性建设,成为新闻传播学科人才培养需要首先回应的问题。2020 年,由教育部新文科建设工作组发布的《新文科建设宣言》为交叉学科视角下新闻传播学科人才培养模式的转型提供了理论指导。在传统新闻传播教

---

① 王一鸣:《新闻传播教育改革的焦点问题和时代走向——基于全国新闻传播学院院长研修班的调查》,《新闻大学》2023 年第 10 期,第 106－118 页。

育体系遭遇"三重挑战"的背景下,如何在纾解传统培养模式困局的同时实现新文科建设? 这要求我们对新闻传播人才培养模式进行立体化、深层次地重新定位与调整。

二、作为前置问题与基本语境的新闻场域重组

从历史性视角来看,新闻业的萌芽可追溯至 16 世纪在欧洲出现的"手抄小报""新闻纸"。随着 19 世纪改良铅活字印刷技术在全球范围内的传播,以报纸为代表性媒介形式的大众传播开始兴起。这种新兴媒介在传播力方面的优势,打破了由零散的"新闻活动"组成的信息生态,形成了作为社会信息组织结构的社会串联系统——新闻业。从早期新闻业的组织实践来看,新闻场域及其内部的行动者活动主要由两种媒介逻辑构成。其一,是专业化逻辑。在这一阶段,报纸所承载的信息内容主要由新闻场域内的专业化行动者撰写。由新闻实践和早期新闻理论互型沉淀而成的专业制度具有特殊的规定性作用,如"倒金字塔"的新闻问题规范、采访及报道过程中的平衡性要求等。专业化逻辑在规定行动者行为模式、塑造新闻职业正当性的同时,也严格限定了新闻场域的边界。其二,是商业化逻辑。在新闻业兴起与发展的过程中,广告在大众报业中具有特殊意义:多数媒体的运营资金以及利润主要来自广告商。因此,通过新闻内容达到受众最大化目的,并以此为中介与广告商达成更大规模的商业交换成为典型的媒体经济运营模式。

从 1918 年北京大学成立新闻学研究会算起,新闻学在中国的发展已逾百年。[①]进入中国语境的新闻业也相应地发生了一些变化。其中,最为明显的变化是新闻场域的第一重逻辑,即"耳目喉舌"主导性作用驱动下的专业化逻辑强化,以及第二重逻辑,即商业化逻辑的淡化。直至 20 世纪 90 年代,随着中国媒体市场化改革的进行,由采编、印刷、发行、广告等环节组成的半市场化运作模式产生,把传统机关报的运作模式被置换为现代报纸的运作模式[②],形成了一种典型

---

① 周勇、李昊凯:《中国新闻传播学自主知识体系的历史脉络与独特底色》,《中国编辑》2024 年第 8 期,第 4 - 11 页。

② 李良荣、窦锋昌:《中国新闻改革 40 年:以市场化为中心的考察——基于〈广州日报〉的个案研究》,《新闻与传播评论》2019 年第 3 期,第 108 - 116 页。

的"重资产"、大规模的新闻生产方式。在这一过程中,专业化逻辑与商业化逻辑均得到了不同程度的强化。传统媒体凭借其规模化、重装化和高投入加上新闻采编的特殊体制、机制形成了一道"保护墙",也将个体化的新闻生产排除在外。

在智能时代,平台媒体技术的赋权以及新闻传播渠道的多元化,使得"轻资产"模式的社会化新闻生产开始勃兴,新闻场域进入了一个全新阶段:专业化逻辑消逝与商业化逻辑再加强下的平台新闻时代。新闻生产从原来的"重资产"模式变为如今的"轻资产"模式。①个体化、去专业化和平台流量经济下的商业化进程所带来的"轻资产"模式,改写了新闻实践的基本程序和模式。随着全民媒介实践的常态化,新闻传播场域被彻底解构与重组。然而,传统新闻传播学科人才培养模式却未能匹配此次重组浪潮的波峰。对新闻传播学科人才培养模式再定位的前提,是认识到当下新闻场域重组浪潮的几大趋势与特征。

首先,社会性的再编码与信息传播介质的具身性(embodiment)正在改造社会世界内部的交互实践。具身性源自法国哲学家梅洛-庞蒂(Maurice Merleau-Ponty)的知觉现象学。美国技术哲学家唐·伊德(Don Ihde)对具身关系又作了进一步的阐发,他指出,人们借助技术将实践具身化,其指向的是与世界的生存关系。②唐·伊德通过视觉技术意向的例子再进一步解释了具身关系,即主体——通过视觉人工物——世界,这种居于社会世界间的生存关系即为具身关系。主体借助技术来获得感知,并将技术获得的感知转化为人的认知,从而构成人与世界的生存关系。当前,传播之载体早已由大众报刊转向了嵌入日常生活的移动设备——个体基于作为信息载体的移动设备及架设其上的应用来感知世界,介入到社会世界的生存关系并依照其社会性的编码来发挥独特作用。故而技术物也在获得具身性的同时,对信息传播进行再编码。由此所导致的现象是:移动设备的媒介性质以其可供性塑造了智能时代的信息性质,规模化、集团化的内容生产逐渐被个体化、小规模化的作坊式生产所取代。而传统新闻传播学科人才培养模式下所培养的新闻人才虽在"专业化知识"方面具有独特优势,但这

---

① 窦锋昌:《新闻生产的"重资产"与"轻资产"模式——社交媒体时代新闻人职业"权力"的丧失与收复》,《青年记者》2019 年 11 月,第 16 – 18 页。

② 〔美〕唐·伊德:《技术与生活世界——从伊甸园到尘世》,韩连庆译,北京:北京大学出版社 2012 年版,第 77 页。

种"专业化知识"仍囿于传统的新闻实践框架,却难以应用于当下的新闻传播格局。

其次,媒体泛在化使新闻传播职业门槛降低,平台化下的个体新闻生产节点正在对新闻从业者与传统新闻制度形成挤压。从 Web 1.0 时代开始,媒介技术就开始改变新闻传播的方式,并在信息量、信息传播时效等方面都对传统媒体的"存在"形成压力。而随着 Web 2.0 的深度普及,传统媒体生态亦受到极大冲击,"万物皆媒"成为智能传播的一个重要特点。在智能技术的发展下,任何"技术体"都成为信息的接收端和输出端。网络去中心化后生成了大量新的传播节点,除了传统的传媒机构,当前的网络平台、新媒体、自媒体、广告公司都兼具传媒属性。以经济利益为导向的"新闻传播"正在对传统的新闻制度进行同构。而在传统新闻机构不得不接受制度同构进程的同时,业界对新闻从业者"技能树"(skill tree)的要求也在发生变化,如要求从业者具有数据分析、模型化热点发掘等能力。这与当下的新闻传播学科人才培养模式的培养重点和技术训练存在显著差异。

此外,媒体盈利模式多元化带来了人才评价机制的系统性转型。近二十年来,新闻业经历了由渠道为王、内容为王、流量为王构成的三个历史阶段。在这一过程中,大机构新闻生产机制逐渐消失,传统新闻从业者在制度同构下被卷入了"流量竞争"之中。真实性、客观性、社会价值等传统新闻评价指标发生"退潮",取而代之的是以流量为中心的考核评价模式——粉丝增幅、点赞数、转发数、评论数等量化指标成为评价新闻人才能力的重要标尺。甚至于媒体间已不再用"全年活跃用户数""月活跃用户数"来相互竞争,往往需要靠"日活跃用户数"("日活")与单条信息的传播力指数来进行对比。在此背景下,部分高校的新闻传播学院已意识到了培养模式转型的必要性,将"新媒体"的理论与实践作为学科体系组成课程,但却缺乏与之匹配的职业精神教育。[1]这一方面导致所培养出的大量人才开始分流入"大厂"、MCN 机构等商业信息组织,而"进入新闻业"已成为少数人的选择。另一方面,职业精神教育的缺失也间接导致了信息生态熵减难度的提升。前者关系到"为谁培养人才"的问题,后者则关系到"为什么培养人才"的问题。从当前的信息生态来看,社会系统并非如麦克切尼斯(Mc-

---

[1]　张才刚:《智媒时代新闻传播人才培养的逻辑进路》,《中国编辑》2023 年第 5 期。

Chensney)所说的"不再需要新闻业"①,恰恰相反,智能时代的社会系统前所未有地需要能够适应复杂信息环境的新闻人才。而培育此类新闻人才的前提,则是需要新闻传播学科人才培养模式在转型与调整过程中首先回应上述两个问题。

最后,智能媒介实践重塑了传媒生态新格局,新闻生产、接受模式正在发生革命性的变化。智媒技术的传播其核心优势是新闻生产的海量化和精准化,渠道多元、信源多元使得新闻传播的频率与速率不断加快。新闻生产方式不再是记者与编辑的简单组合,而是"人 + 自动化技术 + 数据 + 人工智能 + 分析模型"的复杂组合体。如借助机器自动对网络数据库的筛选、甄别、组合,再借助算法技术对特定人群进行精准推送。这种高度集约化、技术化的传播模式,既带来了"操作性工种"的消失,也带来了新闻业对从业者"功能需求"的转变。如布鲁萨德(Broussard)等人所说,未来的新闻业将是人机高度一体化的新闻业,这种一体化并非简单的人机分工,而是需要具有复合型能力的从业者开展真正意义上的人机协同。②事实上,人机协同的新闻实践已经开始展开。例如,腾讯青云智能平台目前已实现人工智能在海量的新闻图片中完成精确查找,识别并构建图像中人物的关联图谱。这些应用性的技术完全颠覆了传统新闻传播场域所规范的内容生产模式,也为新闻从业者提出了新的挑战。新闻传播学科人才培养模式的适时转变已势在必行。

三、新闻传播知识体系的单一化与人才培养困境

媒介技术的发展打破了传统新闻传播的边界,将重组未来的新闻传播知识体系。自媒体和 MCN 机构的崛起,形塑了新的媒介实践;算法驱动的内容推荐和 AIGC 的广泛应用,重塑内容生产、分发与消费的生态。这些变革突破了以往媒体的规则和话语方式,涌现新的理念,新闻传播知识体系正在经历一场系统性变革。如果说 Web 3.0 的"上半场"是"物的逻辑",通过时间空间的连接实现"万

① McChesney,R. W.:Journalism is Dead! Long Live Journalism?:Why Democratic Societies will Need to Subsidise Future News Production. *Journal of Media Business Studies*,2016,13(3):128 – 135.

② Broussard,M.,Diakopoulos,N.,Guzman,A. L.,et al.:Artificial Intelligence and Journalism. *Journalism & Mass Communication Quarterly*,2019,96(3):673 – 695.

物皆媒"的规模化发展,那么"下半场"就是"人的逻辑",通过回归人的社会交往需求,实现以个人为节点的纵向垂直化发展。这种以人为中心的趋势体现为人与媒介的深度交融。从智能化程度看,智能体的普及让人与机器迈向共生,AIGC 生产模式覆盖了从媒体机构到数字平台的各个层级,重组了经济和运营模式;算法技术的发展促进一种从数据收集、处理到越来越精细的分众化传播的趋势,提升内容创新路径以满足更多元的需要成为可能;从内容生产方式看,UGC、PUGC、AIGC 与中心化的主流媒体并行,成为内容生产方式;从新闻传播的机构形态来看,随着平台媒介化、媒介平台化成为趋势,寻求媒体逻辑和平台逻辑的制度同构成为主流媒体寻求困境突围的主要策略;从受众的角度看,传统媒体的受众转向用户,成为内容产消者,未来在市场中的主体性将不断增强;从传播形式看,虚拟现实的沉浸式传播将成为内容创新的新领域,对 VR、AR、XR 等新技术手段的应用将为媒体深度转型提供强大动能。这些数字传播的新模式、新动向都在构建新闻传播知识体系的新秩序和新生态,持续变革传统新闻领域的专业操作体系和从业人员职业素养。

媒介化具有"一维线性向度"特征,即媒介技术的创新朝着便捷化、虚拟化方向发展。关键节点是 Web 2.0 技术的普及。当全民连接成为现实,全民化的媒介实践由此开启,媒介化也开始由浅度实践、中度实践向深度实践进发。媒介化的浅度实践以追求信息传播速度为标志,强调信息传播的时效性和信息量对传统媒体的超越;中度实践主要在社交领域,互联网 Web 2.0 时代,交互性功能增强,新兴网络应用平台为网民交往提供了便利,BBS、博客、微博、微信等的个体化媒介实践极大地拓展了人们的交往空间维度;而深度实践则是对现有信息基础设施应用的极致化。随着各类应用软件(App)的开发设计,网民的深度实践突出地表现为对网络应用的二次开发,诸如自媒体、直播电商、短视频、网络写作等。在这一过程中,去职业化和再职业化几乎在同一时间完成。全民媒介实践极大地挤压了职业新闻传播人的生存空间。

社交媒体的普及,逐渐消弭新闻传播学本体内涵的边界,尤其是媒介伦理的边界。应用软件的广泛使用使新闻传播专业知识和技能降格为一种普通技能,知识的通识化倾向越来越明显,学科的边界规定性、学科知识的壁垒,逐渐消融。公民主体"化身"为记者、编辑,"人人都有麦克风""人人都是记者",专业化的理念已失去其合理性、合法性。在此背景下,新闻传播学的学科遭遇到前所未有的困境,原有的学科教育的知识体系、理论体系、实践体系都显得陈旧、过时。职场竞争中学科专业选择的"唯一性"特征不明显,这是学科生存危机的直接表现。如卡斯特(M. Castells)所言,数字媒介下的社会无法给出既定的社会结构秩序,单一媒介线性的信息生产、流通过程已被取代,社会秩序基于不同媒介的传播实践不断被整合、延伸。[1]在当下加速社会情境中,数字媒介平台机构的软硬件已深深嵌入日常生活实践之中,形成了在线社会性(online sociality)与现实社会性交织的格局。在全民媒介实践背景下新闻传播学科面临的主要困境表现为:

首先,新闻传播教育面临设定培养目标主体的困境。新闻传播教育为谁培养人才,目前整体比较模糊。从当前流行的高校新闻传播专业的培养目标来看,大多数学校的目标定位都有类似表述:"培养具有高度社会责任感和专业主义精神的高端人才""培养适应时代需要、具备较高的新闻职业素养、深厚的新闻传播理论基础、宽广的知识面的新闻专业人才"。可见,人才培养定位都是相当高的。然而,培养目标设定往往与现实人才需要之间还存在很大的距离,到底依靠什么手段、什么途径实现这一目标? 从当前的就业形势来看,新闻传播专业的毕业生大多从事与新媒体有关的工作。根据麦可思研究公布的《就业蓝皮书》显示,新闻专业毕业生更多流向了民营企业,占比 69%。[2]相对地,传统媒体对新闻传播专业人才的吸收则相对较少,这与人才培养目标定位显然不匹配。

其次,新闻传播学科知识体系构成困境。社交媒体的迅猛发展,媒体形态的急速进化、媒介化程度不断加深,不断促成新的知识的生成。这使得从业者在面对新闻传播知识结构的变化时陷入了不适应状态,主要表现为如下两个方面。一是学科知识结构的老化。新闻传播学是一门新兴学科,相较于其他人文社会科学的学科而言,沉淀、固化不变的规律性知识较少,而实践经验性的知识较多;而实践经验性知识如实操技术、经营理念等则需要与时俱进,动态调整,而不能全然依赖数十年不变的"经典教科书"。应当承认,新闻传播的实践经验性知识更迭速度往往滞后于行业实践知识更迭的速度;而学界由于缺乏强有力的学科资源与技术层面的整合力,无法迅速将新的知识理念在教学中体现出来。在教育管理体制中依旧存在学科壁垒,学科之间的交叉、融合调动也存在许多现实难

①　Hepp, A.: *Cultures of Mediatization*. Cambridge: Policy Press, 2013, p.17, pp.84 - 85.
②　刘思巧、刘新一等:《新闻专业的就业形势,真有传闻中那么差?》,36 氪"全媒派",https://www.36kr.com/p/1418950671793798,2021 年 9 月 29 日。

题,这是自上而下的体制性问题。

二是师资结构的老化。教师是学科知识的重要主体构成,但目前多数教师在知识与实践层面的经验积累主要依托于传统的学科培养体系,其知识结构适应的是传统新闻传播模式。然而,在新的形势下,知识的更新是基于对新技术、新理念的接受能力,这恰恰是问题所在。高等教育的专业自主权有限,不可能动态自主设置专业,即使可以动态设置专业,此类方法也不符合教育规律,因为动态设置的专业是阶段性的、缺乏严谨的知识体系沉淀,一旦社会系统的内部生态发生变化,则易导致新近设置的"新专业"失去存在的土壤与意义。

四、交叉融合思维驱动下的人才培养模式更新

在新闻传播学科发展至今的历程当中,就人才培养体系这一维度而言,已经呈现出传统的知识体系与现实需要相脱节的背离趋势,单一学科背景、单一群体或个人在教育与引导学生成才方面的作用正逐渐减弱。与此同时,现如今媒介技术的突破与创新对交叉学科的依赖性不断加深,产业技术的演进扩充了对复杂学科知识体系的要求。发展交叉学科成为应对新一轮科技革命和产业变革、实现重要科学问题和关键核心技术革命性突破的必然行径。

多学科交叉融合共生已经成为当下科学技术发展的显著特征。在国家重大战略需求的驱动下,多学科交叉汇聚与多技术跨界融合成为常态,并由此不断催生新学科前沿、新科技领域和新创新形态。在此背景下,平台传播业界的创业热潮对人才知识、能力的要求,国家战略需要和日益激烈的国际竞争形势的需要毋庸置疑地共同形塑了新闻传播学科的学科交叉需求。加强新闻传播学科与其他学科的交叉融合,不仅是学科自身发展的内在逻辑,也是应对外部挑战、把握发展机遇的必然选择。

然而,如何促进学科交叉融合一直是困扰世界各国科学资助机构的难题与挑战,在学科交叉研究实践过程中形成的交叉研究文化难、建立深度交叉合作难、获得交叉研究资助难、评估交叉研究成果难、获得学界社会认可难等现实问题始终阻碍交叉学科研究的实现与进步。这不仅是实践层面的操作难题,更是思维方式方面的观念障碍,需要从多层次进行研讨实现破题。

（一）多措并举加快复合型人才培养

在当前科技进步狂飙突进的时代背景下，高质量的复合型创新人才已经成为推动科技进步与社会发展的关键要素。为适应经济社会与产业发展需要，需要创造良好的复合型人才培养环境，构建基于多学科交叉的复合型人才培养路径，立足交叉学科前沿，培养造就一批有望进入世界科技前沿的优秀青年学术带头人。

复合型人才培养需要强有力的交叉学科体系提供支撑。交叉学科的兴起是解决目前社会发展对于复合型人才需求的重要举措，突破了传统单一学科的人才培养模式，拓宽了高校院所在创新人才培养的视野与空间。2024 年初，国务院学位委员会决定设置"交叉学科门类"，交叉学科成为我国第十四个学科门类，赋予了交叉学科以特殊地位，这也意味着交叉学科所关联的规范培养体系、培养理念、培养模式应当得到重视与进一步建设。

在复合型人才培养体系的建设中，应当以学科建设为基础，注重创新思维和实践能力的复合技能培养；同时应改变传统以单一学科为导向的教师培养模式，整合不同学科和专业的师资力量，建设一个能进能出、开放流动的交叉学科教师队伍，促进学科交叉融合和学科竞争力持续提升，最终实现培养高素质、强水平、广适应的复合型新闻传播人才。

（二）数字计算主导学科交叉

在数字文明时代的技术赋能下，个人会成为高能个体，机构会成为垄断性机构。一个具备数据意识、数据头脑和数据技能的数据公民更容易获得成功。以掌握媒介新技术、新技能为标志的文化资本颠覆了传统布尔迪厄意义上的文化资本概念，成为社会新宠。新的知识体系正在成为时代主角，也呼唤和催促着新文科的变革。在全民媒介实践的大背景下，新闻传播学科的特殊性决定了其新文科改革需要超越一般文科，其学科交叉融合需要采用高强度的知识整合力向深度和高度再定位、再调整，通过规划、设计、组织、协调高质量、内涵式的新文科发展，这需要实现以下几个维度的目标整合：

首先，适应全民媒介实践形势，开展学科知识体系整合。当前，深度媒介化趋势下全民媒介实践如火如荼，新媒介技术和低门槛媒介终端使得新闻专业和业余的界限越来越模糊。在新的媒体生态环境下，美国高校新闻传播专业教育已经开始探索细分化、多样化道路,整合传统新闻传播专业设置,增设细分新闻传播专业,丰富新闻传播专业课程。①我国新闻传播学科知识体系的改造与重组,也必须面向实际,实现整体开放、多元化,尤其是要按照新文科的精神,实现大数据、人机互动、艺术设计等多学科的整合,实现文理工课程知识的交融,在传统的采写编评等之外,开展数据分析、人机协作等技能培养。正如美国教育学者舍勒(M. Scheler)认为,不同类型的知识更新速度有所差异,人为成分越高的知识形式,改变起来就越快②。新闻传播学作为年轻的学科知识体系,其中包含了很多"人为成分",在智能传播时代,新闻传播学科完全可能在实证方法和技术技能等知识创新类型方面发挥学科优势,以全息感知、全媒体应用知识,全媒体生产能力在新闻传播教育中展示创新与活力,凡此种种都需要扎根媒介化实践背景,在更高层次上实现学科知识的整合。

其次,需要对新媒体环境下新闻传播职业伦理教育进行整合与再确认。新媒体普及后,网民参与新闻实践打破了新闻职业从业者的垄断,新闻职业特殊性壁垒不复存在,新闻专业主义的基础发生了动摇。"人人都有麦克风""人人都是记者"释放了网民主体的表达自由,随之而来的则是自媒体各种新闻传播失序,伦理道德失范现象层出不穷。随着自媒体业余人士侵入原本专业化比较强的领域,新闻业出现了"去专业化"的现象③。在此背景下,新闻伦理教育任重道远。新闻传播教育的迫切任务是为社会培养尊重职业伦理道德,引导大众提高媒介素养的新型媒体从业者。为了实现这一目标,必须将自媒体实践中的伦理教育与职业新闻传播教育中的伦理教育内容加以整合,提升自媒体的专业素养,为传媒行业树立新的规范,也为新闻传播教育培养全新的人才次元。缺少伦理统合教育的环节,会形成社会劣币逐良币的环境,不利于新文科教育的开展。

再次,需要实现教学主体的知识结构、专业背景的多样融合。新闻职业教育中强调记者要当"杂家",要广泛涉猎各种专业领域。可见新闻传播学具有与生俱来的交叉学科基因和博采众长的天然禀赋。因此在传播主体、介质、方法、逻

---

① 白净:《美国新闻与传播教育改革及创新》,《新闻记者》2015 年第 7 期,第 79 - 84 页。
② 同上,第 29 页。
③ 白红义:《塑造新闻权威:互联网时代中国新闻职业再审视》,《新闻与传播研究》2013 年第 1 期,第 26 - 36 页。

辑思维全面变革的新时代,新闻传播学的教学主体——师资队伍应该顺应时代变革要求,调整自己的知识结构,不断丰富和提升专业知识新内涵。与此同时,高等院校也需要进一步思考如何实现师资结构的合理配备。英国伦敦国王学院、卡迪夫大学等高校新闻传播教师队伍建设采用"双轨制",既招聘以理论研究见长的学术型教师,又招聘具有多年从业经验、以新闻传播业务见长的实务型教师,并对两类教师采取不同的评估标准。①这保证了学生知识、技能结构的平衡,具有一定的启发性。全面媒介实践时代不仅考查学生的理论思维能力,更对学生的实践动手能力提出了新要求,这不仅考查教师对多元知识体系的交叉、融通思维和新技术的掌握情况,更是考查顶层设计如何整合配置新闻传播教育转型升级过程中的师资队伍建设。

(三) 基于新型职业发展前瞻性的学科重组与人才培养模式再定位

媒介化的本意重点在"化"(mediatizing)上,这个英语造词强调的是"化"用媒介去开发现实中未有的新生事物。当前,应用软件平台的商业模式渐趋成熟,不断涌现出新的职业形态。美国 TOW 中心早在 2012 年就有研究发现,深度媒介实践在美国出现了消费体验总监、直播编辑、虚拟现实编辑等十大新兴新闻岗位。未来随着产业生态的重塑,新型职业模式必将诞生,单一知识结构的人才难以适应市场形势的需要,这些潜在的变革趋势,呼唤着新闻从业者的知识能力的重塑,这便要求新闻传播教育和人才培养需要有前瞻意识与提前布局。当然,这种带有前瞻性的专业知识绝不是现有知识体系中固有的,而是需要交叉整合的,而这种整合对现有教育管理体制甚至招生体制都是极大的挑战,它意味着需要顶层设计以打破专业设置的壁垒,实现对传统专业的超越。

在全民媒介实践的时代,自媒体行业的兴起与冲击直接给新闻传播学科设置带来了本体论的拷问——新闻传播学的内涵和外延到底是什么?什么样的人才培养模式才能适应传媒生态的竞争格局。当前的新文科建设思路为破解这一困局明确了方向。新文科的创新目标表现在"多学科交叉与深度融合""适应服务转向支撑引领"等方面。这些目标向度也是新闻传播学科改革的题中应有之

① 吴锋、张佳慧、夏鸿斌:《英国新闻传播教育的发展路径和最新进展——基于十所顶尖新闻传播相关院校的调查统计研究》,《传媒》2015 年第 3 期,第 49 - 52 页。

义。"代表着一种面向生活世界复杂问题解决的、打破学科与非学科界限的新型研究和教育"[1]。总体来看,新文科建设具有以人为本、问题导向的理念,具有"创新性、开放性、系统性、针对性"等特征[2]。然而,新闻传播教育作为一个复杂的、开放的、与现实政治、经济、文化最为贴近的有机系统,仅有专业交叉融合依然是不够的,高起点、超越性也是其新文科建设的主线与逻辑起点。

新闻传播学科人才培养模式的再定位需要超越一般性的新文科建设理念,面向行业、产业一线。美国希拉姆学院 2017 年率先提出的"新文科"的概念,是指对传统文科进行学科重组、文理交叉,即把新技术融入哲学、文学、语言等课程之中,为学生提供综合性的跨学科学习。然而,这一理念放到当下中国社会现实中就显得严重不足了,中国作为深度媒介化社会的"第一现场",在热火朝天的媒介实践场景下,简单的、泛泛的文理交叉、学科融合作为新文科建设的策略已显不足。当下的全民媒介实践已将非专业的职业训练推到了一个新的高度。面对这一形势,必须在多学科知识融合的基础上再引入行业前沿的创新理念,特别是强调产学研的开放性整合,只有这样才能实现新闻传播学科的凤凰涅槃。当前,高质量新闻传播教育就是要面向变革现实前沿,合理吸收数字技术如区块链、算法,影像技术如 VR、AR 等新知识,充实课堂知识体系,将经济数据分析、机器人、传感器知识等内容应列为参考、选修内容。然而,完全推倒,从零开始建设,不符合节约办教育的要求。发挥资源整合力显得尤为重要,统合多学科课程、实现业界平台对师生的开放,必将形成一个全新的专业培养格局。只有超前设计、超前谋划,才能实现新闻传播学科真正的新文科跨越。

第二节　大语言模型发展趋势下新闻传播教育目标的重塑与实施路径研究

一、引言

2022 年 11 月 30 日,ChatGPT 的推出成为人工智能历史上的一个重要事

---

① 赵奎英:《"新文科""超学科"与"共同体"——面向解决生活世界复杂问题的研究与教育》,《南京社会科学》2020 年第 7 期。

② 王铭玉:《新文科——一场文科教育的革命》,《上海交通大学学报》2020 年第 1 期,第 19 - 22 页。

件。它首次将人工智能技术带入主流人群，并迅速成为增长最快的消费产品，仅用了五天时间就获得了 100 万用户。而 2025 年 1 月 28 日发布的 DeepSeek 在上线 25 天后的下载量更是达到 4000 万，远超 ChatGPT 首月的 900 万。以这两款软件为代表的大语言模型也将快速发展的生成式人工智能技术及其社会影响推向了公众视野，其影响的众多领域中就包括教育。

教育领域历来是技术进步的先行区，也是创新的前沿地。尽管人工智能融入教育并非新鲜事物，多年来也有大量的研究和资金投入，但其影响力仍然有限。直到大语言模型的出现，将人工智能在教育中的角色从理论构想转变为即时现实。这一范式的转变几乎是在一夜之间发生的，并以一种几乎没有广告或营销活动的方式迅速获得关注。学生、教育者和管理者等均本能地感受到了这一转变的意义、紧迫性和巨大潜力。

新闻传播教育同样面临转型的压力和机遇。传统的教育体系尽管在一定程度上已经适应了信息技术变革，但在面对大语言模型这样的创新性技术时，依然显得有些滞后。尤其是在教育目标的设定、课程内容的更新以及教学方法的改革上，仍未充分体现出生成式人工智能技术带来的深刻变化。这种不适应，意味着新闻传播教育必须经历一次深刻的反思与调整，才能为未来的新闻从业者提供更具前瞻性和适应性的知识结构与能力培养。

在大语言模型的影响下，新闻传播教育不仅要解决如何利用技术工具提升新闻生产的效率和质量，更要思考如何在新技术背景下培养具有跨学科能力、批判性思维以及社会责任感的新闻传播人才。如何通过智能化手段提升教育的有效性、创新教育内容与方法、培养学生应对技术带来的伦理挑战的能力，已成为当今新闻传播教育改革的关键问题。因此，本研究将围绕大语言模型的发展趋势，探讨其对新闻传播教育目标和实施路径的影响，并提出如何在智能化时代下进行教育目标的重塑和创新。

二、大语言模型与新闻传播的融合：挑战与机遇

大语言模型是近年来自然语言处理领域的重要技术突破。其主要依赖深度学习技术，特别是基于大规模数据训练的预训练模型，能够通过学习海量文本数据捕捉语言的结构、语法规则及语义关系，从而具备理解和生成自然语言的能

力。它的关键特性首先是巨大的参数规模和对语言深层次结构的理解能力。通过深度学习框架,模型不仅能够生成连贯、流畅的文本,还能在不同任务中展现出较高的准确性和泛化能力。其训练过程所依赖的语料库涵盖了从新闻报道到小说、技术手册乃至社交媒体动态等多样化的文本数据,这使其在语言理解方面具备了较强的多样性和通用性。大语言模型的另一个关键特性是卓越的上下文理解能力。与传统的机器学习模型相比,大语言模型依托于深度学习框架,尤其是基于自注意力机制的变压器(Transformer)架构,在处理和生成文本时能够捕捉更复杂的语言结构、上下文关系和语义细节。通过预训练和微调,大语言模型能够在海量数据的基础上进行语言模式学习,从而不仅能准确理解输入文本的意义,还能生成具有高度连贯性和逻辑性的输出文本。

而大语言模型通过其强大的数据处理和语言理解能力,正在重塑新闻生产、传播方式乃至整个行业的运作模式,并在多个层面上发挥作用。在新闻内容生成方面,大语言模型的应用尤为突出。新闻报道传统上依赖记者在现场进行实地采访、数据收集和信息整理。然而,随着突发新闻的快速发展和信息传播速度的加快,传统的新闻生产方式面临着巨大的时效性压力。大语言模型能够在几秒钟内生成一篇符合语法和逻辑的新闻报道,且内容覆盖广泛。特别是在新闻事件初期,记者常常依赖有限的信息进行报道,而大语言模型可以从已有的背景信息和事件数据中快速推导出报道的主要内容,从而帮助记者在最短的时间内完成初步稿件的撰写。新浪财经是应用大语言模型进行财经新闻自动化生产的典型例子。新浪财经通过大语言模型分析股市波动和财经数据,生成有关股市走势、公司公告和市场动向的报道。腾讯新闻也采用人工智能技术在体育赛事、娱乐新闻和热点事件报道中实现自动化写作。

不仅如此,大语言模型在新闻推荐系统中的应用也日益成熟。新闻推荐技术的发展经历了从基于关键词的简单匹配到基于协同过滤的算法,再到如今的基于深度学习的个性化推荐。在过去,新闻推荐主要依赖用户的历史行为数据,如点击记录和浏览时间等信息,进行简单的推荐。然而,随着大语言模型的引入,推荐系统不再局限于表面上的点击记录,而是能够从更深层次分析用户的兴趣和情感。大语言模型通过对用户过往行为的深度分析,可以理解用户的情感偏好和兴趣变化,从而为用户提供更具针对性和深度的新闻推荐。[1]这不仅提升

---

[1]　陆新蕾:《算法新闻:技术变革下的问题与挑战》,《社会科学文摘》2019年第5期,第11-13页。

了用户体验,也增加了新闻平台的用户黏性。谷歌新闻作为全球最大的新闻聚合平台之一,其推荐系统已广泛应用大语言模型技术来提高新闻推荐的精准度和个性化。今日头条的推荐系统还能通过大语言模型生成情感分析,进一步优化推荐内容的个性化。

此外,舆情分析也是大语言模型在新闻传播中的重要应用领域。随着社交媒体和数字平台的兴起,新闻的传播路径变得更加多元化,信息的传播速度更是突破了传统媒介的限制。在这种背景下,新闻机构面临着舆情监控和社会情绪预测的巨大挑战。大语言模型能够从社交平台、论坛、新闻网站等多维度的数据源中提取信息,通过情感分析、话题检测等技术手段,实时监控社会舆论的走向。通过对大量文本数据的语义分析,模型不仅能够识别出舆论热点,还能够预测公众情绪的变化。例如,社交媒体上对某一事件的讨论愈发激烈时,模型能够提前识别这一趋势,为新闻机构提供及时的舆情反馈,帮助媒体制定更加精准的报道策略,避免在报道中引发不必要的舆论风险。

毋庸置疑,大语言模型的引入为新闻传播生态带来了深远的影响和前所未有的机遇。随着人工智能技术的不断发展,新闻传播行业的工作流程、传播模式以及对新闻传播人才的需求都发生了深刻变化。[①]大语言模型作为这一变革的核心技术之一,其带来的影响不仅在于提升了新闻生产的智能化水平,也推动了行业内部结构和教育体系的转型。对于新闻传播行业来说,这些变化既是机遇,也是挑战,尤其在技术应用和教育实践方面更显突出。

首先,大语言模型的普及给新闻传播行业带来了前所未有的自动化水平,提升了新闻生产的效率和精准性。传统新闻生产依赖人工编写和编辑,而大语言模型可以在短时间内完成海量新闻稿件的自动生成,这种技术赋能为新闻机构提供了更大的灵活性和成本效益。例如,许多新闻机构已经开始依赖大语言模型来处理常规的新闻报道、赛事实时更新以及股市变化等领域的内容生产。这种技术使得新闻生产不仅仅是加速的过程,还是更加精准的内容定制。这意味着,新闻机构能够在较短的时间内发布更多、更具时效性的新闻,而无需大量的人工投入。这为新闻机构提高了市场竞争力,尤其在瞬息万变的信息环境中,迅

---

① 栾轶枚、张晓旭:《人工智能驱动下的新闻传播教育改革》,《新闻与写作》2018 年第 5 期,第 43 - 49 页。

速的新闻传播成为了他们获取受众的关键竞争力。

然而，这一技术也带来了如何在高效与精准之间找到平衡的挑战。随着新闻生产的智能化，新闻从业者的角色发生变化。虽然大语言模型可以在短时间内完成内容创作，但其缺乏人类记者在深度分析、情感表达和伦理判断上的能力。因此，新闻从业者不仅仅要依赖技术的自动化，还应关注如何通过对生成内容的深度把控和精准分析，将人工智能与人类的智慧相结合。这一变化推动了新闻传播教育的转型，即从传统的新闻写作和报道技巧的培养，转向更多地关注如何在技术背景下进行数据分析、算法理解以及道德判断的能力建设。这为新闻传播教育提供了新的方向和机遇，尤其在培养学生的跨学科能力和技术应用能力方面显得尤为必要。

一方面，新闻传播教育内容不能再单纯地围绕传统新闻传播理论展开，而要更加注重新媒体技术、算法设计和数据分析等领域的知识融合。[①]教育内容需要引导学生理解并应对个性化推荐背后可能带来的问题，例如信息过滤泡沫、舆论极化等，培养学生具备批判性思维的能力，提升其在智能化环境中筛选和传播真实信息的能力。另一方面，大语言模型在公共舆情的实时监控与分析方面的应用也促使教育体系在舆论监测、数据分析和危机管理等领域开展更为系统的课程设计。如何有效利用大语言模型进行舆情监控，如何识别潜在的危机事件，并及时作出反应，成为新闻传播专业人才培养的重要内容。同时，行业变革带来技术应用的伦理问题、数据隐私问题以及信息真实性等问题，也引发了新闻传播教育目标和课程内容的重新思考。

三、新闻传播教育的智能化转型：现状与不足

新闻传播教育自其诞生以来，其核心目标是培养具备基本传播技能和理论素养的专业人才。这一目标主要依赖传统的教学方式，通过课堂教学、案例分析和实习等环节培养学生的写作能力、传播策略以及批判性思维。传统的教学内容主要围绕新闻写作、采访技巧、编辑技术以及传播学理论等基础内容展开。然而，随着信息技术的进步和大数据时代的到来，单纯依赖这些传统技能的新闻传

① 刘渼：《人工智能对新闻传播教育的重构》，《传媒》2020 年第 15 期，第 85 - 87 页。

播教育显然已经不能完全适应现代传媒环境的需求。近年来,新闻传播院校积极探索与业界的合作模式,如邀请业界专家开设讲座、聘请业界教师,以提高学生的专业实践能力,但这些措施多"雷声大雨点小"①。尤其在大语言模型等新兴技术日益渗透到新闻传播行业的背景下,传统新闻传播教育面临着空前的挑战。

首先,许多新闻学院的课程仍然过于侧重传统的新闻采编技能,忽视人工智能、大数据、算法推荐等技术在新闻生产中的作用。虽然一些院校已经开始设立相关课程,但这些课程往往只是附带内容,缺乏系统性,未能深度融入整个教育体系中。2024 年,吉林大学新闻与传播学院开设的《人工智能基础》课程旨在帮助学生深入了解人工智能的概念、应用及影响,培养学生的创新、批判思维和解决问题的能力,但更多倾向于通识教育。同年,浙江传媒学院新闻与传播学院与媒体工程学院联合开设"人工智能新闻"微专业,但这种独立于传统新闻学课程体系的设计,难以形成与新闻写作、传播学、新闻伦理等核心课程的有机融合,有可能导致学生在学习过程中无法把技术与实际新闻工作有机结合。因此,要实现新闻传播教育的智能化转型,不仅需要增加与人工智能相关的课程,更重要的是需要重新设计课程体系,使其与新的技术环境和新闻行业的需求相对接,培养学生应对未来新闻传播工作的综合能力。

再者,传统新闻传播教育的评估标准过于单一,主要依赖对学生知识掌握和实践能力的考查,侧重于学生是否能够完成具体的新闻任务,是否能在新闻报道、编写和传播过程中遵循传统的规范和标准。这种传统的评估标准显然无法满足当前智能化新闻传播教育的需求。在当前智能化转型的大背景下,学生的技术适应能力、数据分析能力以及对人工智能工具的掌握程度等因素逐渐成为新闻传播教育中不可忽视的重要组成部分。②因此对学术能力的评估标准也应该多元化。不仅要考查学生的写作能力、新闻判断能力,还应关注学生的技术适应能力、数据分析能力以及对人工智能工具的掌握程度。例如,在新闻推荐系统中,学生应该理解推荐算法的基本原理,并能够利用大数据工具对新闻内容进行定向分发和效果评估;在舆情分析中,学生应能够运用大语言模型进行情感分析和趋势预测。这意味着在评估学生的能力时,应该通过诸如项目式评估、技术操

---

① 陈积银、宋春妮:《守成与创新:人工智能时代的新闻传播教育——基于"学界 + 业界"双视角》,《新闻与传播研究》2025 年第 1 期,第 19 - 37 页、第 126 页。

② 赵红勋、冯奕霏:《人工智能时代新闻传播教育的变革逻辑》,《中国编辑》2021 年第 1 期,第 78 - 81 页。

作测试、数据分析能力的实际应用等,来全面反映学生在智能化新闻传播环境中的综合能力。

此外,新闻传播教育体系的教师知识构成和教材体系也亟待更新。不少新闻传播学科的教师并未系统地学习过数据分析、人工智能技术,也没有深入接触过现代新闻技术的实际应用,这在许多新闻传播院校中都较为普遍。传统的新闻传播教育往往依赖于经典的教材和理论,教学内容偏向于新闻写作技巧、采访方法、传播理论等基础知识的传授,而对于大语言模型、机器学习、人工智能技术在新闻传播中的实际应用,一些教师的了解和掌握常常显得浅薄甚至缺乏。这种情况使得新闻传播教育难以紧跟行业技术发展的步伐,无法有效培养学生在智能化新闻环境中的实际操作能力。为了能够有效地推进新闻传播教育的智能化转型,各级教育部门必须加大对教师的培训力度,鼓励教师更新自己的知识储备,掌握最新的技术手段。同时,教材内容也应该与时俱进,引入数据新闻、算法新闻、人工智能等方面的知识,使学生能够在学术框架内了解并应用现代技术。

新闻传播教育中的另一个重要问题是实习与实践的脱节。传统的新闻传播教育通常强调学生在新闻机构的实习,通过在实际工作中的锻炼来提升其职业能力。然而,随着大语言模型等技术在新闻行业中的应用越来越普及,传统的新闻工作模式发生了显著变化。因此,新闻传播教育的实践环节也需要更新,以适应智能化新闻生产环境的需求。学生不仅要在传统的新闻编辑室和新闻现场积累经验,还需要在技术驱动的新闻生产过程中获得锻炼。这要求教育机构与平台媒体公司、技术公司之间建立更加紧密的合作关系,共同设计符合智能化转型需求的实践课程和实习岗位,让学生能够更好地适应未来新闻生产和传播的变化,为他们未来进入智能化新闻生产领域打下坚实基础。从以上几个方面来看,传统新闻传播教育模式面临的主要问题在于技术的滞后性与教育目标的局限性。而新闻传播教育的目标重塑将不仅仅是教学内容的更新,而是教育理念的转变。教育应从以往的"知识灌输型"转向更加注重创新思维和跨学科能力的培养,尤其是要注重学生在技术驱动的新闻生态中获得主动学习、技术应用和数据分析的能力。[1]

---

[1] 胡正荣、樊子塽:《历史、变革与赋能:AIGC 与全媒体传播体系的构建》,《科技与出版》2023 年第 8 期,第 3－6 页。

四、大语言模型驱动下的新闻传播教育目标重塑

新闻传播教育目标的重塑,不仅是技术发展的要求,也是培养面向未来的创新型、复合型新闻传播人才的必然选择。在这一过程中,教育目标的变化意味着在培养新闻专业人员的基础知识和实践技能的同时,更要注重他们对新兴技术的理解和应用能力,尤其是在数据分析、算法使用和人工智能工具的操作能力等方面。这一过程不仅需要对传统教育目标进行全面检视,还要结合现代技术的发展趋势,确定符合新时代需求的教育框架和方法。接下来,我们将深入探讨在大语言模型的推动下,如何从技术需求、人才培养以及行业发展等多维度,重新构建新闻传播教育的核心目标。

(一)教育目标的重新定义:跨学科融合与技术创新

首先,新闻传播教育目标重塑的一个关键点是实现跨学科融合。大语言模型涉及的技术范围广泛,涵盖了自然语言处理(NLP)、机器学习、深度学习、数据科学等多个领域。学生若要高效地利用大语言模型进行新闻生产和传播,就必须具备一定的计算机科学和数据分析基础。在这一过程中,新闻传播教育需要加强与计算机科学、数据科学等学科的合作,开设交叉课程,以确保学生具备必要的技术素养。[1] 在课程设置上,除了传统的新闻学课程,还应引入编程基础、数据分析、机器学习、自然语言处理等跨学科课程,培养学生理解和应用这些前沿技术的能力。这种跨学科的知识体系不仅能够帮助学生更好地理解大语言模型的工作原理,还能使他们在新闻传播领域中更加灵活地应用新技术。

其次,技术创新也是教育目标重塑的重要部分。它体现在课程设置、实践环节和评价体系等方面。在课程设置改革方面,教育内容需要结合前沿技术,如大语言模型、机器学习、自然语言处理等,设计出新的课程模块,培养学生在实际工作中应用技术的能力。例如,新增数据分析、算法思维、自动化内容生成等课程,

---

① 张志安、李欣颖、贺涵甫:《从公共传播到智能传播:新闻实践及实务教学的范式变革》,《新闻大学》2024 年第 5 期,第 36 - 42 页。

帮助学生理解和掌握与新闻传播相关的最新技术。在教学方法的转型上,教师应积极采用项目化学习、实践基地合作、案例分析等方法,让学生在实际的新闻生产环境中锤炼技术应用能力。在评价体系更新上,不仅要考查学生的传统能力,还要重视他们在使用技术工具、分析数据、预测趋势等方面的能力。在技术创新的推动下,新闻传播教育的目标将不仅局限于培养传统意义上的新闻记者或编辑,而是朝着培养具备技术能力、创新思维和综合素养的多元化人才方向发展。

因此,教育目标的重塑不仅仅是对传统新闻传播知识体系的补充,而是从根本上改变教育内容和方法,培养具有技术敏感性、创新精神以及跨学科能力的新闻传播人才。[1]通过转型,新闻传播教育才能更好地与行业发展对接,满足未来新闻行业对于复合型人才的需求,推动整个新闻传播行业在智能化、数据化背景下实现更加高效和精准的运营。与此同时,教育还应引导学生思考新技术对新闻伦理、传播效果以及公共舆论的深远影响。大语言模型虽然能够提高新闻生产效率,但它也带来了关于内容真实性、算法偏见等问题。学生不仅要掌握技术操作技能,还应具备对技术应用的伦理审视能力,理解如何在技术驱动的环境中保持新闻的社会责任感和公正性。总之,新闻传播教育的目标就是帮助学生形成全面的技术素养,使他们时刻保持批判性思维,灵活应对不断变化的智能传播环境。

(二) 重塑新闻传播教育目标中的核心能力

大语言模型的普及改变了新闻生产的方式,也对新闻传播教育的核心能力提出了新的要求。与传统的教育模式不同,现代新闻传播教育不再仅仅关注学生的写作能力和新闻判断力,而是更加注重学生的技术适应能力、数据分析能力、信息处理能力以及伦理判断能力。

首先,技术适应能力成为新闻传播教育中的核心能力之一。随着大语言模型的不断进步,学生需要快速掌握新技术,并能够灵活地运用这些技术来满足实际的新闻传播需求。大语言模型和自然语言处理技术的应用不仅限于自动化写

---

[1]　曾祥敏、刘思琦:《智慧、智能与智识:人工智能之于新闻传播教育的转型探究》,《新媒体与社会》2024年第3期,第114页、第394—395页。

作和新闻推荐,还涉及新闻内容的情感分析、舆情监控、个性化推荐等多个方面。因此,学生需要具备一定的技术敏感性和创新能力,能够在实际新闻生产中快速适应新技术和新工具。

其次,数据分析能力成为智能化新闻传播教育目标中的核心能力。大语言模型背后依赖着大量数据的支撑,从新闻内容生成到读者行为分析,数据分析在新闻传播中起到了至关重要的作用。现代新闻传播教育必须帮助学生掌握数据分析的基础方法和工具,培养学生对新闻传播数据的敏感性。①具体来说,学生需要掌握新闻推荐算法的原理,能够理解新闻推荐的个性化需求,并基于数据对新闻传播效果进行实时监测和评估。这些数据分析能力不仅帮助学生更好地理解大语言模型在新闻传播中的作用,也能帮助他们优化新闻传播策略和内容策划。

再者,信息处理能力在现代新闻传播教育目标中占据越来越重要的位置。大语言模型的核心优势之一就是能够快速处理和生成海量信息,这要求学生具备较强的信息整合能力。学生不仅要学会如何从复杂的信息中提取关键信息,还要能够将其转化为适合目标受众的内容。在新闻传播过程中,学生需要理解大语言模型如何自动化地筛选信息、过滤噪声,并对新闻内容进行情感分析和舆情监测。培养学生信息处理的能力,尤其是对信息的批判性分析能力,是应对未来新闻传播挑战的必要素质。

最后,伦理判断能力也是教育目标重塑中的一个关键组成部分。大语言模型的应用虽然能够提高新闻生产的效率,但也带来了一系列伦理挑战,包括算法偏见、数据隐私、信息操控等问题。学生必须具备较高的伦理意识和社会责任感,能够在使用大语言模型进行新闻创作和传播时,始终坚守新闻伦理的底线。教育目标的重塑应该注重培养学生在新闻传播中的伦理敏感性,特别是在使用人工智能工具时,如何平衡技术应用与社会责任,确保技术始终服务于公众利益。

(三) 伦理与社会责任:科技与人文素养的双重要求

在大语言模型和其他人工智能技术日益渗透新闻传播领域的同时,伦理与

---

① 陈刚、单佳豪:《作为实践的技术与开放式培养:新闻传播实务教育的创新探索研究——基于四所院校本科生培养计划的考察(2013—2022)》,《新闻大学》2024 年第 5 期,第 34 - 40 页。

社会责任的议题也愈发重要。科技与人文素养的双重要求成为新闻传播教育中亟待重视的一环。随着技术赋能新闻生产的同时,如何在技术应用的过程中确保新闻内容的公正性、真实性、客观性,如何应对人工智能可能带来的偏见和伦理问题,都是现代新闻传播教育需要深入探讨的内容。①

一方面,人工智能能够通过大数据挖掘和深度学习算法,对新闻内容进行高度定制化和个性化推送。然而,这种技术优势背后也隐藏着潜在的偏见问题。例如,算法推荐系统的设计容易陷入"过滤泡沫",从而加剧信息的单一性与闭环性。这种信息传播模式可能导致社会群体之间的认知隔阂,甚至产生极化现象。因此,新闻传播教育应注重培养学生对新闻伦理的敏感性和批判性思维。在技术应用的过程中,学生不仅要学会如何操作大语言模型等智能工具,还要有能力审视和评估这些工具的社会影响。例如,在使用人工智能进行舆情分析时,学生应当意识到,算法的训练数据和模型设计可能存在的偏见,如何避免在社会热点事件的报道中引发过度夸张或误导性结论。此外,学生还应学习如何通过技术手段来避免和纠正算法偏见,设计更加透明、可解释的算法,从而确保技术的公正性与公平性。

另一方面,人工智能技术的广泛应用也带来了新闻产业中对社会责任的更高要求,新闻传播教育因此需要让学生了解并承担起更大的社会责任。新闻生产的过程更加高效便捷,但这不意味着新闻从业者可以放松对内容的把关。相反,学生需要培养一种"技术-伦理"的双重责任感,在依赖技术的同时,始终保持对新闻内容质量和社会影响的关注。教育应引导学生反思:在信息的快速传播中,如何保持信息的真实性,如何避免新闻的商业化取向过度渗透,如何在技术推动下保持对公众知情权的尊重。此外,模型生成的文本可以快速满足新闻生产的高效率需求,但如何防止模型在生成内容时产生歧视、误导或不准确的情节,如何确保其生成的内容遵守新闻报道的基本原则和伦理底线,也是亟待解决的问题。学生要学会如何分析新闻技术的社会效应,从伦理、文化和政治的角度思考新闻传播中的技术应用,确保新闻在智能化时代仍然服务于公共利益和社会福祉。

---

① 夏以柠、林润、陈思羽:《大语言模型时代新闻传播学科新问题再思考》,《国际新闻界》2024 年第 12 期,第 163 – 169 页。

五、智能化新闻传播教育的实施路径与创新实践

智能化新闻传播教育的核心目标在于培养具备技术能力、创新意识和社会责任感的复合型人才。[①]要实现这一目标，教育路径和实践必须脱离传统的模式，着眼于培养能够在智能化新闻生产和传播环境中灵活应对挑战的学生。因此，教育的实施路径应当立足于技术的普及、跨学科融合以及批判性思维的培养，并通过创新实践环节为学生提供与现代新闻生产高度契合的实际操作经验。

（一）教学路径创新：技术导向与人文关怀并行

在智能化新闻传播教育的实施路径中，最为关键的一个环节是教学内容的转型。这种转型不仅仅是在传统的课程体系中加入一些技术相关的知识，而是要从根本上将技术作为新闻传播学科的核心元素之一融入教育体系中。同时，教学也需要保持对人文学科的重视，确保技术的使用能服务于社会需求，避免技术的滥用。实现这一目标，教育路径的创新应围绕以下几个方面展开：

首先是技术与人文的深度融合。技术导向的教学路径首先要求教师设计课程时要融入前沿技术，如大语言模型、新闻推荐算法、数据分析工具等。同时，教育者要设计跨学科的课程框架，使学生不仅能学到技术技能，还能够在更大的文化和伦理背景中理解这些技术的社会影响。例如，开设"人工智能与新闻伦理"课程，讨论大语言模型在新闻生产中可能带来的偏见与信息过滤问题；或者开设"新闻数据科学与社会分析"课程，让学生从数据角度学习如何收集、分析与应用新闻数据，同时评估其社会影响。

其次是强化技术在新闻传播中的实践性应用。在教学路径上，应将理论知识与实践能力紧密结合。大语言模型和 AI 工具可以帮助学生更好地理解技术在新闻生产、内容创作和传播中的应用。例如，设计一个新闻推荐系统的项目，要求学生使用大语言模型编写新闻内容，并基于用户数据进行个性化推荐。通过这些项目，学生不仅能掌握新闻生产的技术技能，还能将这些技术运用到实际

---

① 周庆安、匡恺：《人工智能冲击下新闻传播教育的认同构建》，《青年记者》2023 年第 8 期，第 26 - 29 页。

的新闻传播中,锻炼他们的创新和实用能力。

最后是培养批判性思维与技术评估能力。在智能化新闻传播教育中,批判性思维的培养至关重要。①课程设计应当让学生理解技术的潜力与局限性,并在实践中评估和优化新闻传播中的技术工具。通过案例分析、数据分析和反思性写作等方式,培养学生从社会责任的角度思考技术应用的长远影响。批判性思维不仅有助于学生在智能化环境中正确运用技术,也帮助他们预判新闻传播过程中可能出现的伦理与社会问题。

(二) 创新实践路径:校企合作与真实环境结合

在实施智能化新闻传播教育时,实践环节必须紧密结合现代新闻生产的实际需求。这不仅仅是将学生送入传统的新闻实习岗位,而是要将新闻传播教育的实践环节与智能化新闻生产的实际需求深度对接。也就是通过校企合作、项目实践等方式,创造更具创新性和挑战性的实习机会。这些创新路径将确保学生不仅能掌握现代技术工具,还能通过实践感知技术变革背后的社会效应。

首先是实时项目合作,参与真实新闻生产。智能化新闻传播教育不应仅仅停留在模拟的环境中,学生应该真正融入新闻生产的全过程。校企合作不仅限于常规的课程实习,还应与媒体公司、新闻平台进行实时项目合作,确保学生能够在实际的新闻传播过程中发挥作用。例如与大型新闻网站合作,定期为学生提供参与实时新闻事件报道的机会。在这些合作项目中,学生们会根据实时新闻热点,运用新闻推荐算法、舆情监测工具、内容创作平台等进行新闻制作与发布。在这个过程中,学生不仅要学会如何快速反应、进行新闻内容创作,还要掌握如何利用人工智能工具对新闻进行筛选、排序和推送。②

其次是打造跨学科新闻创新孵化平台。新闻传播教育的智能化转型需要打破学科界限,借助跨学科的合作来解决复杂的新闻生产和传播问题。校企合作的创新路径应当注重与其他学科领域(如计算机科学、数据科学、人工智能等)的

---

① 付玉、黄梦然:《新文科背景下人工智能与新闻传播教育深度融合的路径探索》,《传播与版权》2022 年第 9 期,第 90 - 93 页。
② 陈昌凤:《生成式人工智能与新闻传播:实务赋能、理念挑战与角色重塑》,《新闻界》2023 年第 6 期,第 8 - 12 页。

结合,形成更加多维的创新孵化平台。这些平台不仅仅服务于技术的应用和发展,还能为学生提供跨学科的创新环境,培养他们的多领域协作能力。例如通过与计算机科学、数据科学等专业的跨学科合作,组织创新性项目,在这些项目中,新闻传播学科的学生不仅能够从技术人员那里学习到具体的技术应用,还能够把自己对新闻内容的理解和社会责任感传递给团队,从而在合作中互相促进。

(三)评估机制的创新:迭代优化与反向学习

迭代优化评估机制的核心思想是通过持续的反馈与调整,动态地评估学生的学习效果,而不是单纯依赖期末考试或阶段性作业。这种评估模式更加强调过程性评价和结果导向的结合,能够实时反映学生在实际新闻生产环境中的能力变化与成长。例如,在新闻撰写过程中,学生可以通过大语言模型生成初稿,然后根据教师的反馈和同学的意见进行修改与优化。在这一过程中,教师不仅评估学生最终提交的新闻稿件,还会跟踪学生在迭代过程中对模型输出的理解和调整能力,评估其对新闻内容质量的把控能力。这种评估机制与传统的单一结项评估不同,强调的是对学生学习过程的动态追踪和调整。通过对学生在相应环节中的表现进行逐步跟踪与反馈,可以更全面地评估其在新闻传播智能化环境中的应变能力与创新能力。

而反向学习评估机制则是一种基于结果反向推导学习过程的创新模式。智能化新闻传播教育的特点在于其学习过程充满了复杂性和灵活性,难以仅通过结果进行单一评判。因此,反向学习评估机制通过分析学生在实际新闻生产过程中面临的具体问题和挑战,进而反推其知识运用和技能掌握的情况。以智能新闻推荐系统为例,学生在实践中使用大语言模型推荐新闻内容时,可能出现推荐偏差、信息过载、受众兴趣匹配不当等问题。在反向学习评估机制中,评估者不会仅仅看学生是否能够成功完成推荐任务,而是通过分析推荐系统输出的推荐效果,反推学生对算法原理的理解深度,以及其如何根据反馈调整推荐策略的能力。反向学习评估机制的创新之处在于,它不仅关注学生在特定任务中取得的最终结果,更注重学生如何通过反思和调整,在不断修正错误的过程中获取成长。这种评估方式能够促进学生在面对技术难题时的自主学习能力,提升其在智能化新闻生产过程中独立解决问题的能力。

(四) 智能化教育资源的整合与平台构建

智能化新闻传播教育的有效实施离不开强大的教育资源支撑和平台建设。而智能化教育资源整合的基础首先是对传统教育资源的数字化升级。[1]教师可以将各类新闻传播相关的教材、案例、课堂资料等通过线上平台进行整合,形成完整的知识库和资料库,包括但不限于新闻写作模板、数据分析工具、案例分析库、新闻视频教程等。当然,资源的数字化并不仅限于资料的上传与存储,更关键的是如何通过智能化平台将这些资源整合为个性化、精准的学习内容。[2]在智能化教育环境中,人工智能技术可以根据学生的学习进度、兴趣爱好和薄弱环节,推送个性化的学习资源。比如,学生在学习新闻写作时,平台会根据其作业成绩和参与度,自动推荐相应的新闻写作技巧、成功案例分析或新闻风格转换的内容;而在数据新闻学习模块中,平台则可以根据学生的技术掌握情况,推荐不同难度的新闻数据分析工具和相应的实践案例。这种智能推荐系统将极大提升学生的学习效率,避免盲目学习,也让学生能够在最短时间内接触到最有用的知识。

在这一过程中,教学平台的构建起着至关重要的作用。平台应当具备多种功能模块,如课堂互动、作业提交与评估、在线讨论、实训项目展示等,帮助学生在学习的过程中持续获得反馈,从而有效调整学习进度和方法。例如,平台可以通过数据分析,实时监测学生的学习行为和作业表现,自动生成学习报告,并针对性地提出改进建议;如果学生在某一模块中出现多次失误,平台能够自动通知教师进行干预并提供个性化辅导。进一步而言,智能化教育平台还应具备强大的社交互动功能,促进师生和同学之间的交流合作。例如,平台可以设立"新闻创作小组"或"案例分析小组",让学生在这些小组中共同参与新闻策划、写作和传播的过程。此外,智能化平台还可以为学生提供实时的行业动态和前沿技术信息,帮助他们在新闻传播的学习过程中不断更新自己的知识库。例如,通过与新闻平台和数据分析公司合作,平台可以定期更新新闻行业的热点案例、技术趋

---

[1]　张昆、张晶晶:《"四全学工":新闻院系学生工作的创新路径》,《新闻与写作》2020 年第 5 期,第 12 - 17 页。

[2]　张波:《生成式人工智能对新闻传播教育的影响及因应》,《中国广播电视学刊》2023 年第 10 期,第 22 - 25 页。

势、舆情分析报告等,确保学生了解行业的最新发展动态。

此外,智能化教育平台还应具备持续优化和迭代的能力。在教育资源整合过程中,学生、教师和平台之间的互动和反馈将推动平台的不断进化。平台应通过大数据技术持续收集用户的使用数据,对教学内容、教学方法、评价体系等进行反复调整和优化。例如,平台可以根据学生的参与度和学习效果,调整课程内容的呈现方式、推荐的学习路径、互动环节的设置等,以保证教育资源的有效使用和教育质量的持续提升。

六、结语

需要明确的是,许多在教育领域提出的问题并非因为 ChatGPT 或类似应用的出现而新产生的,它们早已存在,并且已经被大量研究者从不同的角度进行过探讨,但不少问题并没有得到有效解决。然而,大语言模型的潜力及其迅速渗透到社会各个层面,正在加剧这些问题的表现,并使它们变得前所未有的突出。[①]可以说,新闻传播教育的重塑不仅是对教育内容和方法的调整,更是一种深刻的社会文化转型,这一转型是人类对知识、传播以及社会责任理解的升华。目标重塑回应的是当代社会对知识传播方式和信息伦理的深刻关切。在这个信息过载的时代,知识的获取不再是单一的传递过程,而是涉及选择、判断和创造的复杂互动。而教育的意义正是在于通过培养具有批判性思维和社会责任感的新闻传播人才,引导他们不仅要学会如何运用技术,更要理解技术背后的伦理维度,承担起对社会的责任。

智能化新闻传播教育的创新实践,也必然引发对教育本质的再思考。在这个以数据和算法为驱动的时代,新闻传播教育不再仅仅是知识的传递和技能的培养,它应当成为一种启发学生思考、激发创造力、培养社会责任感的力量。也就是通过教育培养学生对技术与社会、道德之间复杂关系的深刻理解,进而实现技术与人文的和谐共生。这一视角上的转变,使得新闻传播教育在未来的发展中必然会承担更为复杂和深远的使命。它不仅是传播技能的传授,也

---

① 　廖声武、郑永涛:《国内新闻传播领域关涉人工智能话题的研究(2021—2022)》,《社会科学动态》2023年第 8 期,第 83 - 90 页。

是引导学生深入思考新闻生产背后的社会逻辑、伦理冲突以及全球信息传播的深层次问题。从这个角度来看，新闻传播教育的重塑并非只是适应技术发展的必要步骤，更是时代赋予教育的深刻责任。在未来的教育实践中，我们应当以大语言模型为契机，将技术与人文深度融合，推动教育向更加智慧化、人文化的方向发展。这不仅是教育目标的重塑，更是对人类智慧与道德的再一次升华。

第三节　走向未来新闻学：新闻学与计算机科学交叉教育的价值

当今新闻学似乎正面临日益严重的危机。一些人提出的"新闻无用论"一时引起了广泛讨论，激起了舆论的波澜。全国新闻院校的招生分数线也随之下滑，新闻学专业的价值在公共话语场中遭遇质疑。尽管对此存在诸多争论，但这些不利的言论揭示了一个不容忽视的现实：快速发展的信息技术已然对新闻业构成了挑战，逐步模糊了新闻行业的界限，且这一趋势将持续加剧。

计算机科学正在全面改变社会现实。过去二三十年，蒂姆·伯纳斯-李（Tim Berners-Lee）在 *Weaving the Web* 中提出的观点得到了充分验证："万维网不仅仅是一个技术创造，它也是一个社会创造"。如今，人工智能（AI）正如吴恩达（Andrew Ng）所言，成为"新的电力"[①]，几乎改变着每一个行业。

几乎没有哪个学科能够抗拒计算机科学的魅力。对于许多学科来说，计算机技术已成为创新的"钥匙"：它通过提供强大的计算能力、数据处理技术和创新算法，成为推动学科发展的关键力量。例如，在生物学和生物信息学的应用中，计算机科学的算法和数据处理技术使得大规模基因组测序成为可能；在物理学领域，高性能计算和数据分析技术则帮助处理大型强子对撞机（LHC）产生的海量数据，助力新粒子（如希格斯玻色子）的发现。如果新闻学能够拥抱计算机科学，是否也能迎来新的发展机遇？本研究认为，答案是肯定的。

---

① Andrew Ng. AI Is the New Electricity. https://www.wsj.com/video/andrew-ng-ai-is-the-new-electricity/56CF4056-4324-4AD2-AD2C-93CD5D32610A?startPosition = %7Bseek_to_second_number%7D.

然而,国内新闻学教育在技术应用方面严重滞后于传播技术的发展。互联网对新闻业的冲击暴露了新闻行业在技术运用上的滞后,体现出新闻业缺乏能够深入理解计算机科学的专业人才。为了在日新月异的环境中继续发挥新闻学的社会功能,迫切需要具备前沿科技知识的新闻从业人才。可以说,传统的新闻教育已逐渐失效,新的信息传播环境迫切要求新闻教育进行转型与创新。因此,新闻学与计算机科学的跨学科融合显得尤为迫切。那么,新闻学教育应如何与计算机科学教育有机结合,为学科的未来发展注入动力呢?

本研究将从人文学科和新闻业的衰落谈起,接着讨论未来新闻业的社会使命,重点阐述作为新闻学重要盟友的计算机科学对于新闻学而言的价值,最后构想两个学科交叉项目的课程设置。

一、世界范围内的人文学科和传统新闻学科衰落的症结

近年来,我们经常听到全球人文学科陷入危机的消息。哈佛大学 2024 年秋季学期取消多门文科类课程的新闻被国内媒体广泛报道。据《深红》报道,2024年秋季学年,哈佛大学共取消了分属 20 多个系的近 30 门课程,其中绝大部分属于文科类专业[1]。事实上,哈佛并非唯一,全球多所知名大学,如英国伦敦大学金匠学院[2]、澳大利亚国立大学[3]、荷兰阿姆斯特丹大学[4]等,也都出现了大规模裁员和学科缩减,文学、历史、哲学等人文专业首当其冲。其直接原因无一例外地指向财政压力、学生人数下降和就业市场变化。

新闻学科同样面临类似困境。传统新闻媒体行业在过去几十年中经历了显著的衰退。随着互联网的普及,许多读者和观众转向在线新闻平台和社交媒体

---

① Harvard Crimson: Harvard Cancels More Than 30 Fall Courses Following Faculty Departures. https://www.thecrimson.com/article/2024/9/26/cancellations-fall-semester/.
② The Guardian: The Goldsmiths crisis: how cuts and culture wars sent universities into a death spiral. https://www.theguardian.com/education/2024/apr/11/the-goldsmiths-crisis-how-cuts-and-culture-wars-sent-universities-into-a-death-spiral.
③ The Canberra Times: Major ANU restructure could see jobs cut amid "financial challenge". https://www.canberratimes.com.au/story/8781547/anu-major-changes-colleges-merged-renamed-to-save-costs/.
④ Folia: UvA anticipates cuts of potentially 110 million a year. https://www.folia.nl/en/actueel/162723/uva-anticipates-cuts-of-potentially-110-million-a-year.

获取信息,传统媒体的受众逐渐流失,广告收入大幅缩水。曾经作为权威信息源的传统媒体,近年来却在虚假新闻和信息过载的背景下,面临了公众信任危机。尽管许多传统新闻机构尝试进行数字化转型,但在转型过程中,技术、资金和人员结构等问题依然存在,并非所有媒体都能成功适应新的环境。这种转型困难导致新闻专业——曾经的文科热门专业——也失去了昔日的光辉。

全球文科倒闭潮与新闻学科的困境,或许并非完全坏事,反而提供了一个反思的契机:危机的根源何在? 传统学科应如何在快速变化的社会环境中进行调整与适应?

在《十年后的人文学科会是什么样子?》一文中,美国国家人文中心主席罗伯特·纽曼(Robert D. Newman)回应了文科关闭潮[①]。他认为,将危机归咎于人文学科过于左翼、创收能力不足、深奥空洞的观点过于短视,但人文学科的衰落也不能完全摆脱这些批评。更为关键的是,人文学科的危机背后,是其与现实脱节,逐渐失去对当今社会的价值。

国内的新闻学教育同样面临类似问题。例如,理论与实践脱节,新闻学教育过于注重理论研究,缺乏对实践的关注;课程设置滞后于行业发展,虽然新闻行业在技术驱动下发生了快速变化,但新闻学教育的课程更新较慢,未能及时融入新媒体技术、数据新闻、人工智能等前沿内容。更深层次的问题在于新闻学教育的定位模糊,很多院校在学术研究和职业培训之间摇摆不定,过于重视理论研究,忽视了新闻行业对实际技能的需求。

纽曼主张,人文学科必须实现务实的转型。务实的目标不仅是解决学科自身的危机,更应着眼于解决人类共同面临的重大问题。反观 STEM 学科(科学、技术、工程、数学)的强势发展,我们可以发现一个重要原因,那就是这些学科与社会需求紧密契合。STEM 学科涉及的技术创新、生产力提升、行业升级以及社会发展,正是解决当今世界实际问题的关键领域,诸如环境危机、公共卫生问题和全球经济不平衡。

那么,人文学科是否注定无法参与解决人类的重大危机吗? 纽曼认为,人文学科完全可以为人类的现实问题作出贡献,只是它解决问题的工具——关乎人

---

① Inside Higher Ed: What Will the Humanities Look Like in a Decade?. https://www.insidehighered.com/views/2021/09/03/how-humanities-can-flourish-future-opinion.

文学科根基的方法论——长期被忽视。人文学科要在未来保持活力,必须重新强调其核心方法论:通过克服障碍解决问题(problem solving)、运用丰富的想象力架桥(imaginative bridging)、进行清晰的论证、基于证据的分析等。纽曼指出,人文学科未来的生存之道,是**与其他学科结盟,共同应对人类面临的重大挑战**。

二、使命导向的未来新闻学

纽曼的观点不仅为人文学科的未来指引了方向,也为新闻学的发展提供了重要启示。新闻学能在多大程度上参与解决人类共同危机,将决定其未来的命运。如果未来的新闻学能够围绕人类重大命题展开,我们或许可以称其为"使命导向型"或"问题导向型"新闻学。那么,哪些是超越新闻学本身范畴,但新闻学必须回应并解决的人类社会命题呢?

尽管我们无法穷尽所有人类危机的具体问题,但可以参考联合国全球议题的相关网页①,了解到诸如气候变化、公共卫生、经济不平等等全球性挑战。这些危机共同面临一个重要挑战——信息污染及其引发的认知危机。信息污染是指虚假、不完整、误导性、操控性或过量的信息充斥社会,导致个人、机构乃至整个社会难以获取真实、可靠的信息。信息污染已成为多个社会危机的根源。例如,疫苗接种问题,由于错误信息的传播,许多人拒绝接种疫苗,从而加剧了公共卫生危机;俄乌冲突期间,双方都通过信息战塑造战争叙事,影响国际舆论和军事行动;信息污染甚至对个人心理健康和认知能力带来深远影响,负面、煽动性的信息加剧了人们的焦虑与抑郁。

对于未来社会而言,信息的生产和流动仍然至关重要。尽管人们不再仅仅依赖传统权威媒体获取信息,但社会依旧需要新闻传播专业人才来提供和传播公共性的信息。哥伦比亚大学的数字新闻中心和牛津互联网研究所于2024年发布的一份报告指出,人工智能很有可能从结构上增强新闻机构作为"信息环境把关人"的角色,从而为公众提供相对准确、易获取、多样化、相关且及时的独立

---

① 联合国环境规划署:《全球危机相互叠加,全世界必须采取前瞻性方法来保护人类和地球健康》,https://www.unep.org/zh-hans/xinwenyuziyuan/xinwengao-52,2024年7月15日。

制作的公共事务信息①。

我们有充分理由相信,未来新闻业的核心使命,将继续围绕提供真实、有深度、有意义的内容,并确保信息传播的质量和社会责任。首先,新闻机构需要确保信息的真实性与准确性,未来新闻机构必须更加高效地核实信息,并利用先进的技术手段,确认新闻报道的真实性和来源。

同时,新闻业还需要持续提供深度与全面的报道。现代社会面临许多复杂的全球性问题——气候变化、贫富差距、全球健康危机等——这些问题需要深入地剖析。例如,气候变化的报道不应仅仅局限于温度变化的数字,还应涉及政策、科技进展、社会动员等多个维度的深入探讨。

新闻不仅是信息的传播,它还应在社会中扮演引导讨论和激发公众反思的角色。这要求新闻工作者担负起社会监督的职责;新闻机构不仅要传递信息,还应当提供一个平台,鼓励公众讨论、促进不同观点的碰撞,从而推动舆论与公共政策制定之间的良性互动。

在技术化、数字化迅速发展的背景下,新闻工作者需要更加注重伦理标准和社会责任,防止技术滥用所带来的负面影响。这不仅关系到内容的准确性,也涉及报道背后的价值观和对社会的长远影响。

三、新闻专业的一条破局路径:与计算机科学建立联盟

(一) 计算机科学的核心追求

在众多可能的盟友中,计算机科学无疑是新闻学最为重要的盟友之一。

计算机科学与新闻学在本质上有着高度的相似性,它们都围绕信息展开,但计算机科学进一步强调了算法的作用。根据计算机科学领域前辈彼得·丹宁(Peter J. Denning)的经典定义,计算(computing)是"对描述和转换信息的算法过程的系统研究"。计算不仅涉及信息的描述与转换,还涵盖了信息的获取、表示、结构化、存储、访问、管理、处理、操作、交流和展示。同时,计算也是一个关于

---

① Simon F: *Artificial intelligence in the news*：*How AI retools，rationalizes，and reshapes journalism and the public arena*. 2024.

算法的学科,涉及算法的理论、可行性、分析、结构、表达以及实现方式①。

从"计算"这一基础概念出发,现代计算机科学的知识体系广泛而深入。其大致可以分为两部分:核心计算机科学和交互式计算。核心计算机科学主要关注计算的基本概念(即数学原理)和计算的具体操作(即现代计算机的工作原理)。相比之下,交互式计算更侧重于信息的输入、建模与输出。交互计算所研究的许多计算机能力,都是建立在核心计算机科学坚实基础上的。表1列出了核心计算与交互式计算的一些主要子领域。

表1　核心计算和交互式计算子领域②

核心计算机科学	离散结构、编程基础、软件工程、算法与复杂性、体系结构与组织、操作系统、编程语言、网络中心计算、信息管理、计算科学
交互式计算	人机交互、图形和视觉计算、智能系统

计算的一个基本问题是,哪些信息处理可以被有效地自动化③。计算科学家们追求优秀的算法,而优秀的算法有明确的标准,比如高效性(时空意义上的优化)、可扩展性、简洁性、鲁棒性等。由此,计算机科学有着明确的学科追求。

首先是两个核心追求。计算机的最基本使命是处理信息。为实现这一目标,计算机科学的核心追求之一就是如何以高效的方式存储、处理和传输信息。高效性不仅体现在计算速度(如何更快地执行任务),还体现在空间效率(如何节省内存)和能源效率(如何在低功耗下运行)等方面④⑤。

计算机的另一个核心追求是自动化和智能化,即通过算法和程序减少人工干预⑥。随着人工智能(AI)和机器学习(ML)的崛起,计算机不仅仅执行预定任务,而是能够自主学习、推理和决策。例如,自动驾驶、自然语言处理、语音识别和图像识别等智能化应用,使计算机能够在更复杂的环境中"理解"和"行动"。

---

① Diakopoulos N: *Cultivating the landscape of innovation in computational journalism*. 2012.

② Ibid.

③ Ibid.

④ Cormen, T. H., Leiserson, C. E., Rivest, R. L., & Stein, C.: *Introduction to algorithms*. 2022.

⑤ Bryant R E, O'Hallaron D R: *Computer systems: a programmer's perspective*. 2011.

⑥ Russell S J, Norvig P.: *Artificial intelligence: a modern approach*. 2016.

基于这两个核心追求,计算机科学还拓展了其他重要使命。其一,计算机科学致力于增强人类的认知和操作能力[1]。计算机科学不仅服务于机器本身,还致力于提升人类能力。例如,增强现实(AR)和虚拟现实(VR)等技术提供了更沉浸式的体验,扩展了人类的感知范围。

其二,解决实际问题。无论是日常生活、科学研究,还是工业和商业应用,计算机科学的目标是将抽象的计算理论和技术转化为实际可用的解决方案[2]。因此,计算机科学的跨学科应用越来越普遍,它与物理学、医学、金融、社会学等学科结合,推动了各领域的进步。

此外,计算机科学还追求数据的安全性和隐私保护等细化学科目标,这里不再一一列举。

(二) 作为工具的计算机科学

尽管计算机科学和新闻学是两个独立的学科,但它们在追求目标和使命上有许多相通之处,这为两者的深度融合奠定了基础。对于新闻学而言,计算机科学作为一种强大的工具,为新闻的生产、传播和分析提供了重要的技术支持。

我们可以基于现有的计算机科学应用,设想一下未来新闻工作者小 C 的可能日常工作场景:

1. 早晨:AI 辅助的资讯筛选和内容推荐

9:00 AM:小 C 登录系统,打开她的个性化新闻平台。AI 算法根据当前的热点话题、受众兴趣和社交媒体动态,向她推荐了潜在的新闻事件、话题和深度分析报告。AI 已经过滤掉了假新闻、未经验证的信息,并根据新闻机构的方针筛选可信的来源。

2. 上午:数据分析与深度采访准备

10:00 AM:在 AI 的数据分析工具的帮助下,小 C 开始处理一项关于气候变化的深度报道。她阅读了一份经由 AI 分析的报告,汇聚了全球气候数据、环境政策变化、社交媒体意见和政府公告,内含突出关键趋势和潜在

---

① Schmalstieg D, Hollerer T. *Augmented reality: principles and practice*. 2016.

② Skiena, S. S.. *The algorithm design manual*. 2008.

的新闻点。

开始采访,小 C 使用虚拟现实技术与远在世界另一端的受访者进行面对面的交谈。此时,AI 帮助自动翻译语言,并在访谈过程中捕捉到关键对话片段和情感变化,访谈结束后,AI 快速整理访谈记录,生成了一份访谈内容摘要。

3. 中午:虚拟协作与创作

12:30 PM:午餐时间,小 C 在远程办公环境中与全球各地的团队成员开会,讨论下午的报道方向。借助 AI 驱动的协作平台,小 C 与编辑、数据分析师、摄影师、视频剪辑师无缝连接,共同编辑报道框架,进行创意头脑风暴。

4. 下午:AI 生成草稿与人工编辑

2:00 PM:小 C 开始撰写报道。AI 根据她的输入,自动生成初步的新闻稿。这个草稿不仅包含了极端天气事件的基本信息,还结合了相关的数据分析、图表和背景资料。AI 自动根据读者的偏好和平台的分发机制(如社交媒体、新闻 App 等)优化语言风格和结构。

小 C 对草稿进行人工编辑,添加自己的独特见解,检查事实,确保报道符合伦理标准,并根据需要调整内容深度。

5. 傍晚:发布与互动

5:00 PM:报道准备好后,小 C 与团队共同审定,确保内容准确、无偏见。AI 在发布前进行最终的质量检查,包括语法检查和多平台适配。

发布后,小 C 关注追踪智能平台上的报道与受众的互动,她阅读了 AI 分析的受众反馈和评论。

6. 晚间:反思与学习

8:00 PM:在结束一天的工作后,小 C 利用 AI 平台进行个人职业发展的学习,回顾今天报道的热点,学习新的数据分析技巧或编写更具互动性的文章方法。

在这个场景中,计算机技术,尤其是人工智能(AI),已经深度介入了未来新闻工作者的工作流程。新华社国家高端智库于 2024 年开展的一项调查研究了全球新闻媒体对人工智能的认知态度与应用情况,调查覆盖了来自 53 个国家和地区的新闻媒体机构。调查结果显示,超过半数的新闻媒体(51.2%)已经开始应用生成式人工智能,其中有 10.2% 的媒体机构已经全面采用人工智能技术。与此同时,上文引述过的哥伦比亚大学数字新闻中心与牛津互联网研究所的联合报告,也通过访谈美国、英国和德国 35 家新闻机构(包括《卫报》《巴伐利亚广播电台》《华盛顿邮报》《太阳报》《金融时报》等知名媒体)的新闻工作者,以及 36 位来自行业、学术界、技术和政策领域的国际专家,总结了人工智能在新闻机构中的常见应用,具体内容见表 2。由此可见,人工智能已经在新闻业中逐步渗透,上述记者小 C 的工作场景并非遥不可及,而是正在发生。

表 2　人工智能在新闻机构中的常见应用

新闻制作和发布过程	人工智能系统的运用
获取和观察	● 信息发现 ● 受众和趋势分析;新闻故事发掘 ● 新闻故事后的新创意提示
选择和过滤	● 验证、索赔匹配和相似性分析(例如,用于事实核查) ● 内容/或文件分类;数据集分析 ● 结构化数据的自动收集和分析(例如,金融、银行和体育数据) ● 各种任务的编码协助 ● 音频和视频的转录/或翻译 ● 档案/或元数据的搜索
处理和编辑	● 头脑风暴和构思 ● 内容制作(撰写文本或文章草稿;编辑新闻内容) ● 为在线、社交媒体、印刷品和广播内容(重新)调整格式(例如,总结、简化、文体转变) ● 文案编辑,适应特定风格 ● 提供内容标签、标题和搜索引擎的优化建议
出版和发行	● 个性化和推荐 ● 动态付费墙、受众分析 ● 内容管理

根据小 C 一天的工作流程这个例子,具体来说,计算机科学至少可以在以下方面为新闻工作者提供帮助:

1. 智能新闻推荐与筛选

自然语言处理(NLP)和机器学习(ML)算法等技术使得 AI 助手能够通过分析新闻来源、社交媒体、论坛和实时数据,推荐个性化的新闻线索和报道角度。

这些算法能够自动识别趋势、预测新闻热点,帮助记者在第一时间发现重要事件。

2. 数据采集与处理

通过大数据分析、爬虫技术、数据可视化工具等技术,记者能够从全球范围内自动抓取数据并进行整理和分析,得出有价值的信息。

3. 自动生成内容

自然语言生成技术(NLG)可以帮助记者快速撰写新闻稿件,尤其是在处理数据驱动的新闻时,AI 系统可以自动生成标准化的内容。

4. 虚拟现实/增强现实采访与报道

记者能够利用 VR/AR 技术进行沉浸式的远程采访或报道。通过这些技术,记者不必亲自到达新闻现场,就能"身临其境"地获取现场感受或与采访对象进行互动。

5. 内容编辑与自动化优化

计算机科学的文本编辑和优化工具能够帮助记者提高内容的质量,确保文法、拼写、风格的一致性和准确性。这些工具还可以根据新闻的内容自动调整标题、摘要等元素,提升内容的吸引力和传播力。

6. 多平台内容发布

自动化内容管理系统、API 接口、多平台分发工具使得记者可以通过集成的内容管理平台一键发布新闻到多个平台,包括社交媒体、新闻网站、视频平台等。无论是文字、视频、图表,所有形式的内容都能快速适配各个平台的需求。

7. 舆情监测与情感分析

计算机科学通过情感分析和舆情监测技术,帮助记者实时了解公众对新闻报道的情感反应,并根据舆论反馈调整报道内容。AI 能够从社交媒体、新闻评论、论坛等渠道分析出公众对事件的情感倾向，如支持、反对、愤怒等情绪。

8. 内容验证与假新闻检测

计算机科学通过区块链技术、AI 算法和事实核查工具，帮助记者验证新闻的真实性，尤其在应对假新闻和误导信息时。记者可以使用 AI 工具自动检查新闻的来源和内容的准确性，确保报道不会传播虚假信息。

9. 自动化分析与报道效果评估

计算机科学提供的机器学习算法能够帮助记者实时分析他们报道的传播效果，包括阅读量、点击量、分享量等。此外，AI 系统还能分析观众的反馈，帮助记者了解报道的影响力和社会反响。

计算机科学为未来的新闻工作者提供了全面的支持，涵盖了新闻采集、内容生成、编辑优化到报道传播与舆情分析等各个环节。当然同时，我们也看到，人工智能虽然能生成草稿并提供初步分析，但深度报道的情感共鸣、社会影响力和复杂议题的解读仍需依赖记者的创造性和专业判断。未来的新闻工作者将能够在计算机科学提供的有效工具的帮助下更加高效地工作，但创造力、伦理判断和深度思考仍然是他们不可替代的核心价值。

（三）作为观念的计算机科学

上一节我们分析了计算机科学对新闻学的工具价值，但是，对于未来的新闻工作者和新闻专业的学生来说，学习计算机科学不仅仅是掌握具体的编程语言和技术工具，背后的核心观念和思维方式同样至关重要。

美国记者加布里埃尔·丹斯（Gabriel Dance），曾两度获得普利策奖，同时拥有新闻学和计算机科学学位，并在哥伦比亚大学新闻学院教授编程课程。在他看来，最宝贵的课程就是思维方式的转变。他表示，从计算机科学学位中获得的最大收获来源于逻辑课程，因为，"当你编程时，每一步都必须经过深思熟虑"[1]。

---

[1]　Tow Center：What can journalism learn from computer science?. https://medium.com/tow-center/what-can-journalism-learn-from-computer-science-647668398c1f.

浏览多部计算机科学的经典教材,我们可以总结出六个关键的观念和思维方式值得新闻学学生学习[1][2]。

首先是作为计算机科学核心观念的算法思维,强调如何通过步骤和规则来解决问题。理解这一思维方式,可以帮助新闻学学生清晰地拆解复杂任务,设计高效的新闻生产流程。例如,在自动化筛选新闻素材时,算法的运用能够提升工作效率;在优化内容呈现方式方面,算法也能帮助提高新闻的吸引力和传播力。

其次是抽象与模块化的思维,意味着将复杂问题分解成较小、可管理的部分。对于新闻学学生来说,这种思维方式有助于更好地组织报道,尤其在处理大规模数据、跨平台内容管理和多媒体制作时。通过模块化思考,新闻工作者能够更高效地将不同类型的信息整合到一个故事中,或者在制作数字化内容时合理划分模块,提高工作效率。

计算机科学常强调数据的结构化存储与处理,这一点对于新闻学的学生也非常重要。新闻内容、信息源和时间线等都需要良好的结构和组织,以便快速访问和高效传播。学习如何组织和管理信息,不仅有助于提高新闻内容的可读性,还能在传播过程中保证信息的准确性和一致性。

计算机科学还强调系统思维,提倡从全局角度思考问题,这在新闻行业中同样适用。新闻生产往往涉及多方协作和复杂的信息流动,尤其在数字新闻制作中,新闻编辑部、技术团队和设计团队等需要紧密配合。通过系统思维,新闻学学生可以更好地理解新闻传播的生态环境,优化团队合作,提升新闻内容的质量和工作效率。

计算机科学中有很强的开源文化,许多工具和资源都是开放共享的。学习这种开放共享的思维方式,新闻学学生可以更好地利用开源工具(如开源的数据分析库、可视化工具等),也能更好地参与到跨领域的合作中,打破学科之间的壁垒。开放文化也有助于促进新闻资源、数据和信息的自由流通,从而提高新闻透明度和公众参与度。

最后是持续学习与适应变化的思维观念。计算机科学发展的速度非常快,新技术和方法层出不穷。在学习计算机科学的过程中,新闻学学生能够培养持

---

[1] Cormen, T. H., Leiserson, C. E., Rivest, R. L., & Stein, C.: *Introduction to algorithms*. 2022.
[2] Abelson H, Sussman G J.: *Structure and interpretation of computer programs*. 1996.

续学习的习惯和适应变化的思维方式。新闻行业同样面临着快速的变化,掌握这种思维方式,能够帮助新闻工作者紧跟技术发展步伐,创新报道方式,适应不同传播平台和受众需求。

这些计算机科学的观念不仅能帮助新闻学学生提升技术能力,还能培养他们的批判性思维、解决问题的能力和创新意识。因此,学习计算机科学不仅能够提升新闻学学生的技术素养,还能够使他们在信息过载、舆论纷繁的时代中,保持清晰的思维和敏锐的洞察力。

四、新闻学与计算机科学交叉教育的课程方案

全球范围内,随着数字化、人工智能、大数据和新闻自动化等领域的迅猛发展,新闻与计算机科学的双学位项目近年来逐渐增多。接下来,我们将结合国内外优秀的案例,提出一个可行的交叉项目课程方案。

整体课程体系可分为基础课程、交叉课程和实践课程三大模块,每个模块下设置具体的课程内容。基础课程部分包含新闻学和计算机科学的核心内容,旨在为学生奠定坚实的跨学科基础,为后续更专业的交叉课程提供必要的理论和技术储备。在新闻学方面,课程内容确保学生掌握新闻采编、写作、传播理论等基本知识;在计算机科学方面,则教授学生数据分析、编程、数据库管理等基本操作。以伦敦大学金史密斯学院[①]和清华大学[②]为例,这些院校都要求学生掌握编程语言 Python,尤其用于数据抓取、分析和可视化,培养学生独立进行数据清洗、自动化脚本编写和基本算法实现的能力。

计算机科学的基础课程可以包括:计算机编程基础(Introduction to Programming)、数据库与数据管理(Databases and Data Management)、计算机网络与信息安全(Computer Networks and Cybersecurity)、网络爬虫与数据抓取(Web Scraping and Data Extraction)、数据可视化与信息设计(Data Visualization and Information Design)等。

交叉课程模块则进一步强调培养学生将计算机技术与新闻传播相结合的能

---

① https://www.gold.ac.uk/pg/ma-digital-journalism/.

② 清华大学:新闻与传播学院举办首期"数据新闻工作坊",https://www.tsinghua.edu.cn/info/1181/49795.htm,2015 年 4 月 21 日。

力,使其能够在新闻生产、传播和影响分析等环节发挥技术优势。例如,香港城市大学的交叉项目使学生通过自然语言处理技术(NLP)分析诈骗文本,利用文本分类和情感分析来优化新闻审核和生成,提高信息的真实性[①];斯坦福大学的计算新闻实验室研究通过算法优化新闻排序,减少信息茧房效应[②];新加坡国立大学的可信互联网社区中心(CTIC)则通过 SQL 处理社交媒体数据,精准分析受众行为[③]。

交叉课程可能包括以下内容:基于数据的新闻(Data-Driven Journalism)、新媒体运营与社交媒体传播(New Media and Social Media Communication)、机器学习与自然语言处理的新闻学应用(Machine Learning and NLP for Journalism)、人工智能与新闻生产(AI and News Production)等。

实践课程则是理论知识的现实检验,通过项目驱动学习为学生提供与真实行业相结合的机会,使学生能够将课堂上学到的数据抓取、统计分析、机器学习、自然语言处理(NLP)等技术应用于实际的新闻生产中。具体实践内容可以包括数字化新闻采编。例如,伦敦大学金史密斯学院的计算新闻学硕士项目结合了数据新闻、开源情报(OSINT)和社交媒体分析,学生学习 Python 编程、机器学习和可视化技能,并与 BBC 新闻实验室、《泰晤士报》等媒体合作,开展实际新闻调查,分析虚假信息的传播模式[④]。中国传媒大学则与央媒合作,让学生直接参与 AI 生成新闻内容的制作,学习 NLP 自动摘要、文本分类、语音合成等 AI 应用在新闻报道中的实践[⑤]。

此外,实践还可以通过横向合作项目来展开。香港城市大学计算传播研究中心(CCR)的反诈骗项目就是一个典型范例[⑥]。该项目由中国联通国际有限公司资助,并计划于 2024 年 6 月启动。项目通过监测香港社交论坛中的诈骗相关讨论,利用大型语言模型(LLMs)进行文本分析,总结诈骗手法与受害者心理,并设计干预策略。这种跨学科、跨行业的合作,不仅提升了学生的实际操作能力,也使他们能够在多元化的新闻场景中应对复杂的问题。

---

① 香港城市大学|Research Highlights,https://www.cityu.edu.hk/com/ResearchHighlights.aspx。
② 斯坦福大学计算新闻实验室,https://cjlab.stanford.edu/。
③ 可信互联网社区中心,https://ctic.nus.edu.sg/。
④ https://www.gold.ac.uk/pg/ma-digital-journalism/。
⑤ 智能融媒体教育部重点实验室,https://icm.cuc.edu.cn/。
⑥ 香港城市大学:反电信和网络诈骗研究,https://www.cityu.edu.hk/com/ResearchProject.aspx?id=5。

五、总结

新闻学正面临着前所未有的挑战与机遇。传统的新闻教育模式已难以应对快速变化的技术环境,新闻行业的边界正在被重新定义。新闻学与计算机科学的交叉教育不仅是一种应对危机的策略,更是新闻学未来发展的必然方向。

新闻学的危机,并非简单的就业市场上的衰退,而是深层次的价值危机。在信息技术快速发展的今天,新闻学的核心任务——信息传播的社会责任——并未消失,而是进入了一个更加复杂和具有挑战性的时代。正如纽曼所言,人文学科的未来将取决于其如何回应当代社会的实际需求,而新闻学的生存和发展的根基也在于如何为解决人类面临的重大挑战提供有效的支持。

未来的新闻学,应该是一个"使命导向型"学科,投身于为全球性问题提供解决方案。气候变化、公共卫生危机、社会不平等等问题,正是当前社会信息传播面临的关键议题。新闻学不仅要回应这些问题,还要在信息过载和虚假信息泛滥的环境下,确保公众获取真实和有深度的报道。未来新闻学的责任,将不仅仅是报道事实,而是通过调查、深度分析和社会监督,推动公共政策的透明度和社会的健康发展。

计算机科学的迅猛发展提供了新闻学转型的巨大契机。计算机科学,尤其是人工智能(AI)和大数据分析技术,正以全新的方式赋能新闻制作和传播。计算机科学不仅仅是一个技术工具,它带来了新的"思维模式"和"工作方式",使新闻学能够超越传统的文字和报道,走向数据驱动、智能化生产的新时代。

计算机科学为新闻学提供了更高效的信息筛选、数据分析、内容生成等技术支持。它不仅是提升生产力的工具,更是推动新闻学未来发展的根本动力。从AI辅助新闻推荐到数据驱动的深度报道,从虚拟现实(VR)技术的沉浸式采访到大数据的精准舆论监测,计算机科学正以各种形式深刻改变着新闻行业的运作模式。这种技术与学科的深度融合,或许是新闻学从"危机"走向"创新"的一条破局之路。

然而,计算机科学并非新闻学的"万能钥匙"。它为新闻学带来了强大的工具,但新闻工作者的专业判断、伦理思考和创造性依然无法被算法取代。因此,未来的新闻学教育必须为学生提供跨学科的培养模式。新闻学专业的学生,不仅要具备扎实的新闻写作和采访技巧,还需要理解计算机科学的核心概念和观念思维方式。通过这种跨学科的教育模式,学生不仅能理解计算机科学如何成为新闻学的有力工具,还能培养独立的思维方式、解决问题的能力和创新精神。

最后,新闻学和计算机科学之间的融合并不意味着"技术代替人文",而是二者在各自领域中的优势互补。两个学科融合的核心,不仅仅在于技术的革新,更在于新闻学与计算机科学共同面对人类命运共同体的危机时,相互赋能、共同进步的过程。新闻学作为一种"公共服务",必须与科技发展保持同步,既要享受技术带来的便利,也要承担起对技术的反思与引导。两者的互动,必将塑造新闻学更加坚韧、更加富有责任感的未来,承担起时代赋予它的历史使命。

第四章　新闻传播创新人才培养的课程体系构建

第一节　科技赋能,智领未来:苏州大学数字传播系科技智媒复合人才的培养探索

一、引言

(一) 教学改革的时代背景

科技传播与智能传播的战略价值已从单一的知识普及升级为国家创新体系的核心支撑。中国科学技术协会发布的《中国公民科学素质调查报告》[1]显示,2020年我国公民具备科学素质的比例仅为10.56%,显著低于发达国家水平,这凸显了科技传播在缩小知识鸿沟、驱动社会进步中的关键作用。与此同时,智能技术的迭代正重塑传播生态。人工智能与大数据技术的应用使科技传播从单向输出转向交互式、场景化的智能传播模式,例如疫情期间基于 AI 的疫苗科普机器人实现了信息精准触达。这一变革对传播人才的能力结构提出了全新要求。

传统单一学科传媒人才培养模式的局限性长期制约着行业发展。我国68%的科技传播从业者认为现有课程体系难以满足复合能力需求,学科割裂、技术滞后与实践脱节是三大痛点[2]。科技传播涉及自然科学、社会科学、传播学、教育学、心理学等多个学科领域,单一学科背景的毕业生往往知识结构单一,难

---

[1]　中国科学技术协会:《中国公民科学素质调查报告》,中国科学技术出版社,2020。
[2]　刘秀华、曾繁旭:《我国科技传播人才培养的现状、问题与对策》,《科技导报》2018 年第 15 期,第 75 - 82 页。

以胜任跨学科、综合性的科技传播工作①。国际科技传播人才需求的结构性转变进一步倒逼教育改革。全球顶尖机构如欧洲核子研究中心（CERN）已将"科学素养×传播能力×智能技术应用"作为招聘核心标准②，要求传播者既能解读粒子物理实验数据，又能运用虚拟现实技术设计公众参与项目。这种复合型能力需求标志着科技传播教育范式的根本性转型。

（二）"人工智能＋传媒"的新闻传播人才培养理念

复杂系统理论认为，知识生产不再是线性、单向的"象牙塔"模式，而是更加强调知识生产的社会化、网络化和跨学科合作③。吉本斯等学者提出的"Mode 2"知识生产模式，强调知识生产的应用性、跨学科性和反思性，与科技传播的本质特征高度契合④。科技传播本身就是一种跨越学科边界、连接科学与社会的复杂系统工程，需要整合多学科知识和多元主体力量。科技智媒传播人才的能力矩阵需突破传统学科边界。同时，跨学科培养的维度解析指向更深层次的整合。新时代科技传播人才应具备由科学素养、传播能力和智能媒体技术应用能力构成的"能力矩阵"。科学素养是科技智媒复合人才的基础，指理解和运用科学知识、科学方法和科学精神的能力⑤。传播能力是核心，包括信息获取、内容策划、有效表达、受众分析、沟通协调等多种技能⑥。智能媒体技术应用能力是智能时代的特征，指熟练掌握和运用数字媒体、社交媒体、人工智能等新兴技术进行科技传播的能力。

传统"T 型人才"强调单一专长与多领域通识的结合，而智能传播需要升级为"2π 型人才"——在传播学与计算机科学双领域达到专业深度，并通过跨界项

---

① 周荣庭、颜梅：《科技传播人才培养模式的国际比较与启示》，《中国科技论坛》2015 年第 11 期，第 145 – 150 页。

② Fischhoff Baruch: Evaluating science communication. *Proceedings of the National Academy of Sciences*, 2019, 116(16): 7670 – 7675.

③ Nowotny H, Scott P, Gibbons M: *Re-thinking science: Knowledge and the public in an age of uncertainty*. 2001.

④ Gibbons M, Limoges C, Scott P and Trow, M: *The new production of knowledge: The dynamics of science and research in contemporary societies*. 1994.

⑤ Miller J D: Scientific literacy: A conceptual and empirical review. *Daedalus*, 1983(2): 29 – 48.

⑥ National Academies of Sciences, Engineering, and Medicine: *Communicating science effectively: A research agenda*. National Academies Press, 2017.

目训练整合能力①。T 型人才理论的适应性改造催生了"2π 型智能传播人才模型"。T 型理论原本强调技术深度与商业广度的结合②,而本研究将其拓展为"技术 π"与"传播 π"的双专长结构:前者涵盖自然语言处理、多模态数据挖掘等技术能力,后者包括科学叙事、公众参与设计等传播策略,两者通过"科技伦理""全球科技治理"等课程形成连接弧。这种模型既保留了专业深度,又强化了跨界整合的灵活性。社会发展对智能传播人才的迫切需求已形成倒逼机制。《中国智能媒体发展报告(2023)》显示,我国智能传播岗位缺口达 72 万,其中"科技传播工程师""元宇宙策展人"等新兴职位占比超 40%,印证了市场对复合型人才的旺盛需求。多元主体的差异化需求则要求人才培养精准对接行业场景。而产学研协同模式的创新正是回应需求侧变革的有效路径。

在此背景下,自 2019 年开始,苏州大学数字传播系以"马克思主义新闻观"教育教学理念为根本指导,以国家一流本科专业建设点"新闻学"、中国科协国家科技传播中心——苏州大学联合科技传播基地、江苏省高校社科传播与应用基

图 1　"π 型"科技智媒人才培养体系示意图

---

① Leonard, Dorothy, and Walter Swap: *Deep Smarts: How to Cultivate and Transfer Enduring Business Wisdom.* 2005.

② M. Iansiti, Marco, and Roy Levien: *The Keystone Advantage: What the New Dynamics of Business Ecosystems Mean for Strategy, Innovation, and Sustainability.* 2004.

地、全国首个科技传播国际联合实验室为依托,积极贯彻"人工智能＋X"和"新文科"建设理念,深度响应数字智能技术的驱动新趋势,在人才培养中引入"人工智能＋"的新闻传播人才培养理念,以"智能传播、国际视野、创新平台、应用为先"为教育理念,推动"π型"未来传媒人才培养——智能技术与传媒素养融合、专业知识和业务能力融合(见图1),打造未来拥抱智能化技术后的新形态。

二、苏州大学数字传播系智能传播人才跨学科培养模式实践

(一) 模块化课程体系构建:"人工智能＋传媒"课程群改革

1. 构建"基础模块＋核心模块＋拓展模块"的模块化课程体系

针对智能传播人才培养的跨学科特性,苏州大学数字传播系自2019年来持续对传统的学科型课程体系进行模块化改造,构建了"基础模块＋核心模块＋拓展模块"三位一体的课程体系。基础模块旨在夯实学生的学科基础,包含科学素养、传播理论、智媒技术等方面的课程,为后续的专业学习奠定理论和方法论基础。核心模块聚焦智能传播的核心能力培养,引导学生掌握智能传播的关键知识和技能。拓展模块则鼓励学生个性化发展,设置专业领域深化、创新创业等方向的课程,支持学生根据自身兴趣和职业规划,拓展专业深度和创新能力。这种模块化课程体系设计,打破了传统学科壁垒,强化了课程之间的内在联系,提升了课程体系的系统性和灵活性,更有效地支撑了跨学科人才培养目标的实现。

2. 开设"人工智能＋传媒"特色课程群,强化智能技术与传媒素养融合

为突出"智能技术"与"传媒素养"的深度融合,数字传播系着力打造"人工智能＋传媒"特色课程群。该课程群系统性地开设了《智能媒体传播》《数据新闻可视化》《新媒体智能化运营》《大数据分析》《虚拟现实技术应用》等21门专业课程,涵盖了智能传播领域的前沿理论、技术和应用。课程内容紧密跟踪智能媒体技术发展趋势,强调理论与实践相结合,注重培养学生运用智能技术解决实际传播问题的能力。通过系统学习"人工智能＋传媒"特色课程群,学生能够深入理

解智能传播的内在逻辑，掌握智能媒体技术的应用方法，有效提升智能传播专业素养和实践能力。

3. 全校跨学科"智媒科技传播"微专业建设

为了进一步拓展跨学科人才培养的广度和深度，数字传播系还在全校范围内建设了"智媒科技传播"微专业。该微专业面向全校各学科门类的本科生开放，旨在培养全校各类跨学科选修学生"科学素养×传播能力×智能媒体技术应用"的复合能力，提升学生的跨学科知识整合和创新应用能力。微专业课程体系涵盖了科技传播概论、智能媒体技术基础、数据新闻生产、科技内容创作等核心内容，并结合实践工作坊、项目实训等教学环节，强化学生的实践能力培养。"智媒科技传播"微专业的建设，为全校学生提供了系统学习智能传播知识和技能的平台，有效促进了跨学科人才的培养，也为其他学科与智能传播领域的交叉融合提供了有力支撑。

（二）教材建设：网络与新媒体专业教材及智能传播系列教材丛书改革

为支撑跨学科课程体系建设，数字传播系积极开展教材建设工作，组织出版了《智能与数字传播系列丛书》（5 本）和《普通高等学校网络与新媒体专业教材丛书》（23 本）两套系列教材丛书，现已陆续出版面世。《智能与数字传播系列丛书》聚焦智能传播领域的前沿理论和技术，系统性地介绍了智能传播的各个方面，为智能传播专业的学生提供了权威、深入的学习资源。《普通高等学校网络与新媒体专业教材丛书》则立足于网络与新媒体专业的学科基础，全面覆盖了网络与新媒体专业的各个核心课程，为本科生系统学习专业知识提供了规范、实用的教材。这两套教材丛书的出版，为数字传播系跨学科课程体系的有效运行提供了重要的教材保障。

在教材内容建设方面，数字传播系积极将"人工智能＋传媒"理念融入教材编写，突出智能技术在传播领域的应用。例如，在《数据新闻教程》《数据可视化》《新媒体运营教程》《智能传播》《虚拟现实技术应用》等课程中，要求学生掌握智媒技能，以应对技术驱动的传播场景革新。这些教材系统性地介绍了如何运用大数据分析、人工智能算法、可视化技术等智能媒体技术，提升新闻生产效率、优化内容呈现方式、实现精准化用户运营。教材内容注重反映学科前沿动态，引入最新的研究成果和技术应用案例，力求体现教材的先进性、实用性和案例性。通过使用这些融入"人工智能＋传媒"理念的教材，学生能够更好地理解智能传播的内涵，掌握智能技术在传播实践中的应用方法，为未来从事智能传播相关工作奠定坚实基础。

（三）跨学科研究与实践合作：多学科交叉融合激发创新火花

为了进一步提升智能传播的跨学科人才培养的科研水平和创新能力，数字传播系积极与校内计算机学院、能源学院、公共卫生学院等单位开展科研合作，推动学科交叉融合。共同承担科研项目，联合发表学术论文，共享科研资源和平台。学科交叉合作不仅提升了教师的科研水平，也为学生提供了参与高水平科研项目的机会，为培养学生的科技创新能力奠定了基础。

国家社科基金重大课题"欺骗性人工智能的信息传播、社会影响与风险治理研究"（编号：24&ZD184）与中国科大网络安全学院和苏州大学计算机学院合作，国家自然科学基金面上课题"基于公众心理和行为混合大数据的流行病预测研究"（编号：82273744）与苏州大学公共卫生学院以及心之声医疗企业公司合作，自然科学基金"长三角中学生双碳科学传播项目"（编号：5224200121）与苏州大学能源学院、苏中科协和苏州中学深度合作，数字传播系开创了"科技传播＋跨学科合作＋社会治理"的跨界育人范式。在应对日趋复杂和交叉融合的社会挑战面前，跨学科科研合作已不再是单纯的学术探索，而是培养高素质智能传播人才的关键练兵场。正如国家自然科学基金资助的"长三角面向中学生的双碳科学传播互动实践"项目所示，应对气候变化这类宏大议题，需要整合传播学、环境科学、教育学乃至社会各界的多元力量，方能构建起有效的科普传播机制，提升公众意识与行动力。这带给我们很多启示：未来的科技传播人才必须具备跨越学科边界、整合多元知识的能力，才能胜任复杂议题的传播与引导。而"欺骗性人工智能"技术治理研究项目更进一步印证了跨学科合作的必要性。面对 AI 技术带来的伦理、法律和社会风险，仅仅依靠单一学科的视角是远远不够的，必须融合新闻传播学、计算机科学、伦理学、法学等多个学科的知识和方法，才能深入剖析问题，寻求系统性的解决方案。苏州大学数字传播系正是深刻认识到这一点，积极推动与计算机学院等理工科的科研合作，并将这种跨学科合作视为人才培养的重要环节。通过鼓励学生参与到真实的跨学科科研项目中，例如智能媒体技术研发、AI伦理风险评估、碳中和传播策略设计等，学生得以在实践中磨砺跨学科思维，掌握多领域知识，提升解决复杂问题的能力。这种科研合作不仅仅是知识的简单叠加，更是不同学科思维方式的碰撞与融合，能够激发创新火花，培养出真正适应未来智能传播发展趋势的复合型、创新型人才。

（四）产教融合实践：多元协同育人平台搭建

1. 与科大讯飞共建"人工智能＋传媒人才培育基地"

为深化产教融合，培养学生的实践能力和创新精神，数字传播系积极与业界领先企业开展合作，共建多元协同育人平台。其中，与科大讯飞共建的"人工智能＋传媒人才培育基地"是重要的产教融合平台之一。该基地依托科大讯飞在人工智能领域的领先技术和产业优势，为学生提供实践教学、实习实训、项目合作等多种形式的产教融合机会。学生可以在基地参与真实的企业项目，接触最新的智能媒体技术和应用场景，在实践中提升专业技能和职业素养。通过与科大讯飞的深度合作，人才培育基地有效搭建了高校人才培养与产业需求之间的桥梁，实现了校企优势互补、协同育人。

2. 与薄荷健康等企业开展"人工智能＋健康传播"等合作

除了与人工智能技术企业合作，数字传播系还积极拓展与健康、医疗等行业的合作，与薄荷健康等企业开展了"人工智能＋健康传播"等领域的合作。在与薄荷健康的合作中，双方共同探索人工智能技术在健康传播领域的应用，例如，利用人工智能进行健康信息内容生成、个性化健康知识推荐、健康传播效果评估等。通过与薄荷健康等企业的合作，学生可以接触到更广泛的智能传播应用场景，了解不同行业对智能传播人才的需求，拓宽专业视野，提升就业竞争力。

3. 共建融媒体实践教学基地，拓展校外实践平台

为了给学生提供更丰富的实践平台，数字传播系还积极与媒体行业开展合作，与苏州、扬州等广电集团共建融媒体实践教学基地。实践教学基地依托广电集团的媒体资源和行业优势，为学生提供新闻采编、节目制作、新媒体运营等方面的实践机会。学生可以在实践基地参与真实的媒体项目，了解媒体行业的运

作流程,掌握媒体工作的实践技能,提升职业素养和行业适应性。通过共建融媒体实践教学基地,数字传播系有效拓展了校外实践平台,为学生提供了更贴近行业真实需求的实践锻炼机会。

4. 国际大学生新媒体节:产教融合的创新实践平台

由学院连续主办的国际大学生新媒体节,是产教融合的创新实践平台。新媒体节汇聚了国内外众多高校学生、业界专家和企业代表,为大学生提供了一个展示新媒体作品、交流创新创业经验、对接行业资源的平台。学生在新媒体节的筹备和参与过程中,可以充分发挥创新精神和实践能力,将课堂所学知识应用于实际项目,提升团队协作、项目管理、沟通表达等综合能力。同时,新媒体节也为企业提供了与高校人才对接、选拔优秀人才的机会,有效促进了校企联动和产教融合。国际大学生新媒体节已成为苏州大学产教融合的品牌活动,在激发学生创新创业活力、提升人才培养质量方面发挥了重要作用。

(五) 国际合作交流:拓宽国际视野,提升国际竞争力

1. 创建科技传播国际联合实验室,引进海外优质教育资源

为对接国际科技传播前沿,提升学科国际化水平,苏州大学数字传播系积极拓展国际合作渠道,创建了科技传播国际联合实验室。该实验室与英国、美国、澳大利亚等多所国际知名高校和科研机构建立了紧密的合作关系,例如与澳大利亚国立大学等签署合作协议,在人才培养、学术研究、师资交流等方面开展实质性合作。国际联合实验室定期聘请了 24 位海内外一流科技传播专家学者,不定期邀请海外知名学者来访讲学,开展学术研讨会和工作坊,引进海外优质课程资源和教学模式,为学生提供了近距离接触国际前沿学术动态、学习国际先进理论方法的机会。通过国际联合实验室平台,数字传播系有效提升了师资队伍的国际化水平,拓宽了学生的国际学术视野,也为开展高水平国际合作研究奠定了坚实基础。

2. 举办国际科技传播夏令营,开展国际交流项目

为了给学生提供更为丰富多元的国际交流体验,数字传播系常态化举办国

际科技传播夏令营,并积极开展各类学生国际交流项目。组织学生每年寒暑假前往澳大利亚国立大学的国家科技传播中心、英国曼彻斯特大学科技传播研究中心开展国际科技传播夏令营交流。夏令营课程内容紧密结合国际学术前沿和行业发展趋势,采用互动式、研讨式教学方法,注重培养学生的国际学术交流能力和跨文化沟通能力。

3. 鼓励学生出国深造,培养具有国际竞争力的智能传播人才

数字传播系高度重视学生的国际化发展,积极鼓励和支持优秀本科生和研究生赴海外知名高校深造,攻读硕士和博士学位。近年来,数字传播系本科毕业生出国深造比例持续提升,深造院校包括美国哥伦比亚大学、英国伦敦政治经济学院、伦敦大学学院、爱丁堡大学、澳大利亚悉尼大学、墨尔本大学等世界一流大学。这些留学经历不仅提升了学生的学术水平和国际视野,也为他们未来在全球范围内从事智能传播相关工作奠定了坚实基础。国际化人才培养已成为数字传播系提升学科竞争力和服务国家战略的重要举措。

(六) AI 辅助的个性化互动教学实践

1. "人工智能 + 传媒"教学策略与 AI 助教应用

为创新教学模式,提升教学质量,数字传播系积极探索"人工智能 + 传媒"教学策略,并将 AI 技术应用于课堂教学实践。在《新媒体运营》等课程中,数字传播系试点引入 AI 助教,辅助教师开展教学活动,为教师提供精准的教学诊断依据。此外,AI 助教还可以在课堂上与学生进行智能互动,解答学生提出的问题,活跃课堂气氛,提升学生的参与度和互动性。AI 助教的应用,有效减轻了教师的教学负担,提升了教学效率和教学质量,也为学生提供了更加个性化、智能化的学习支持。

2. "智慧树"平台翻转课堂与混合式教学模式探索

为提升课堂教学的互动性和学生参与度,数字传播系积极探索翻转课堂和混合式教学模式,并依托"智慧树"平台开展教学实践。在"智慧树"平台上,教师可以提前上传课程视频、阅读材料、思考题等教学资源,学生在课前自主学习,完

成预习任务。课堂教学则从传统的知识讲授转变为师生互动、生生互动,教师组织学生进行讨论、辩论、案例分析、小组展示等活动,引导学生深度思考、合作探究、知识内化。同时,教师还可以利用"智慧树"平台的在线测试、问卷调查、弹幕互动等功能,及时了解学生的学习情况和反馈意见,调整教学策略,优化教学设计。翻转课堂和混合式教学模式的应用,有效提升了学生的课堂参与度和自主学习能力,培养了学生的批判性思维和创新思维。

3. "3I工程"创新创业课程《数据新闻可视化》实践

为培养学生的创新创业精神和实践能力,数字传播系在《数据新闻可视化》等课程中积极开展"3I工程"创新创业课程建设。"3I工程"即Ideation(创意构思)、Incubation(孵化培育)、Implementation(实践 реализация)。在《数据新闻可视化》课程中,教师引导学生从社会热点问题和行业发展趋势出发,进行数据新闻选题策划和创意构思(Ideation),鼓励学生组建团队,将创意转化为具体的数据新闻作品方案(Incubation),并指导学生运用数据采集、数据分析、数据可视化等技术,将数据新闻作品方案落地实施(Implementation)。课程教学过程注重培养学生的创新思维、团队协作能力、项目管理能力和实践动手能力。学生在"3I工程"创新创业课程的实践中,不仅掌握了数据新闻可视化的专业技能,也提升了创新创业意识和能力,为未来从事相关领域的工作或自主创业奠定了良好基础。

三、实践成效与推广应用

(一) 理论教学成果:一流课程建设与教改项目支撑

1.《传媒实务(上、下)》获批江苏省一流本科课程,申报国家一流本科课程

苏州大学数字传播系在"人工智能 + 传媒"人才培养模式改革中,高度重视课程建设,将理论教学与实践教学深度融合,打造了一批高质量的一流本科课程。《传媒实务(上、下)》课程是其中的代表性成果,该课程以培养学生传媒实践

能力为核心,引入业界专家参与教学,采用案例教学、项目驱动等教学方法,有效提升了学生的实践能力和职业素养。凭借其先进的教学理念、创新的教学方法和显著的教学效果,《传媒实务(上、下)》课程被认定为江苏省一流本科课程,并已积极申报国家级一流本科课程。一流课程的建设,不仅提升了课程教学质量,也为其他课程建设起到了示范引领作用,带动了数字传播系整体教学水平的提升。

2. 多项省部级教改课题立项,支撑教学模式创新

为了深入推进"人工智能＋传媒"人才培养模式改革,数字传播系积极申报和承担各级各类教学改革研究项目,以教改课题为抓手,推动教学模式创新和教学质量提升。近年来,数字传播系教师主持和参与了多项省级和部级教学改革课题,例如江苏省高等教育教改研究重点课题"智能媒体时代高校新闻传播人才培养模式创新研究"等,这些教改课题聚焦智能传播人才培养的关键问题,深入研究智能媒体技术对新闻传播教育的影响,探索"人工智能＋传媒"人才培养的新路径、新方法。教改课题的立项和实施,为数字传播系教学模式创新提供了有力的理论支撑和实践指导,也为教学改革的深入推进注入了持续动力。

3. 发表系列教改论文,总结实践经验

在"人工智能＋传媒"人才培养模式改革的实践过程中,数字传播系教师注重教学研究和反思,积极撰写和发表教改论文,系统总结实践经验,提炼理论成果,促进学术交流。一系列教改论文相继发表在 *Science & Education*、《新闻与写作》《传媒》等 SSCI、CSSCI 等国内外重要学术期刊上。从不同角度、不同层面总结和反思了数字传播系在智能传播人才培养模式改革方面的探索和实践,分享了经验和成果。

(二) 实践教学成果:学生竞赛获奖与社会服务成效显著

1. 学生在国家级、国际竞赛中屡获佳绩,彰显人才培养质量

苏州大学数字传播系坚持"以赛促学、以赛促教、以赛促创",积极组织和指导学生参加各类学科竞赛和创新创业竞赛,检验教学效果,提升学生实践能力和

创新能力。近年来,数字传播系学生在国家级、国际竞赛中屡获佳绩,在"全国大学生广告艺术大赛""中国数据新闻大赛""国际大学生新媒体节""全国大学生创新创业大赛"等重要赛事中捷报频传,这些获奖作品涵盖了数据新闻、可视化传播、新媒体创意、智能交互设计等多个领域,充分展现了数字传播系学生扎实的专业基础、突出的实践能力和优秀的创新精神,也充分彰显了"人工智能 + 传媒"人才培养模式的成效和人才培养质量的显著提升。

2."行之有声"志愿团队社会服务,展现"人工智能 + 传媒"教育社会价值

为了引导学生将专业知识应用于社会实践,培养学生的社会责任感和奉献精神,数字传播系组建了"行之有声"大学生志愿服务团队。该团队以"人工智能 + 传媒"为特色,积极开展科技助老、信息助残、网络科普等社会服务活动,展现了"人工智能 + 传媒"教育的社会价值,也提升了学生的实践能力和社会责任感,培养了德智体美劳全面发展的社会主义建设者和接班人。

四、实践反思与未来展望

反思当下,科技智媒复合人才的培养探索实践还比较有限,主要存在四方面问题:

(一)跨学科课程体系整合与优化难度

"人工智能 + 传媒"跨学科人才培养模式的构建是一项复杂的系统工程,在实践过程中,课程体系的整合与优化面临诸多挑战。首先,不同学科的知识体系、思维方式、教学方法存在差异,如何有效地将新闻传播、人工智能、数据科学等多个学科的课程进行有机融合形成自洽的课程体系,是需要持续探索和解决的难题。其次,智能媒体技术发展日新月异,课程内容需要及时更新和调整,以保持课程的前沿性和适应性,这对课程体系的动态优化提出了更高要求。此外,跨学科课程的教学内容的深度、广度、难度如何合理把握,如何避免课程内容碎片化、重复化,也需要在实践中不断摸索和完善。

（二）跨学科师资队伍建设与能力提升瓶颈

跨学科师资队伍是支撑跨学科人才培养的关键。然而,跨学科师资队伍的建设面临诸多瓶颈。一方面,既懂新闻传播又精通人工智能的复合型师资相对匮乏,现有师资队伍的学科背景相对单一,难以满足跨学科教学的需求。另一方面,教师的知识结构更新和能力提升需要时间和资源投入,如何有效组织和支持教师进行跨学科学习和培训,提升跨学科教学能力,也是一项长期而艰巨的任务。此外,跨学科师资队伍的激励机制和评价体系尚不完善,如何激发教师参与跨学科教学和科研的积极性,也需要进一步探索和创新。

（三）学生跨学科学习适应性差异与个性化指导

学生的学科背景、知识基础、学习能力存在差异,对跨学科学习的适应性也各有不同。部分学生可能在跨学科学习中面临知识衔接困难、学习方法不适应、学习兴趣不足等问题。如何关注学生的个体差异,提供个性化的学习指导和支持,帮助学生跨学科学习的障碍,提升跨学科学习效果,是跨学科人才培养中需要重视和解决的问题。此外,如何激发学生的跨学科学习兴趣和内在动力,培养学生的自主学习能力和终身学习意识,也需要教师在教学实践中不断探索和创新。

（四）智能传播人才培养质量评价体系完善

智能传播人才培养质量的评价是一个复杂而重要的议题。传统的单一学科人才培养评价体系难以完全适用于跨学科人才培养的评价。如何构建科学、合理、多元的智能传播人才培养质量评价体系,全面评价学生的科学素养、传播能力、智能媒体技术应用能力、创新能力、实践能力、社会责任感等综合素质,是一个亟待解决的问题。评价体系应既关注学生的知识掌握和技能习得,又关注学生的创新思维和实践能力;既关注学生的个体发展,又关注学生的社会贡献;既关注学生的学习过程,又关注学生的学习结果。多元化、多维度的评价体系才能更全面地反映智能传播人才培养质量,并为持续改进人才培养模式提供依据。

总结以往,苏州大学数字传播系"人工智能＋传媒"跨学科培养模式的实践探索,是对传统新闻传播人才培养模式的深刻变革与创新尝试。该模式立足于知识经济时代科技传播与智能传播的战略价值日益凸显的时代背景,回应了智能媒体技术驱动下国际科技传播人才需求的结构性转变,构建了"科学素养×传播能力×智能媒体技术应用"的智能传播人才能力矩阵,并从模块化课程体系构建、教材建设、产教融合实践、科研合作与实践、国际合作交流、AI辅助教学等多个维度进行了系统性改革与创新实践。实践证明,该模式在提升学生跨学科知识整合能力、智能媒体技术应用能力、实践创新能力、国际交流能力等方面取得了显著成效。

直面未来,苏州大学数字传播系将继续坚持以需求为导向、以创新为动力、以质量为核心,持续深化教育教学改革,不断完善跨学科培养模式,努力培养更多高素质、复合型、创新型的智能传播人才,为国家智能传播事业的繁荣发展提供有力的人才支撑,为构建人类命运共同体贡献智慧和力量。

第二节　从马克思主义新闻观看新闻写作教学中的核心理念

中国新闻奖是对所有新闻工作者以及各大媒体相关工作的最高肯定。一年一次的中国新闻奖成为新闻业界和新闻学界共同关注的大事件。对于新闻媒体来说,能够获得中国新闻奖,无疑会带来诸多荣誉,同时也会对媒体的生存空间带来诸多利好。因此,各大媒体通过各种手段来竞逐中国新闻奖也就在情理之中了。比如有的媒体会提前几年进行谋划设计,就一些有价值的题材进行精心孵化,长期跟踪,并安排最精干的力量进行采写编。也有的媒体和更高层次的媒体进行合作,以"傍大款"的方式冲击大奖。当然,也有不少人认为,好新闻一般是因为好题材,可遇不可求,大多时候都是抢来的。

诚然,按照新闻理论的相关表述,这种说法并不算错,事实上也有不少获奖新闻作品的题材是不可多得的。经典新闻理论认为,时效性是新闻的生命,因此碰到好题材必然要抢,越快越好,没有最快只有更快,"唯快不破"、"第一时间、第一现场"成为媒体人的基本要求,"刚刚体"更是流行一时。同时,独家新闻更是各大媒体之间竞争的重要内容。当然,在今天这种媒体环境下,所谓的"独家新闻"也大多是"抢"来的①,因为"独家"就意味着排他性。可是,我们还是有必要

———————————

① 这个"抢"实际上包括两层含义,其一是记者在新闻现场敏锐的判断力,其二则可能是商业性操作的结果。

问一句,好新闻真是抢来的吗?

好新闻是抢来的吗?这实在是一个老话题。如果我们用心研读中国新闻奖的获奖作品,可以体会到,好题材固然是获得大奖的重要前提,但是好题材未必能够成为一篇好作品,也不见得一定就能够获奖,因此光靠"抢"是不能成就好新闻的。只有关心身边人身边事,关心人民的根本利益,才是好新闻。

马克思主义新闻观将人民性放在重要地位,这实际上给好新闻进行了明确定义。很有意思的是,我们盘点中国新闻奖的历届获奖作品,有不少题材属于"老生常谈",可以说"撞车"无数。为什么同一题材的不同新闻作品会多次获奖,是中国新闻奖偏好某种题材吗?这话也有一定的道理。从马克思主义新闻观的角度来审视,所谓好题材就是以人民利益为根本出发点。只有认真把握人民群众的脉搏,关心他们的喜怒哀乐,就是好题材。但是,好题材并不意味着是炒旧饭,老账新翻,而是要将好题材和当前时代对接起来,并运用合情合理的新闻手段表达出来,这样就一定能够获奖。南京大学新闻传播学院徐慨教授说:"中国新闻奖获奖的秘密,都藏在获奖作品里。"①诚如斯言。如果我们仔细盘点获奖作品,中国新闻奖的获奖秘密就是坚守马克思主义新闻观,坚守人民性的立场。

一、坚守人民性的立场是新闻精品的根本出发点

2024 年 11 月 7 日,中华全国新闻工作者协会(即"中国记协")公布了第34 届中国新闻奖的最终获奖名单,由苏州日报社采写的通讯稿《清退 362 个工作群　为基层干部"松绑"》获得二等奖。这则通讯稿篇幅并不长,加上标题也不过 1200 字,聚焦的是苏州市下属县级市张家港市清理解散工作群 362 个这一社会问题。说句实在话,大家日常工作中忙于各种政务新媒体,很多时候都是不堪重负有苦难言,这则报道在很大程度上道出了基层干部的苦衷,因此引起了整个社会的极大共鸣。有人认为,这则通讯稿之所以能够获奖,是在于它及时抢了一个好题材,抓住了大众对"指尖上的形式主义"反感却又无奈的情绪。

---

① 出自 2024 年 12 与 16 日在南京举行的第 34 届中国新闻奖江苏获奖作品研讨培训会上徐慨教授的现场发言。也可参见江苏记协公众号。

这话自然不假。这则刊载于《苏州日报》2023年8月30日的通讯在社会上引起强烈的反响。2023年12月,中央网络安全和信息化委员会出台了《关于防治"指尖上的形式主义"的若干意见》,明确提出"'指尖上的形式主义'是形式主义问题在数字化背景下的变异翻新,也是加重基层负担的主要表现之一",要求"对于使用频率低、实用性不强的政务应用程序,应及时关停注销并提前发布公告,依法依规处置相关数据,防止数据泄露及流失"①。自此,一大批基层政务公众号、微博账号相继停止更新并启动注销程序,并在2024年5月前后达到高潮。2024年6月,《南方周末》发表了题为《政务新媒体洗牌,5年后再现关停潮》②的深度报道,使得政务新媒体的关停再次为业界和学界所关注。因此,《苏州日报》这则通讯可谓是防治"指尖上的形式主义"的先声之作,最终因为"天时地利人和"兼具,不获奖都不行。

但是,如果如此来理解《苏州日报》这次因为批评"形式主义"的作品而获得中国新闻奖实在太过简单。中国新闻奖目前为止举行了34届,作为地级市媒体的《苏州日报》已经斩获过40多次中国新闻奖,具有较为雄厚的实力,获奖绝非偶然。回溯过往,在《苏州日报》众多的获奖作品中,2005年11月14日刊发的《台账压垮"小巷总理"》进入我们的视野。这篇仅有833字的作品,获得中国新闻奖消息类二等奖,主题也是聚焦形式主义。在一个由6人组成的居委会,至少需要做60本台账,以应付上级的各种检查,这样就使得工作人员无法把精力放在为社区居民服务上。这是典型的形式主义,最终损害了人民群众的利益。从2005年到2023年,经过了将近二十年,同一家媒体,因为关注形式主义而多次得到中国新闻奖的青睐,本质上就是"以人民为中心",很好地践行了马克思主义新闻观的人民性这一特性。

一家地市级媒体,两次均因为关注形式主义而获得新闻奖,这是不是意味着《苏州日报》偏好"形式主义"的题材而成为自己的绝门独技从而多次摘得中国新闻奖?当然不是。我们再回溯中国新闻奖获奖作品,很有意思的是,2002年5月28日《宁波日报》刊载的《再反一次党八股》,也是中国新闻奖二等奖作品,它聚焦"八股新闻",将枪口对准了新闻采写中的形式主义文风,无疑是对正在蓬勃

---

① 中央网络安全和信息化委员会:《关于防治"指尖上的形式主义"的若干意见》,https://www.cac.gov.cn/2023-12/18/c_1704564095028266.htm,2023年12月18日。

② 李桂:《政务新媒体洗牌,5年后再现关停潮》,《南方周末》2024年6月24日。

发展的大众媒体的当头棒喝。可以说,关注现实生活中的形式主义,并不是从《苏州日报》开始的。

从 2002 年《宁波日报》的《再反一次党八股》,再到《苏州日报》的《清退 362 个工作群》《台账压垮"小巷总理"》,基本相同的题材,都是聚焦现实生活中的形式主义,却多次斩获中国新闻奖。由此可见,靠抢题材并不是好新闻的必要手段。但是,这也彰显出,反对形式主义是一个重要话题,它代表着人民群众的利益,彰显了新闻媒体的人民性。这才是中国新闻奖获奖的秘密。

二、立足于现实是新闻精品的生命力

如果说以人民性为前提,是三篇新闻作品获得中国新闻奖的密码,那么立足于现实则是打开密码的钥匙。三篇作品都是关注形式主义而获奖,这意味着要获奖,只要学会"抄作业"即可? 就如同前面所说,获奖的秘密都"藏在获奖作品里"。但是,新闻的本质是要发挥其现实功用,是社会环境的守望者,时代要求不一样,简单的抄作业是无法完成任务的,更不可能获得诸多专家学者的认可进而获奖的。

三篇获奖新闻作品均为新世纪以来的作品,均关注形式主义,但是形式主义这种不好的现象并不是新世纪以来的产物,也就是说,从题材上看,这并不是什么新鲜玩意,这说明靠形式主义这一题材来获奖是有很大难度的。

早在 20 世纪 40 年代的延安整风运动中,毛泽东同志就发表了《反对党八股》,旗帜鲜明地反对教条主义、形式主义,这对于整顿党内文风起到了非常重要的指导作用。但是,随着时间的推移以及环境的变化,"党八股这种恶劣的文风,不仅无所收敛,而且还在'与时俱进',危害着党的事业"①。正是基于这种情况,《宁波日报》刊发了《重返一次党八股》。文章发表之后,受到社会各界的普遍好评,这足以证明文章切中了大众情绪,很有现实针对性。

如果说《宁波日报》的获奖作品在很大程度上还是受到毛泽东同志《反对党八股》的影响,对社会具有宏观指导意义的话,那《苏州日报》的《台账压垮"小巷总理"》则是"以小见大"。一个社区居委会,对下要服务群众,对上要应对各个部

---

① 张登贵:《再反一次党八股》,《宁波日报》2002 年 5 月 28 日。

门的检查,实在是再正常不过了。在一次偶然的采访中,记者发现了问题,就深入采访,并采用写实手法,生动而又深刻地写出了"小巷总理"的烦恼和当前社会工作的时弊,可谓是非常接地气。苏州日报社非常重视稿件反映的现象,特地将其安排在头版显著位置予以刊发,并配发《居委会何时轻装上阵》的新闻短评,从而强化了新闻的深度和广度。相对很多获奖作品的宏大题材而言,《苏州日报》的这则新闻似乎显得"无关紧要",因为记者眼睛也只是盯着"网师社区"这个小小的点。但是,群众利益无小事,记者在采访社区工作者时,听到他们的心声:"帮老百姓做事,我们打心底乐意。可现在却被台账、检查、评比所累!我们什么时候才能真正把精力放在为居民服务上?"窥斑见豹,问题就凸显出来,因为网师社区只是现实社区工作的一个缩影而已。社区管理中的形式主义不容忽视,否则的话只能损害群众利益。这自然是不同于"党八股"的另一种形式主义。因此,从表面上看,题材具有相近性,但是切入的角度不一样,出发点依然是人民性,因此获奖也就是理所当然了。

近期的获奖作品《清退 362 个工作群》依然关注的是形式主义。随着互联网的快速发展,互联网思维也逐步在工作中发挥出相应的作用,社会的各个环节纷纷触网,接入"数字化时代"。但是,这种情况慢慢就变味了,"数字化"逐步成为一些机构显现政绩的重要手段,不少基层干部不得不耗费大量时间来应对各种微信群,关注、点赞、转发等成为每天的必修课,甚至还被纳入各种考核之中。为了考核而耗费大量的精力,这自然又是形式主义的思想在作祟。记者在深入调查的基础上写出了这篇聚焦"指尖上的形式主义"的作品,其底色依然是群众利益。

对比一下三则获奖新闻作品,尽管都是关注同一题材,即形式主义,属于典型的"撞车"现象,但是"犯而不避"方显英雄本色。它们的成功秘诀在于,题材只是一个方面,如何和当前社会密切对接,体现"与时俱进"的思维才是成功之道。同样是形式主义,三则新闻作品分别关注的是新时期以来的"党八股"文风、社区工作中的案牍主义、指尖上的形式主义。也就是说,形式主义作为危害群众利益的重要问题,在不同时期会以不同的变体或隐或显地呈现出来,只有秉承与时俱进的思维理念,密切关注当下群众利益,才能化腐朽为神奇,才能让老生常谈的问题焕发出新的生命力。可以预见,在未来的中国新闻奖的获奖作品中,还会出现关注形式主义的精品力作。

三、坚持形式为内容服务是打造新闻精品的基础

好的新闻作品因为体现人民性，密切关注群众利益，因此绝不是有些人眼中"速朽"的文字，而是值得反复揣摩体会的。这三则同一题材的获奖新闻作品，除了强调人民性，强调与时俱进思维来关注群众利益之外，其获奖还有什么秘诀？

从新闻体裁的角度来审视，这三则作品也不尽相同。《宁波日报》的《再反一次党八股》属于新闻评论，《苏州日报》的《台账压垮"小巷总理"》和《清退 362 个工作群》则分别为消息和通讯。同一题材，为什么选用的体裁样式却不尽相同？或许有人会认为，既然题材撞车了，那只有在形式上下功夫才能脱颖而出。对于媒体而言，以不同的形式来满足不同受众的喜好是应有之意。但是，形式绝不是单独存在的，而是以内容为前提，否则的话只可能是名不副实。也就是说，选择什么样的形式，最终还是取决于内容。只有坚守形式为内容服务的基本原则，才能成就新闻精品力作。

具体而言，《宁波日报》的获奖作品《再反一次党八股》注意到新闻业界明显存在"八股新闻"，这会对党的事业造成危害。毛泽东同志当年批判党八股的八大罪状，其中"四条现在依然非常突出"。作者还认识到，"不仅讲话、文件、新闻有八股风，开会也有"，这就使得党八股现象特别突出，最终只能产生"禁锢思想，空耗精力，销蚀人的创造精神"①的严重危害。面对如此严峻的问题，作者意识到，仅仅靠单一的新闻报道不足以引起全社会的关注，再加上 2001 年是中央提出的作风建设年，因此，《宁波日报》采用了新闻评论这一体裁来予以呈现。这种采用大声疾呼的方式来批判新形势下出现的"党八股"现象，自然能够在全社会产生极大的反响，正所谓"响鼓宜用重锤"。

《苏州日报》刊发的《台账压垮"小巷总理"》是一则消息。记者是在偶然采访中发现问题的，源自一个社区居委会副主任的"吐槽"。作为社会环境守望者的媒体，应当发挥"减气阀"的作用。采用消息的方式，将当事人的工作环境、语言行动、情绪苦恼给彰显出来，具有现场特写的特点，能够产生更好的情绪感染力。消息具有短频快的特点，也最能彰显新闻的时效性，但是也可能因为过于琐碎和

---

① 张登贵：《再反一次党八股》，《宁波日报》2002 年 5 月 28 日。

微观而影响其社会影响。为了应对这种情况,《苏州日报》特地将其放在头版显著位置刊出,同时还配发了《居委会何时轻装上阵》的短评,彼此映照,达到以小见大、以点带面的功效,从而彰显消息报道的力度。

《清退 362 个工作群》则是采用通讯的方式来进行。相比消息而言,通讯的时效性不那么强,但是对问题的揭示则更加深入。根据该作品内容得知,张家港市在 2023 年 3 月份就已经开始"指尖上的形式主义"的专项治理行动,时间已经过去 5 个月了,因此缺少了消息类新闻作品应有的时效性,因此,写作者就采用了通讯这种新闻体裁予以报道。作为有较大厚度的通讯,既关注当下,还回溯过去和展望将来,时间跨度和空间跨度都比较大,能够更好揭示现象,能够产生较好的社会反响。

因此,采用什么样的新闻体裁样式,题材固然重要,还需要根据时代环境、时间节点以及受众情况等多种因素考虑。尽管文各有法,为传播内容服务、为传播效果服务,应当成为打造新闻精品力作的基本要求。

四、结语

由于新闻更新速度极快,再加上实际上分条口的实践操作,新闻题材难免会出现撞车现象。题材撞车一方面体现新闻的竞争性,但是另一方面则体现了新闻的复杂性。因此,我们在各种媒体碰到题材相同或者相似的新闻也就不足为奇了。正如同世界上没有两片完全相同的树叶一样,相同的新闻题材也不能形成完全相同的新闻作品,文各有法,再加上社会环境和时代背景的差异,可以成就很多好新闻。好新闻不是抢来的,好新闻不怕题材撞车。碰到题材撞车不可怕,只要坚守人民性的立场,将题材与现实密切对接起来,坚持形式为内容服务的原则,认真落实马克思主义新闻观,就一定能够成就精品力作。

第三节　AI 技术在新闻采编中的应用

一、引言:技术革命与新闻教育的困境

随着人工智能技术的迅猛发展,新闻传播行业正经历着一场深刻的革命。

AI技术通过算法驱动与数据挖掘,系统性地重构了传统新闻生产的线性流程。在策划阶段,智能监测工具(如 TB 公司的全球信息追踪系统)替代了人工信源筛选;在采编环节,自然语言生成技术(如美联社财经报道自动化)颠覆了传统的"记者—编辑"协作模式;在分发阶段,算法推荐(如抖音 AI 优化传播)重构了内容触达逻辑。这种变革不仅体现在工具替代层面,更深层次地影响了整个生产关系,使得传统的新闻生产方式发生了根本性转变。

AI技术的全面应用正在重塑新闻传播的生产范式。陈昌凤(2023)提出人工智能创新了报道方式、改变新闻叙事观念的可能性[①];杨树(2024)系统论证了AI＋5G 技术如何重塑新闻采编的时空边界,使跨地域协同报道成为常态[②];腾讯研究院则通过 12 个典型案例,揭示智能剪辑系统将视频新闻制作周期从小时级压缩至分钟级的产业变革[③]。不可否认地,自然语言处理(NLP)技术、机器学习、生成式 AI 及多模态生成技术的深度应用,使得新闻生产变得更加高效、精准和多样化。这种生产方式的变革,以效率为导向,迫使新闻教育体系进行深刻革新。

在教育体系层面,AI 技术的普及使得新闻生产越来越依赖技术手段,这对传统新闻教育体系提出了严峻挑战。在目前的传统新闻教育模式中,采写编评实训体系与智能采编系统存在技术代差,如钦州融媒体中心的 AI 写稿系统已整合 17 种文体模板,而高校教学仍局限于传统消息写作。将 AI 技术融入新闻采编教学,不仅能够提升学生的技术素养,还能培养其应对未来新闻业挑战的核心能力。本节采用行动研究法和案例分析法,选取三个典型教学实验,深入探讨AI 技术在新闻采编教学中的应用路径及效果。

二、AI 技术赋能的新闻采编体系

从新闻线索的发现到内容的编辑与发布,新闻采编领域正在经历一场深刻

[①] 陈昌凤:《生成式人工智能与新闻传播:实务赋能、理念挑战与角色重塑》,《新闻界》2023 年第 6 期,第 412 页。

[②] 杨树:《人工智能技术在新闻采编中的应用研究》,《电视技术》2024 年第 7 期,第 106 - 108 页。

[③] 腾讯研究院:《2024 年 ai 在新闻业的应用案例有哪些?》,https://www.sohu.com/a/834055871_121853127,2024 年 12 月 7 日。

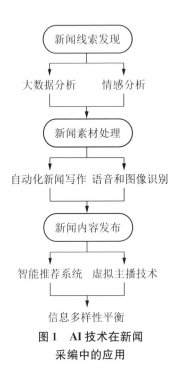

图 1　AI 技术在新闻采编中的应用

的变革。正如媒介环境学派"技术即环境"所论，AI 技术正在重塑新闻生产的物质性基础，形成全新的媒介生态系统。下文将从新闻线索发现与选题策划、新闻素材采集与处理、新闻内容编辑与发布三个维度，结合实际案例，系统解构 AI 技术对新闻采编体系的深层变革，揭示智能传播时代新闻生产范式的转变。（具体流程如图 1 所示）

（一）新闻线索发现

传统新闻价值理论中的时效性、重要性等要素，在 AI 技术介入下呈现出算法化特征。通过大数据分析和情感分析两大核心技术，新闻线索发现与选题策划环节实现智能化升级。首先，基于大数据分析技术的新闻线索发现系统能够实时抓取和分析海量网络数据，通过机器学习算法识别潜在的热点话题。例如，路透社开发的 News Tracer 系统，依托自然语言处理（NLP）和机器学习技术，能够从 Twitter 等社交媒体平台中筛选出具有新闻价值的信息，并自动生成新闻线索报告。其实质是将专业记者的经验判断转化为可量化的特征向量（如传播速度指数、情感强度值）。其次，情感分析技术通过对文本、语音或图像数据的深度分析，帮助新闻机构准确把握公众舆论导向。这一技术不仅能够实时监测公众对特定事件或话题的情绪倾向，还能为新闻报道提供更具针对性的视角。例如新华社"智媒大脑"系统对亚运会舆情的监测，实质是将复杂的社会情绪简化为正负向数值。这些技术可供性改变了传统新闻编辑部的权力结构——算法工程师取代部分编辑职能，新闻价值判断从人文思辨转向数据建模。

（二）新闻素材处理

在新闻素材采集与处理环节，AI 技术的应用主要体现在自动化新闻写作、语音和图像识别两个层面。

自动化新闻写作技术依托自然语言生成（NLG）算法，能够快速将结构化数据转化为新闻报道。以腾讯的 Dreamwriter 系统为例，该系统可以在秒级时间内完成财经新闻的自动撰写，将传统需要数小时完成的新闻写作过程压缩至分钟级别。一方面，通过自动化和智能化的方式，人工智能技术可以解放出更多编辑和记者的生产力，从而生产出更高质量、更有价值的新闻内容。①另一方面，传统新闻客观性原则面临极大挑战——算法黑箱取代了传统采编流程中的多方信源验证，导致技术系统的价值负载，而这样的技术系统可能演变为新型的意识形态机器。

相比之下，语音和图像识别技术的工具效益更强。语音识别技术的应用极大提升了采访素材的处理效率。通过将采访录音实时转化为文字，新闻机构可以将传统需要数小时完成的转录工作缩短至分钟级别。同时，图像识别技术的引入则实现了新闻图片的智能化管理。例如，美联社部署的图像识别系统能够对海量新闻图片进行自动标注和分类，不仅提高了图片编辑的工作效率，还显著降低了原先人工标注的错误率。

（三）新闻内容发布

在新闻内容编辑与发布中，智能推荐系统和虚拟主播技术被广泛应用。

基于机器学习的智能推荐算法通过分析用户的阅读习惯和兴趣偏好，实现了个性化新闻推送。以今日头条的推荐系统为例，该系统通过深度学习算法，能够为用户提供精准的内容推荐，显著提升了用户黏性和阅读体验。然而，个性化推荐也引发了对"信息茧房"效应的担忧，新闻机构需要在技术应用与内容多样性之间寻求平衡。

其次，虚拟主播技术通过计算机视觉和语音合成技术，实现了新闻播报的智能化。新华社的 AI 主播"新小浩"是这一技术的典型代表，它不仅能够 24 小时不间断进行新闻播报，还可以实现多语种播报和实时互动。"AI 主播"由舞台上的配角变身为主角，可以在日常报道中提升电视新闻制作效率，降低制作成本，还可以在突发报道中快速生成新闻视频，提高报道时效和质量，"AI 合成

---

① 史安斌、刘勇亮：《从媒介融合到人机协同：AI 赋能新闻生产的历史、现状与愿景》，《传媒观察》2023 年第 6 期，第 3643 页。

主播"在不同的新闻场景运用中都拥有着广阔的应用场景。①虚拟主播 24 小时播报的"非人化"特征,解构了传统新闻权威的具身性基础,形成凯瑟琳·海勒(N. Katherine Hayles)所警示的"后人类新闻主体"。②

　　总的来说,随着 AI 技术在新闻采编中的应用从实验阶段走向成熟,AI 技术引发的不仅是工具革新,更是新闻认识论的根本转变。传统新闻专业主义的"把关人"角色,正在被算法系统的"信息策展人"职能所替代。新闻人过去对智能技术的恐慌逐渐转变为当下人机协同共进的新模式,基于两者深度融合的典型实践也在不断涌现。③然而,AI 技术的应用也带来了算法黑箱、信息茧房等新的挑战。新闻机构需要在技术创新与伦理规范之间找到平衡点,重建新闻伦理框架,推动新闻业向智能化、精准化方向发展。

三、智能化新闻带来的挑战与对策

　　人工智能技术正在引发新闻生产范式的根本性变革。从算法推荐重塑传播逻辑,到生成式 AI 颠覆内容生产,新闻行业的智能化转型倒逼新闻教育体系进行结构性调整。在这场技术革命与人文价值的碰撞中,新闻采编教学既面临技术迭代带来的认知鸿沟,更遭遇着主体性消解、伦理失序等深层危机。构建"技术—人文"双螺旋教育体系,已成为智能时代新闻人才培养的必由之路。

(一)技术迭代与教育适配的认知突围

　　AI 技术的指数级发展正在瓦解传统新闻教育的知识体系。以 GPT-4、Sora 为代表的生成式 AI,其涌现性特征使算法决策过程呈现"黑箱化"特质,这与新闻教育强调的透明、可解释性原则形成根本冲突。为提升新闻教育适配性,学校应从"用媒介教"转向"教媒介",并强调数字素养教育的重要性,以缩小"新

---

① 何强:《人工智能在新闻领域应用的新突破——从全球首个"AI 合成主播"谈起》,《新闻与写作》2019 年第 5 期,第 9395 页。

② 〔美〕凯瑟琳·海勒:《我们何以成为后人类:文学、信息科学和控制论中的虚拟身体》,刘宇清译,北京:北京大学出版社 2017 版,第 5 页。

③ 郭琪:《"AI+记者":智媒时代人机协同写作模式的局限性与可能性》,《出版广角》2020 年第 24 期,第 67 - 69 页。

数字鸿沟"。①然而,我国大部分的新闻院系尚未建立 AI 技术教学标准,课程内容滞后技术发展平均达 17 个月。这种滞后性导致教学陷入双重困境:一方面,自然语言处理、机器学习等技术原理的认知门槛,使新闻专业学生面对技术工具时陷入"功能性文盲";另一方面,技术迭代速度(月级更新)与教育周期(年级更新)的错位,造成课堂知识与企业需求出现结构性断层。

更深层的矛盾在于跨学科资源的整合困境。建设智能新闻实验室需要融合新闻传播学、计算机科学、数据科学等多学科资源,但现实情况是:新闻专业教师缺乏 AI 技术实操能力,院校存在算力设备缺口。这种资源错配直接导致教学停留在工具操作层面,难以培养学生对 AI 技术的批判性认知。

(二) 人机协同中的伦理秩序重构

AI 技术的教育应用正在解构传统新闻伦理框架,催生了四大价值危机:主体性消解、算法偏见制度化、版权归属混沌及信息茧房再生产。在工具层面,学生过度依赖 AI 的自动化生产,导致深度调查能力下降;在价值层面,算法推荐的个性化机制窄化选题视野。第一,随着 AI 技术引入新闻采编,许多新闻稿件和报道的初稿生成依赖于算法,而学生的角色更多地转向了内容的编辑和优化。这不仅导致学生对新闻生产过程的全面理解不足,也使他们的调查能力和批判性思维逐渐退化。第二,算法推荐系统往往根据用户的历史行为生成"过滤泡沫",这种个性化推荐不仅限制了用户获取多元信息的渠道,也在无形中塑造了特定的社会认知,助长了信息孤岛和思想极化现象。第三,当 AI 被广泛应用于新闻生产中,生成的内容常常没有明确的创作者身份。特别是随着 AI 技术的不断进步,内容生成的自主性和创造性也日益增强。新闻教育必须积极关注这一问题,教育学生理解和应对 AI 生成内容带来的法律和伦理挑战。第四,算法推荐系统和个性化推送的普及,使信息茧房现象得到进一步加强。这不仅影响了公共舆论的多样性,也限制了新闻报道的深度和广度。新闻教育需要培养学生具备跨越信息茧房的能力,促进信息多样性和社会对话,避免技术的偏见和封闭性。

---

① 李德刚:《数字素养:新数字鸿沟背景下的媒介素养教育新走向》,《思想理论教育》2012 年第 18 期,第 913 页。

更严峻的挑战在于伦理问题的代际传递。当教育过程本身成为算法偏见的传播渠道，新闻专业主义的根基将遭受根本性质疑。虚拟主播的人格权争议、AI生成内容的版权纠纷等新型伦理问题，要求新闻教育必须重构伦理教育范式，从被动规避转向主动治理。既不能将人工智能视为人类予取予求的工具，竭尽所能使其无限度地满足人的欲求；也不能放任自动化趋势的膨胀，在自身惰性的支配下主动移交人类再现客观世界、追求终极真理、主导价值判断的权力。①

（三）教育范式的革新路径

破解AI时代的新闻教育困局，需要构建"技术认知—价值守护—实践创新"三位一体的教育生态系统。

在课程体系重构层面，可借鉴密苏里大学"融合新闻"专业改革经验，建立模块化课程群：基础层设置《AI技术通识》《数据新闻基础》等必修课，解决技术认知断层；进阶层开设《算法传播原理》《智能新闻伦理》等交叉课程，培养技术批判思维；创新层则通过《元宇宙新闻实践》《人机协同工作坊》等前沿课程，提升技术驾驭能力。

在实践平台建设方面，需突破传统实验室的物理边界。人民日报"AI编辑部4.0"的启示在于，构建虚实融合的元宇宙采编空间：通过VR采访模拟系统训练沉浸式报道能力，利用区块链技术开展数字版权管理实训，借助AIGC工具进行全媒体内容生产演练。这种"技术沙盒"模式不仅能解决设备滞后问题，更能培养学生应对技术不确定性的创新能力。

伦理教育创新是价值理性的守护屏障。在这场人机共生的教育革命中，技术赋能与人文坚守的辩证统一至关重要。新闻教育的终极目标不是培养技术劳工，而是塑造具有数字素养、人文精神和批判思维的"智能时代守门人"。当教育者能引导学生既善用AI技术提升传播效能，又坚守新闻专业主义内核，新闻教育才能真正完成智能时代的范式转型，为构建负责任的数字传播生态提供人才保障。②

---

① 常江、王鸿坤：《想象有道德的AI新闻业：机器伦理启示与价值对齐路径》，《山西大学学报（哲学社会科学版）》2025年第1期，第79-87页。
② 石玲聪：《人工智能浪潮下新闻记者的挑战与应对探析》，《新闻研究导刊》2024年第16期，第142-145页。

四、智媒时代新闻传播教育范式重构

在新闻采编过程中,AI技术不仅提高了工作效率,也推动了新闻生产的创新与演变。为了适应这一变化,高校新闻传播教育面临着如何有效结合技术与实践的挑战。本节通过分析三项典型的教学案例,探讨了智能新闻编辑室、突发事件报道模拟训练及算法新闻伦理工作坊在人工智能时代下的实践应用(实践内容见图2),旨在为新闻传播专业人才的培养提供新的视角和方法,展现高校应如何通过创新教学模式和实践环节,培养符合新时代要求的新闻传播专业人才。

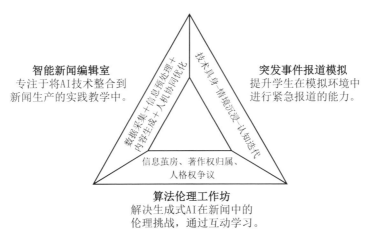

图 2　智媒时代新闻传播教育范式

(一)智能新闻编辑室

早在2012年,教育部发布《教育部等部门关于进一步加强高校实践育人工作的若干意见》,强调加强实践育人,强化实践教学,深化实践教学改革的重要性。①新闻传播实践性强,在教学中,高校需要意识到在技术日益重要的环境下,

---

① 中华人民共和国教育部网站:《教育部等部门关于进一步加强高校实践育人工作的若干意见》,http://www.moe.gov.cn/srcsite/A12/moe_1407/s6870/201201/t20120110_142870.html,2012 年 1 月 10 日。

实验室的建设是校内学生能够接触技术并与业界接轨最直接便捷的方式。因此,在人工智能技术驱动的智媒时代,推动媒体实验室的建设与应用、创新新闻传播人才培养模式实际是大势所趋。①

构建智能新闻编辑室系统,通过全流程模拟新闻生产场景,可以有效解决传统新闻教育中技术应用与实务操作脱节的痛点问题。该系统采用"双核驱动"架构,一方面依托阿里云智能媒体平台的云端计算能力,另一方面整合自建的多模态新闻语料库。配套教学流程采用 PDCA 循环模式,具体包含四个核心环节:数据采集(运用网络爬虫技术实现多源异构数据的动态抓取)、信息预处理(通过正则表达式匹配与语义消歧完成数据清洗)、内容生成(基于 LSTM 神经网络实现新闻文本的自动撰写)和人机协同优化(系统辅助人工完成内容精编)。通过上述流程的完整实践,受训学生不仅能掌握 AI 工具的操作技能,更建立起"技术敏感性"与"编辑判断力"相融合的新型新闻思维。据 2023 年度教学评估数据显示,实验组学生(N=87)的新闻生产效率较传统教学组提升 53.6%,且作品质量评分提高 28.4 个百分点。

(二)突发事件报道模拟

针对突发事件新闻报道的一线人才培养遇到客观环境条件限制的难题,同济大学开发出了城市风险突发事件新闻全景报道虚拟仿真实验教学课程,入选首批国家级一流本科课程。②模拟突发事件报道的教学训练,将帮助学生在模拟环境中运用 AI 技术进行突发事件的报道,并通过虚拟仿真训练提升应急报道的能力。突发事件报道具有较高的时效性与复杂性,对新闻采编人员的应变能力提出了更高要求。依托"技术具身—情境沉浸—认知迭代"三维路径,该教学训练可以突破传统实训中"技术认知悬浮"的困境。通过构建突发事件传播的复杂情境网络,促使学生形成"技术敏感性"与"专业判断力"的动态耦合机制。

除了虚拟 VR 技术的应用外,突发事件报道模拟还可以利用 Gooseeker 工具,对突发事件相关的舆情进行实时追踪与可视化展示,使学生能够了解事件的

① 李欣、柳欣怡:《生成式人工智能背景下新闻传播实践教育改革研究》,《教育传媒研究》2023 年第 6 期,第 22 - 26 页。
② 王建民、崔巍虚:《拟仿真技术下的新闻传播教学模式——以城市突发事件的全景报道为例》,《青年记者》2022 年第 5 期,第 86 - 87 页。

社会反响与传播路径，从而为后续报道提供有力支持；采用 Google Duplex 技术，模拟记者进行自动采访，学生可以体验到如何通过 AI 进行多方位的采访，提升其在应急报道中的采访能力和快速反应能力；结合 DALL - E2 技术，学生可自动生成与新闻内容匹配的图片，从而提高报道的可视化效果。为确保学生在实际操作中的准确性与创新性，本节提出采用机器评分与专家评审相结合的双轨制评估方式。虚拟仿真与数据分析的结合，不仅能增强学生的技术应用能力，还将提升他们在突发事件报道中的实际操作水平。数据显示，参与相关教学训练的学生，其报道的平均评分提高了约 30%。

（三）算法新闻伦理工作坊

新闻传播领域的实践教学能够模拟媒介技术在现实使用中的情况，使学生对业务实践的模糊性和可能存在的问题产生切身体验。[1]工作坊形式便是通过设置任务主题进行经验教学的方法之一。本节以算法新闻伦理工作坊为教学创新载体，整合哈佛案例教学法与角色扮演技术，构建了针对人工智能新闻生产伦理问题的分析框架。

随着生成式人工智能在新闻采编全流程的深度渗透，技术应用引发了伦理失范与法律真空问题，具体体现在信息茧房、著作权归属、人格权争议等方面。首先，在信息分发维度，今日头条等新闻机构的协同过滤推荐算法构建了个性化信息茧房，通过用户画像的强化学习机制不断窄化信息源，导致用户的认知被遮蔽；其次，在内容生产层面，如新华社 AI 主播的自动新闻写作系统引发了著作权归属的范式重构，传统著作权法中的标准在机器生成内容（MGC）场景下面临解构风险；再次，在传播主体层面，澎湃新闻虚拟主播"小菲"的人格权争议凸显了民事主体制度的解释困境，AI 合成主播的"准人格"属性对现行法律体系中的民事权利能力框架形成实质性挑战。这类新闻伦理问题绝不能在传统伦理教育的单向灌输模式中被解决，需要师生进行开放交流。而在工作坊这一交流空间中，抽象的技术伦理原则可以转化为可操作的决策框架。教学评估数据显示，经过一学期的迭代训练，86% 的学员能准确识别 AI 新闻生产中的价值冲突点，并将

---

[1] Svinikim, Meckachiem: *Teaching tips: strategies, research, and theory for college anduniversity teachers.* 2011.

工作坊习得的分析框架迁移至真实新闻场景的伦理决策中,形成持续性的专业发展能力。

五、AI 技术在新闻教学中的应用路径

媒介技术的迅速发展,既为新闻教育实践提供了物质基础,也向新闻教育的情景化体验与强感知学习提出了更高的要求。面对新闻传播这一知识性与实践性并重的特殊学科,数字技术为教师教学、课堂设计与学生学习延展出丰富的应用空间,同时指向了新时代新闻教育必须在跨学科融合、解决真问题与应对技术赋能等维度实现教学理念的进一步拓展。[①]通过深刻理解 AI 技术的特点和应用场景,新闻教育可以通过制定有针对性的教学路径,为学生提供既具前瞻性又具操作性的专业训练。

(一)课程设置的重构:AI 与新闻专业的深度融合

课程设置的合理性和前瞻性直接决定了新闻教育的质量与成效。在智能化时代,新闻专业的课程体系需要将 AI 技术作为核心内容之一进行融入,并与新闻采编实践紧密结合。首先,可以开设专门的 AI 基础课程,帮助学生理解 AI 技术的基本原理、发展历程及其在新闻领域中的应用。

除了技术性课程外,新闻教育还应引入跨学科的课程,强调数据新闻、新闻与人工智能的伦理问题、智能传播等内容,培养学生的跨学科思维。例如,可以开设"新闻与算法""AI 新闻伦理"等专题课程,这些课程不仅提升了学生的技术操作能力,也加深了他们对 AI 应用的社会影响和伦理责任的理解,推动学生在未来的新闻实践中作到技术与伦理的双重敏感。

(二)教学方式的创新:从单向讲授到实践互动式教学

传统的新闻教育多以讲授式教学为主,强调知识的传授和技能的训练。然而,随着 AI 技术的不断进步,单纯的讲授式教学已无法满足新时代新闻从业人

---

① 孙海峰、张海泳、卢毅刚:《拓展、重组与具象:AIGC 引入新闻专业教学中的可能性分析》,《传媒观察》2024 年 S1 期,第 72 - 76 页。

员的培养需求。为了使学生能够更好地适应智能化的新闻环境,教学方式需要向实践驱动、互动式的教学模式转变。

首先,学校应加强与行业的合作,借助新闻机构和科技公司的支持,为学生提供与真实新闻生产环境相结合的实践平台。例如使用阿里云、腾讯等公司的技术平台,模拟新闻采编流程,训练学生使用 AI 工具进行新闻采编,培养他们在智能新闻环境中的操作能力和解决实际问题的能力。其次,教学方式应注重互动性与协作性。在课堂上,可以通过小组合作、案例分析等方式,让学生在合作中学习如何运用 AI 技术解决新闻采编中的实际问题。

(三) 评价机制的改革:综合评价与过程性评估的结合

AI 技术在新闻采编中的应用不仅改变了新闻生产的效率和方式,也对教学评估体系提出了新的要求。传统的考评体系侧重对学生专业知识、实务技能的考查,但在"AI + 传播"融合语境下,评价体系必须拓展升级,需纳入对学生在人机协同场景中驾驭智能技术、把控伦理风险、创新传播实践的综合考量。[①]因此,新闻教育的评价机制应从单一的知识测试转向综合评价与过程性评估的结合。

一方面,可以引入基于 AI 工具应用的操作性评价体系。通过定期的操作考核、项目报告和成果展示,系统地评估学生在 AI 技术应用中的成长与进步。另一方面,教学评估应更加关注学生的创新能力和解决问题的能力。在新闻采编过程中,AI 技术的运用不仅仅是工具的使用,更是创造力的体现。因此,评估标准应从"操作准确性"扩展到"创意生成"和"问题解决"等维度。

(四) 创新实验平台的建设:智能新闻实验室的角色

媒介实验室为学生参与实践提供了良好的平台,同时也促进了传媒技术的创新升级,高校应改变传统落后理念,立足实际来为实验室建设营造积极环境,使之成为引领实践教学发展的有效动力。[②]智能新闻实验室应包含 AI 新闻写

① 孙江:《生成式 AI 时代新闻传播教育的"变"与"不变"》,《新媒体与社会》2024 年第 3 期,第 26 - 36、395 - 396 页。
② 曹智:《媒介融合视野下新闻与传播学实践教学模式创新研究》,《新闻传播》2025 年第 2 期,第 78 - 80 页。

作、数据新闻分析、舆情监测、虚拟主播与自动采访等功能模块,提供多场景的新闻实践体验。

通过智能新闻实验平台,学生可以模拟新闻采编过程,使用各种 AI 工具进行新闻生成、数据分析、舆情监测等操作,从而全面了解 AI 技术在新闻采编中的应用,培养他们的实际操作能力和创新思维。此外,实验平台还应与实际新闻机构和媒体公司合作,开展实践项目和行业实习,为学生提供一个真实的行业应用场景。

(五) 教师队伍的专业化建设:培养 AI 教育的复合型人才

AI 技术的迅速发展要求新闻教育的教师队伍不断进行专业化建设,成为具备技术背景与新闻专业知识的复合型人才。教师不仅需要具备新闻采编的扎实功底,还要具备一定的 AI 技术基础,能够指导学生在新闻采编中合理运用 AI 工具和技术。

为了提高教师的专业素质,可以开展定期的技术培训、学术交流和行业实践,使教师能够及时跟进 AI 技术的最新发展动态,并具备跨学科的知识结构,能够将 AI 技术与新闻学、伦理学、法学等多个领域的知识进行有效融合,培养学生在多维度上进行思考和判断的能力。教师队伍的专业化建设,可以确保新闻教育的教学质量,培养出具有创新思维、技术素养和社会责任感的高素质新闻人才。

六、结论

人工智能技术正在重塑新闻生产的底层逻辑与教育体系的核心范式。这场变革不仅是工具迭代,更是新闻认识论的范式转移:从人工判断转向数据建模,从线性生产转向人机协同。技术的高效性与伦理的复杂性并存,要求新闻教育在"技术赋能"与"价值守护"间构建动态平衡。

教育革新需聚焦"技术—人文"双螺旋体系:课程设置融入"智能新闻伦理"等跨学科模块;实践平台依托元宇宙采编、虚拟仿真系统,强化应急报道与伦理决策能力;评价机制转向"技术驾驭 + 价值判断"的综合维度。关键是通过产学研协同,弥合教育滞后与技术迭代的"17 个月鸿沟",培养教师队伍的复合型素养。

　　智能时代的新闻人才应是"数字守门人"——既能驾驭 AI 工具,又坚守公共价值。当机器可以把人从机械的、程式化的内容生产中解放出来时,人将更有机会来提升自己的情感表达、个性化创作甚至哲学思考能力。[①]教育的核心使命则在于激发人性优势:批判思维、共情能力与价值引领。未来的探索需锚定三大方向:建立动态伦理框架应对算法透明度等新挑战;通过智能实验室打造教育创新的"技术沙盒";在跨文化语境中反思 AI 本土化路径。

　　新闻教育的终极命题,是培养在算法洪流中仍能捕捉时代脉搏的守望者——技术终将演进,而人性的洞察与坚守,始终是新闻业不可替代的根基。

第四节　新文科背景下"理解广告"课程混合式教学创新实践

一、引言:新文科背景下苏州大学广告学专业人才培养特色

　　新文科是相对于传统文科而言的,是以全球新科技革命、新经济发展、中国特色社会主义进入新时代为背景,突破传统文科的思维模式,以继承与创新、交叉与融合、协同与共享为主要途径,促进多学科交叉与深度融合,推动传统文科的更新升级,从学科导向转向以需求为导向,从专业分割转向交叉融合,从适应服务转向支撑引领。近年来,在新一轮科技革命和产业变革大潮中出现了人工智能、区块链、虚拟技术等大量新兴技术,人文社会科学与科技强国战略相匹配,与理学、工学新兴领域进行交叉融合,成为新文科的重要内容之一,也对广告学专业应用型本科人才培养提出了全新要求。

　　苏州大学传媒学院广告学专业,2021 年入选国家级一流本科专业建设点。在多年的专业建设过程中,特别是近年来针对新一轮科技革命和产业变革大潮中出现的新兴技术与人文社会科学交叉融合趋势,苏州大学传媒学院广告学专业逐步形成了"一主线、二强化、三结合"的人才培养特色。

　　"一主线"即以能力为主线。一是广告专业应用型本科人才"硬技能"的培

[①]　彭兰:《智媒化:未来媒体浪潮——新媒体发展趋势报告(2016)》,《国际新闻界》2016 年第 11 期,第 6-24 页。

养,主要包括广告设计、广告策划与创意、广告新媒体研究、广告管理学等课程,强调知识的系统性和学科之间(特别是传统创意产业和新兴产业之间)的交叉性。这些基本技能的适用性非常广泛,因而也是广告专业应用型本科人才必须具备的基本能力;二是广告专业应用型本科人才"软技能"的培养,主要包括领导力、与其他人协作以及通过其他人执行任务的能力。在人才培养的过程中,为更好地培养专业学生各方面的综合能力,通过设置不同课程达到培养的目的。

"二强化"即强化职业道德素质教育,强化专业技能实训。道德、健康和知识,既是人的核心竞争力,也是人"可持续发展"的必备条件,而道德又位居人的核心竞争力之首。目前,企业生存发展的根本在于人,而人的因素关键是素质。员工职业道德与素质的提升已经成为企业与员工的共识与共为。广告学专业在人才培养过程中,将职业道德素质教育贯穿在专业核心课程的过程中,对于专业教师而言,一方面传授专业知识,另一方面加强对学生职业道德修养的引导。同时,本专业经过多年的探索,制定了"循岗导教、共建共育"的广告专业应用型本科人才培养方案,为了实现该人才方案的培养目标,不断进行实践教学的研究和成果的推广。这几年在教学改革方面,主要是在实践教学方面,取得了一定的成果。

"三结合"即理论与实践相结合、线上与线下相结合以及教学与参加竞赛相结合。近年来,广告学专业逐步修订了教学计划,一是在理论课程教学中的内容选择上突出基本理论的教学;二是理论课程在教学方法上强调"理实一体化"的课程设计;三是把一些为今后理论研究打基础的课程移到了选修课程中。三位一体的课程体系包括通识课程、大类专业基础课程、专业必修课程、专业选修课程四个课程模块。学院十分注重广告学专业学生实践和应用能力的培养,不断完善教学体系,开设实践性特色较强的课程,安排实践经验丰富的教师负责建设课程建设,鼓励教师带领学生参观国际知名4A广告公司与国内知名创意公司,更好地促进课堂学习与行业接轨。学院每年组织学生参加广告、影视、动漫、摄影等各类国际级、国家级赛事,如全国大学生广告艺术大赛、中国大学生广告艺术节学院奖、ONE SHOW中华青年创新竞赛、中国(平望)运河青年文创挑战赛、江苏省文科大学生自然科学知识竞赛等,不断深化培养学生学术科研能力和实践动手能力,让学生在各类活动和赛事中得到锻炼,以各类广告赛事反哺课程教学。

二、"理解广告"课程:为人才培养目标的实现提供了基础

课程是人才培养的主渠道。实现人才培养目标,课程是最基本的载体,课程的革新是关键环节。

"创意、视觉、营销、传播——理解广告"课程(以下简称"理解广告"课程),是首批国家级一流本科课程(线上课程)、首批省级在线开放课程、首批省级一流本科课程(线上线下混合式课程)、首批省级美育精品课程和江苏高校课程思政示范案例(课程)。

(一) 课程发展历程

2013 年秋季学期开始,课程以线上/线下混合式教学的方式,面向苏州大学的多个校区开设,已经连续开设了 22 个学期。2013 年至今,课程先后在中国大学 MOOC、清华大学学堂在线等国内多个主流慕课平台开设,累计选课院校数 73 所,累计在线学习人数 6 万余人。

从最初满足跨校区选课需求开设的在线开放课程,到如今基于国内主流慕课平台的校本混合式金课,"理解广告"课程历经 10 余年教学积累、持续优化,混合式教学创新特色鲜明。

新文科背景下,作为通识课程的"理解广告",注重学科交叉融合、人文科技融汇、开放协同、跨界驱动、美育浸润,进一步提质增效、深化了混合式教学的价值。

(二) 课程内容、学情分析与课程目标

广告是典型而重要的媒介内容和媒介现象,年轻人十分关注。B 站、微博、知乎等社交媒体上,有着大量的广告案例,广告也常常成为年轻人热烈讨论的话

题。广告已经成为一种重要的社会文化现象。如何看待这些广告现象,是年轻人想知道的,也是本课程想回答的问题。

课程关注广告学科与新一轮科技革命和产业变革交叉融合,整合了广告新媒体研究、文化创意产业、广告策划与创意、广告消费心理学等多门课程的内容;组建了由业界讲师和高校教授联合组成的教学团队。

课程以"自主性、过程化和互动性"为特点,采用线上学习、课堂面授、小组学习、小组展示,线上/线下互动相结合的混合式教学模式。同时,每学期安排6—7次线下课(包含4A广告公司参访、创意总监现场点评学生作品以及学界、业界大咖专题讲座等环节)。

作为通识课,本课程面向全校所有专业的学生开设,特别鼓励同学们跨专

业、跨学科选课。想在短期内策划创意出具有一定水平的广告作品并具备较
为专业的广告分析能力、想沉浸式体验 4A 广告公司工作环境和创意执行流
程、想完整了解科技发展与广告创意变革之间的关系,是选课学生排在前 3 位
的需求。

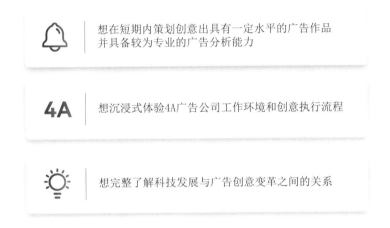

　　根据以上学情分析,本课程以广告为切入点和分析对象,"加强学习者媒介
素养、审美能力、人文素养和创新能力"是本课程混合式教学的核心目标。

　　1. 了解广告的基本特征和移动互联/智能互联时代广告的发展趋势;深度
理解广告学是多学科交叉融合学科的概念;充分认识技术革新对广告创意表现

的促进和提升。

2. 学以致用，具备较为系统的广告创意、策划、制作的能力。

3. 感受广告之美、发现广告之趣，领会公益广告在传播社会正能量方面的突出而独特的作用。

二、课程教学中的"痛点"分析

本课程的教学"痛点"主要包括：

（一）产业结构的转型升级、新旧增长动能的转换以及新兴产业形态的出现，促使人文社会学科与新科技革命交叉融合的动力不断增强，随之而来的人才需求是全方位的，例如创意设计、文漫影游、在线教育等新兴产业的出现带来了对复合型文科人才的需求，而传统的囿于学科内部的文科培养模式显然无法予以满足。

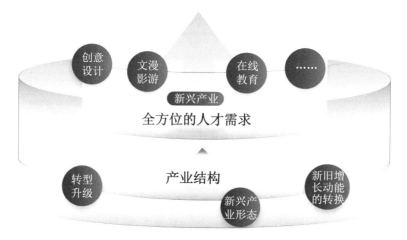

（二）随着数字化、智能化传播浪潮的不断冲击，近年来广告市场和营销业界从观念到实践，发生了一系列深刻的变革，对课程提出了一系列挑战，也使得课程教学内容落后于行业发展等问题较为明显。

（三）传统和单一的文科思维贯穿于人才培养的始终，缺少与理工专业之间的交叉与融合。重视案例分享，相对轻视能力转化；重视第一课堂，比较忽略第二课堂；重视创意内容分析评价，相对忽视内容背后的技术赋能。

（四）推进学校美育与社会美育相协同是新时代高校美育实践的基本遵循。通过自身的形象、理念和价值观来引导大众的审美观和消费观，从而影响社会的文化风貌，这是品牌突出的社会美育功能。以广告/品牌为研究对象和教学内容的"理解广告"课程，如何将美育教育贯穿课程教学全过程？拓展美育教育有哪些路径？这些问题，缺少有效呼应。

三、课程教学创新思路与举措

（一）建立开放协同的"3+2"培养体系

三个结合（线上线下相结合、线下课的课前/课中/课后相结合、走出去与请进来相结合）、两个融通（产教融合、校地合作），建立多层面、开放协同的人才培养体系。

1. 三个结合

首先是依托利用一流线上课程与融合设计线下课程相结合。精心设计在线平台讨论区话题，将在线讨论话题、重要的主题延伸至线下课堂；以线下课的实践环节补充在线学习的不足,进一步增强互动性。

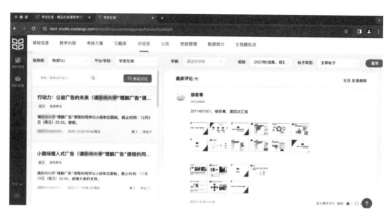

图 1　在线课程平台讨论区

精心布局线上课程内容体系。立足课程类型和课程性质,按照"专业性＋通俗性"的原则,精心布局线上课程内容体系。线上课程内容既反映广告行业热点,又兼有一定的理论分析;既面向非传媒专业的大学生,也适合传媒专业学生选修;以视频课程为主要学习材料,又包含了大量广告案例、课件、相关文献材料(分必读和选读)、思考题等学习内容。精心设计课程讨论区 topic,吸引学生积极参与互动讨论。

统筹设计线上线下课程,突出混合式教学的特色。线下面授课和在线直播课内容安排以"补充在线学习的不足,进一步增强互动性"为原则,通过课程公告及课程讨论 QQ 群,事先预告线下面授课和在线直播课内容。预先布置相关任务,引导学生分小组(panel)完成,在线下面授课和在线直播课中进行小组汇报。将录制的汇报视频上传至课程平台,成为学生新的学习材料。

其次是线下课的课前/课中/课后相结合。结合线下课的课程安排,带领同学们沉浸式参访国际知名 4A 广告公司,为学生实习、实践创造机会;邀请创意总监现场授课,对同学们的竞赛创作进行辅导。为同学们创新创业赋能的同时,也有效倒逼课堂教学质量的提升。

课前教学设计。在线下课/在线直播课开课前,通过发布课程公告等,先布置同学们阅读已经上传至课程平台的相关资料(包括 word 文档、PPT 文档、音视频案例、PDF 版图书资料等),让同学们对课程每一章节的知识点和重要内容

图 2　带学生参访"天与空"广告公司

有一个大致的了解,并以此为基础,对同学们提出相关思考题。

　　课中教学设计。首先,以小组(panel)为单位,请同学们回答课程平台提出的思考题,同一小组的同学可以相互补充,不同小组的同学可以相互提问、质疑。其次,在同学们讨论的基础上,播放相关视频资料、展示和讲解相关 PPT 文档、PDF 版图书文献资料等,既是对学生讨论的一种补充,更是对讨论的小结。第三,任课老师结合同学们讨论时提出的观点以及微课视频具体内容,对相关知识点进行深入阐释,进一步激发同学们的思考。第四,布置同学课后阅读最新上传至课程平台的相关资料,进一步领会和理解课程内容。

　　课后教学设计。及时跟踪了解学生线下课/在线直播课之后,课程平台学习及相关资料阅读情况,及时在课程平台解答同学们的问题;同时结合下一次线下课/在线直播课的教学重点和教学目标,对学生提出学习任务。

　　第三是"走出去"和"请进来"相结合。每个学期课程团队老师都会带领学生,走出课堂、走出学校;走进 4A 广告公司、走进业界。同时,邀请学界和业界大咖走进校园、走进课堂,发表专题演讲。鼓励同学们参加各类广告类(传媒类)学科竞赛,着力培养学生实践创新能力,为学生的创新创业赋能。同时,业界大咖们的授课视频、国际知名 4A 广告公司参访回顾的视频又会上传到课程平台,成为学生新的学习素材。

结合课程"走出去、请进来"的"双创"实践,鼓励学生参加各类学科竞赛,着力培养学生实践创新能力;根据人才分类培养原则,指导感兴趣的同学承担科研项目,激发学生科学研究的兴趣。"理论"和"实践",让学生至少有一项是擅长的。

2. 两个融通

"产教融合、校地合作"是新文科建设的应有之义。近年来,课程先后邀请奥美、阳狮等著名 4A 广告公司的创意总监来课堂做讲座,与腾讯、B 站、爱奇艺、阅文集团等大平台、大公司开展合作,拓宽了学生的视野,增强了学习兴趣。选修"理解广告"课程的学生与传媒专业的学生联合组队,连续参加四届运河青年文创挑战赛,取得优异成绩,为乡村振兴和特色乡镇农文旅体融合发展贡献了课程力量。

图 3　带学生参访阅文集团

(二) 探寻学科之间的跨界驱动

以学科间的跨界驱动,优化课程内容、丰富教学形式,促进学生理论知识、实践水平、人文素养、科技能力的综合提升。

1. 优化课程内容

2023 年是 AIGC(生成式人工智能)的元年,AIGC 赋能广告创意是业界关注的焦点,也成为优化甚至是重构课程内容的驱动力。课程增加了"品牌 AIGC 营销的四种方法"等两大专题,重点讲述"AIGC + 营销"的四种方法和六大领域应用等内容。

2. 丰富教学形式

课程还邀请 AIGC 领域的独角兽企业——上海特赞科技的创意总监来课堂给同学们做专题讲座,带领同学们参观科大讯飞 AI 智能展厅、华为 openlab,指导学生参加首届数字营销大赛 AIGC 赛道的比赛。

学科间的跨界驱动,更新了课程"互动 + 技术"新内容、拓展了师生"技术 + 创意"新视野、夯实了学生"人文 + 科技"双基础。

图 4　上海特赞创意总监来课堂做讲座

图 5　讲座海报——AIGC 带来的创意变化

(三) 拓展美育教育的实践路径

课程遵循美育规律和大学生成长成才的发展规律,融知识学习、技能提高与美育素养为一体。特别注重课外竞赛和艺术实践环节,拓展美育教育的实践路径。

1. 将美育教育贯穿课程教学全过程

课程将美育教育贯穿专业教育全过程,注重引导学生感受广告之美、发现广

图 6　带同学参观科大讯飞 AI 智能展厅

告之趣,特别是领会公益广告在传播社会正能量方面突出而独特的作用。

2. 以艺术实践活动拓展美育教育的路径

课程在"走出去、请进来""产教融合、校地合作"的过程中,充实、反哺了线下课堂教学,有力推动了学生的比赛竞赛和艺术实践。丰富多彩的艺术实践活动,也将美育教育有效延伸至创新创业环节。

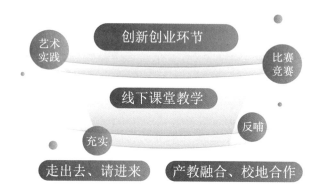

(四) 形成多元评价的课程考核方式

结合课程线上/线下混合式教学的特点以及开放协同培养体系的建立,课程形成了多元评价的考核方式。

在线学习成绩占总成绩的 40％,包括:在线课程平台 280 余个任务点的学习(30％)以及在线互动(10％)等。线下课成绩占总成绩的 60％,包括:小组汇报(30％)、原创广告创意作品获奖(20％)以及 4A 广告公司参访等(10％)。

四、课程教学创新成果

(一) 党建引领,以"广告也要讲导向"为核心要求,开展课程思政

课程负责人,同时兼任学院教工支部书记。2022—2024 年,其申报的《党建引领,推进课程思政建设》《党建引领,推进广告学专业"双一流"建设》等校级支部书记项目均顺利结项。课程教学团队将党建与课程思政相结合,以习近平总书记提出的"广告也要讲导向"为核心要求,将思政教育融入专业教育,开展高质量课程思政建设。2022 年 12 月,"理解广告"课程在全校课程思政示范课程结项考核中,获得"优秀"(全校仅 2 门课获得优秀)。

(二) 持续建设,形成多项国家级、省级标志性成果

2020 年以来,课程建设取得了一系列标志性成果:"理解广告"课程获首批国家级一流本科课程(2020 年)和省级一流本科课程(2021 年)认定。课程负责人获第四届全国混合式教学创新设计大赛"设计之星"奖(2022 年)。"理解广

告"课程入选省级美育精品课程（2023 年）。课程负责人入选省级教学名师
（2023 年）。

图 7   国一流课程证书   图 8   第四届全国高校混合式教学设计创新大赛获奖证书

2023 年以来,课程负责人和团队教师指导学生获教育部大学生广告艺术大
赛国赛二等奖 5 项、三等奖 10 项,国赛优秀奖 20 余项;省赛一等奖 10 项,二等
奖 25 项,三等奖和优秀奖 100 余项。

图 9—12   大广赛获奖证书

（三）全新体验,举办专业辩论赛倒逼传统教学模式进行变革

结合平时上课和研讨过程中学生争议比较大、也是业界争议比较多的广告
现象,老师和同学们共同商定辩论的论题(如"植入式广告弊大于利还是利大于
弊"),让同学们自由组成正、反方展开辩论。辩论赛完全以学生为主体,课题负
责人和主讲教师作为辩论赛主席,主持整场辩论赛,并最后作点评。《中国教育

报》2015 年 5 月 11 日第 10 版《给大学课堂一个上网的理由——苏州大学慕课教学的改革探索与实践》一文也专门报道了"理解广告"课程的"专业辩论赛",认为这样一种形式,"不仅给师生带来了全新的教学体验,也在倒逼传统教学模式、学习方法进行变革"。

(四) 拓展延伸,促进一流教学团队和省级重点教材建设

高质量课程建设,有力促进了教学团队和教材建设。2022 年 12 月,课程教学团队获评校级一流本科教学团队并入选校级首批虚拟教研室项目。2021 年,课程负责人担任主编的教材《创意、视觉、营销、传播——理解广告》获评省级重点教材,于 2022 年 10 月出版(ISBN 978-7-5672-4122-0)。

五、课程推广应用效果

课程改革创新已经初见成效。课程应用以及相关教学成果的整体理念、思路已经形成了有效辐射,产生了较强的"引领性"。

（一）课程在国内多个主流 MOOC 平台持续开课,累计在线学习人数 6 万余人,在线学习者分布在全球多个国家(美国、澳大利亚、新加坡、韩国、马来西亚等国)。

图 13　在线学习者分布在全球多个国家

（二）2015 年、2019 年和 2020 年，课程的混合式教学创新实践，三次受到《中国教育报》的关注和报道。2024 年 11 月，《中国青年报》和中青网以《苏州大学：让创新创业教育落地开花》为题，报道了课程"专创融合，让创新创业教育全程伴随"的创新创业实践。

（三）课程首批入选"MOOC 先修课程"项目，着力打造大学与高中通识课程合作典范。2019 年以来，课程采用混合式教学的方式，面向重点中学的高一、高二学生开设，是选课学生人数最多、合格率最高的课程之一，促进了高等教育和基础教育的有机衔接。

图 14　MOOC 先修课程证书

六、课程教学反思

（一）新文科背景下，作为通识课程的"理解广告"，需要注重学科交叉融合、内容技术融汇，围绕"开放协同、跨界驱动、美育浸润"，进一步提质增效，深化混合式教学的价值。

（二）课程要充分调动学生自主学习、研究性学习的积极性和创新性，就要十分重视线上/线下教学融合设计、线下课的课前/课中/课后教学全流程设计、校内/校外以及第一课堂/第二课堂的统筹设计。这样才能更好地向学生展示课程内容的体系性，更有利于学生的理解和接受，也更有利于学生从知识能力向实践动手能力的转化。

（三）课程考核机制创新是教学创新的重要一环，课程在过程化考核的基础上，进一步创新了作业提交和评价模式。过程化考核是在线开放课程的重要特征之一。以此为基础，"理解广告"课程创新了作业提交和评价模式。线下课布置作业，要求学生在规定时间内完成并上传至课程平台"讨论区"；学生不仅需要上传作业，还需要对其他人上传的作业进行评价（回复或点赞）；课程负责人会逐一点评作业；老师的点评和其他同学的互评，共同构成一次作业的成绩。实践证明，这种作业提交和评价方式，极大地提高了作业的质量，很好地调动了同学们高质量完成作业的积极性；有助于老师点评每一个同学的每一次作业，也有助于同学们互评、互学。对于作业的共性问题，老师会在下一次线下课或视频直播课中统一讲解。每一次作业的目的性更明确，作业完成的效果更加突出。

（四）要进一步加大课程教学改革成果的宣传，进一步形成示范性。目前课程改革创新虽然已经初见成效，但是课程应用以及相关教学改革成果的整体理念、思路仍需要持续凝练、不断更新，以期形成更强的辐射效应和引领性。

参考文献：

［1］周曼、曾智勇：《新文科产教融合人才培养模式》，《山西财经大学学报》2024 年第 S2 期，第 224－226 页。

［2］于洋：《双创教育融入广告学专业教育的路径研究》，《高教发展与评估》2025 年第 1 期，第 135 页。

［3］徐博：《新文科视域下新闻传播跨学科人才培养研究——基于全球 69 所院校经管学科融合分析》，《教育科学》2024 年第 5 期，第 89－96 页。

［4］孔钰钦、强月新：《新文科背景下新闻传播学科协同育人建设》，《中国出版》2024 年第 17 期，第 54－60 页。

第五节　AI 时代广告效果调查课程的新路径

一、引言

人工智能技术（Artificial Intelligence，AI）的快速发展正在彻底地重塑着广告行业。其对于广告实践的影响贯穿着广告的整个流程。传统依赖于广告人长期从业经验和直觉判断的工作模式被打破,基于 AI 数据驱动的市场洞察、广告创作、投放优化以及更为重要的效果调查都为广告行业带来全新的智能范式①。例如,AI 技术能够通过快速分析海量用户数据,精准地定位目标受众,完成用户画像任务,实现广告更为精准的个性化投放。再如,在策划创意和内容生成方面,AI 也可以有效赋能广告创作者,在短时间内实现大量个性化的文案与视觉内容的生成,从而有效降低广告创作所需的时间和人力成本。当然,AI 在广告行业的应用上也面临一定程度上的挑战。数据隐私和安全问题、算法偏见和透明度问题以及人机协作的伦理问题都需要学界与业界共同探讨和解决。

AI 技术对于广告行业的重塑也敦促着广告教育需要紧跟时代。传统的广告教育模式侧重于理论传授和案例分析。而 AI 技术的快速发展与行业介入则要求教育者重新思考课程设置、教学方法和人才培养目标,以培养适应未来营销环境的新型人才。尤其是对于广告学的核心课程之一——广告效果调查而言,由于面临着广告实践的智能化转向,当前广告行业已经产生了与传统媒体时代乃至新媒体初期时代完全不同的效果调查路径与方法②。因此亟待我们思考如何重新设计相关课程与实践内容。

传统的广告效果调查方法大多依赖于问卷调查、焦点小组访谈、专家咨询等渠道。数智时代的来临使得传统的调查方法在面对一系列新的广告业态时显得捉襟见肘③。网络行为广告、计算广告、搜索引擎广告、社交媒体种草广告、信息流广告、网络游戏植入广告等各种数智广告新形态进一步延伸出了一系列基于大数据计算的广告效果调查方法,例如情感计算、语义网络分析、社会网络分析以及计算用户画像等。这些较为新颖的方法重塑着传统的广告效果调查课程。但由于依赖于编程技术或较为困难的计算手段,大量基于大数据的计算方法在融入传统广告学课程体系时呈现出一定程度上的困难。然而,当前快速发展的 AI 技术正在以全新的方式解构着上述困难。辅助用户编程、快速实现情感计算、自

---

① 邬盛根、刘畅:《从媒体到身体:人工智能时代广告传播的具身性逻辑》,《新闻与传播评论》2022 年第 2 期,第 60 - 68 页。
② 杨正:《基于大数据方法的广告效果研究课程创新实践探索》,《新闻研究导刊》2023 年第 2 期,第 43 - 46 页。
③ 王玉明:《广告传播中的效益分析及效果评价》,《今传媒》2010 年第 12 期,第 55 - 56 页。

动生成编码方案、海量处理用户行为数据都成为当前 AI 赋能基于大数据计算的广告效果调查的新路径。而面对这一情况,广告教育者需要不断更新自身知识结构,探索 AI 技术与广告教育的深度融合。广告教育也需要进一步打破传统学科界限,将数据分析、机器学习、自然语言处理等 AI 技术融入广告效果调查等核心课程中,帮助学生掌握 AI 工具的应用场景和底层逻辑。对此,本节基于 AI 时代广告效果调查实践的新变化,尝试对基于 AI 技术的广告效果研究课程教学进行模式探索,以期更好地推动广告教学在 AI 时代的适应与发展。

二、AI 赋能广告效果调查

在广告学专业的课程体系中,广告效果调查作为培养学生测度市场反应、描绘消费者画像、检验广告现实效果相关能力的核心课程,其对于数据收集与分析的能力有着较高要求。快速发展的 AI 技术可以有效赋能学生的相关数据收集与处理能力,从而降低课程的授课与学习难度。

(一) AI 赋能传统广告效果调查方法

传统的广告效果调查大多以市场调查、问卷调查、用户访谈、焦点小组访谈、专家访谈等方法为主。相关课程的教授也大多以上述方法结合特定案例讲授的方式呈现。首先需要明晰的是,虽然媒介环境瞬息万变,我们已然从传统媒体环境过渡到数字化、智能化、AI 化的媒介环境中,但这并不意味着传统的广告效果调查方法已然失效。事实上,问卷调查、用户访谈、焦点小组访谈等传统的广告效果调查方法依旧是当前我们触及目标消费者群体、描绘消费者画像、测度广告实际达到效果,明细广告在 AIDMA 不同层级上的实际反应的有效且重要的工具。例如,问卷调查法可以通过严谨的抽样方式,以定制化的方式快速准确地获得消费者对于特定广告活动的反应。焦点小组则可以更为深刻地获取消费者群体对于特定广告刺激的心理反馈与行动倾向①。这些方法的优势是大数据所难以替代的,因此也并不会随着媒介环境的演变而消退。

而快速发展的 AI 技术可以有效赋能问卷调查、用户访谈、焦点小组访谈等

---

① 江波:《广告与消费心理学》,广州:暨南大学出版社 2023 年版,第 319 页。

传统广告效果调查方法。例如,传统形式的问卷调查存在问卷设计复杂、数据回收效率低、分析耗时等问题,而 AI 技术可以辅助自动化、个性化生成问卷内容、并实现快速的智能样本筛选与实时数据分析,从而大大加快问卷调查方法的实践效率。对于焦点小组访谈而言,人工智能技术也可以快速实现自动化引导、自动化观点洞察、多模态数据实时分析等功能,从而降低了原有焦点小组访谈中费时费力的人工编码分析过程。因此,总结而言,AI 技术通过智能问卷设计、实时数据分析、情感与语义分析、多模态数据整合等功能,显著提升了问卷调查、焦点小组访谈和深度访谈等传统调研方法的效率、准确性和洞察力。其不仅优化了数据收集和分析的过程,还为市场调研提供了更深入的洞察和更科学的决策支持。随着 AI 技术的不断发展,其在市场调研中的应用将更加广泛和深入。因此,在广告效果调查的教学过程中,我们一方面不能放弃传统广告效果调查方法的教授,同时还需要进一步考虑如何结合 AI 技术优化传统广告调查方法内容的教学方式。

(二) AI 赋能大数据调查方法

随着数字媒介环境的快速发展,大量基于计算方法的大数据调查方法开始被应用在广告效果调查实践中。不同于传统的问卷调查或者焦点小组访谈方法,大数据方法核心关注消费者用户在各类数字平台上所留下的数字痕迹,并尝试通过对于此类数据痕迹进行计算分析以获得更为精准的用户画像及广告效果反馈结果①。大数据方法允许研究者从各类平台中获取并整合有关公众意见的"全数据",并结合数据本身内嵌的时间序列属性,描绘出更为动态的、实时变化的广告效果监测结果。而这是传统基于问卷调查或焦点小组访谈的广告效果调查所难以实现的。同时,由于是消费者自我主动留存在各类平台上的数字痕迹,其可以更为真实地反映出消费者的认知与想法,从而在一定程度上避免了问卷调查、用户访谈过程中由于社会规范而产生的虚假的用户自我报告数据②。目前,基于大数据方法的广告效果调查一般包括情感分析、语义网络分析、词云分析、主题挖掘、社会网络分析等多重形态。其研究流程基本遵循用户发言数据采集——数据清

---

① 杨莉明、徐智:《社交媒体广告效果研究综述:个性化、互动性和广告回避》,《新闻界》2016 年第 21 期,第 210 页。

② 杨正:《基于大数据方法的广告效果研究课程创新实践探索》,《新闻研究导刊》2023 年第 2 期,第 43 - 46 页。

洗——数据分析(情感、语义、主题、传播网络等)——结果呈现的范式。

　　然而大数据研究方法往往需要依赖代码编写、数据计算等较为高阶的能力技巧,对于初学者而言难度较大。AI 技术的引入,为大数据分析提供了全新的解决方案,显著提升了数据采集、处理、分析和解读的能力,并降低了其难度门槛。以社交媒体数据采集为例,AI 自动生成的网络爬虫代码能够自动识别和抓取社交媒体上的目标数据,如文本、图片、视频等,并进一步可通过机器学习算法,动态调整抓取策略,避免被平台屏蔽或限制。大大降低了初学者在面对网络爬虫时的技能障碍。再比如,对于情感分析而言,传统的情感分析往往依赖于现有的词典库的词语匹配来实现情感赋值。但由于词典库的内容偏向与容量限制,往往无法完全精准匹配更为具体的广告案例,因此情感分析结果往往并不准确。但基于 AI 技术,可以迅速开发出针对特定案例的专用自然语言模型,从而实现更为精准的情感识别。因此,总体而言,AI 技术赋能的大数据调查方法不仅可以有效降低该方法本身的技能门槛,更能够显著提升大数据分析的效率和准确性,从而为广告效果调查提供更为有效的数据基础。

(三) AI 时代的新方法

　　除了赋能现有的广告效果调查方法外,AI 技术还进一步催生了一系列全新的调查方法可用于广告效果推断。例如 AI 驱动的自动化实验:传统面向消费者的心理实验是测评特定广告刺激的用户反映的重要方法依据。在数字化时代,AI 技术能够有效基于历史数据和目标函数,自动生成最优的实验方案,并进一步根据随机效应进行试验检测,例如模拟特定消费者观看特定广告刺激后的行动反应,从而帮助预测广告活动的最终投放效果[1]。同时,现有的研究中已经包含了大量关于特定消费刺激的市场反应的调查结果或学术研究结论,基于 AI 技术的元分析(meta-analysis)可以快速有效地总结出这些结果,并进一步用于广告效果推断。此外,基于 AI 技术社会模拟方法进一步扩大了现有的微观心理实验的测试范畴,通过模拟社群动态运作流程,AI 技术可以进一步预测当某一广告投放到社会层面后,会在何种维度上诱发消费者反应,从而为广告策划提供参

---

[1]　Lavin, A., Krakauer, D., Zenil, H., Gottschlich, J., Mattson, T., Brehmer, J., Anandkumar, A., Choudry, S., Rocki, K., Baydin, A.G. and Prunkl, C.: *Simulation intelligence*: *Towards a new generation of scientific methods*. arXiv preprint arXiv: 2112. 03235, 2021.

考。如果说传统的广告效果调查方法均是在广告活动投放后对于市场反应进行的事后评估,那么基于 AI 技术驱动的模拟方法就将广告效果调查引入到了活动投放之前,实现了广告效果的前期预测—后期评估的全链路智能化。这也进一步要求从事广告教学的教师改变原有的广告效果调查课程的教授理念,从事后调查向全链路循证进行转变。

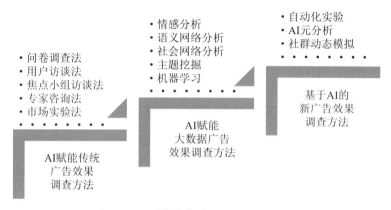

图 1　AI 时代广告效果调查方法演变

三、面向 AI 时代的广告效果调查课程设计

　　面对 AI 时代广告效果调查实践的快速发展变化,广告效果调查课程也需要调整自身内容以适应这一变化。基于上述 AI 赋能广告效果调查方法的新特征,以及广告效果调查的教学需求,本节将结合作者在广告效果调查方向的教学与研究实践,从课程培养目标、主要教学形式、学生实操方式、师生互动方式、考核考查指标、课后延伸实践六个方面对 AI 时代的广告效果调查课程进行探索。

(一)课程培养目标

　　广告效果调查课程的核心培养目标是让学生掌握有效的效果调查方法,并能够准确应用相应方法,为整体的广告活动服务。因此,教授基于 AI 的广告效果调查方法,并不是要摒弃原有的广告效果调查理念,而是融合 AI 方法优势,使之为整体的广告效果调查课程目标服务。具体而言,首先仍然需要基于市场营销与广告学基础理论,培养学生数智 AI 时代的广告活动基本流程认知以及对于广告效果调查在其中扮演角色的理解。其次,在方法层面,仍然需要让学生掌握必要的传统广告效果研究方法与大数据研究方法,并进一步教授其 AI 赋能上述方法的可行性与具体操作。最终使学生能够有效掌握 AI 驱动下的广告效果调查方法的理念、实践与结果产出。因此,在课程培养目标的设置上,除了需要考虑各类 AI 工具的使用技能外,还需尽可能覆盖更为多元的市场调查方法与技巧,以期丰富学生的方法技能库。

(二) 主要教学形式

传统的广告效果调查课程依赖于理论讲解与案例分析的形式。基于大数据的广告效果调查则开始转向人机交互、线上线下融合的教学形式。而基于 AI 技术的广告效果调查需要进一步强化人机协同教学模式,尤其需要进一步强化学生在学习过程中对于 AI 工具的实际操作与练习。在具体的教学过程中,可以采用"教师示范—引导练习—学生实践"的方式,引入项目制导向的翻转课堂形式,让学生组成项目小组,通过 AI 工具赋能的方法实际演练广告效果调查实践,从而达到"在教中学、在练中熟"的教学效果。同时需要注意的是,不同于传统依赖于课本和教师讲授的形式,AI 赋能的广告效果调查要进一步弱化教师的绝对中心位置,转而将学生放置在教学中心,以学生实践为核心组织教学内容与授课方式。

(三) 学生实操方式

对于 AI 赋能的广告效果调查课程而言,学生实操练习的重要性在一定程度上要高于教师的理论讲授。因此,对于学生实操方式的关注需要放置在整个课程教学设计的核心。基于 AI 赋能的广告效果调查教学的实践形态主要基于机房教学空间中的 AI 工具练习,以及 AI 赋能的大数据、编程及其他调查方法的应用训练。在实践操作过程中,需要进一步强化以项目为导向的实操方式,为学生设定方法应用的现实目标,例如调查某一品牌特定广告活动的受众认知情感偏向;或调查某一品牌某一季度系列营销活动的市场达到情况等。并通过基于相似现实目标的小组比稿方式,使学生明晰不同 AI 赋能的广告效果调查方法之间的优劣势及应用场景,进一步强化学生之间的良性竞争,从而推动学生在实操过程中的技能优化与进步。

（四）师生互动方式

在强调实践目的的项目制广告效果调查教学中，老师要逐渐弱化自身的主导作用，将主动权让渡给学生，鼓励学生之间成立与实践环境下相类似的项目制小组，并根据每个学生的不同专长鼓励学生主攻不同方向的调查方法，例如基于AI的问卷调查法、基于AI的自然语言处理方法、基于AI的爬虫代码撰写等，并进行相互教学。教师在其中更多发挥引导作用，例如发现不同学生的兴趣与实践专长，并为其设计有针对性的练习方向与指导方案，从而有效增强学生在自我学习及与老师的互动中的自我效能感。在强调教师的引导而非灌输的作用外，教师还需要进一步强化差异化指导的理念，由于AI赋能广告调查方法的多样性，很难保证每一位学生对所有方法均能绝对熟练掌握，因此有针对性地根据学生兴趣使其掌握最适合自己的方法领域，也是教师在师生互动中需要格外注意的。

（五）考核考查指标

广告效果调查课程的核心目标是让学生切实掌握可以应用在营销活动实践中的调查方法。因此，学习AI赋能的各类调查方法并不是为了单纯让学生掌握方法技术，更为重要的是让其掌握各类方法在实践环境中的应用可能与流程。因此，对于AI时代广告效果调查课程的考核考查指标而言，基于背诵默写的闭卷考试方式是不合适的。因此，在考查学生对于技术本身的掌握程度之外，更为核心的需要考查的方向是其在实践中运用各类调查方法的能力。因此，可以拓宽课堂范围，开展第二课堂，与广告公司、MCN公司、公关公司等单位合作，邀请广告营销业界的专家担任实践导师。让学生对第二课堂中真实的广告实践案例进行效果评估，并以成熟的广告效果调查报告的形式递交给第二课堂，由授课教师与实践导师共同评估，并提出专业意见。

（六）课后延伸实践

广告专业的课程教学需要大量的实践练习。对于广告效果调查课程而言，同样需要学生在课程结束后进行专业实践。一方面可以利用第二课堂，将学生引入专业的广告营销业界，在实际广告营销活动中应用所学习到的基于AI的广

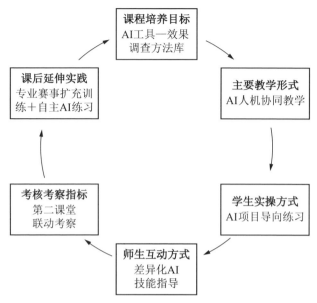

图 2　面向 AI 时代的广告效果调查课程内容设计

告效果调查方法。另一方面,学校及教师可以组织学生利用全国大学生广告艺术大赛、中国大学生广告艺术节学院奖活动等各类广告专业赛事的机会,将在课堂上学习到的专业技能应用在广告策划实践过程中,尤其是策划赛道的专业实践。此外,基于 AI 的各类广告效果调查方法本身也处于快速更替迭代的过程中,对于学生而言,课程的结束并不意味着相关方法学习的结束。因此,需要鼓励学生时刻保持自我学习、主动练习的状态。有效利用各类 AI 工具以及开放知识平台自主学习并更新方法技能库是 AI 时代广告效果调查课程课后延伸实践的必要组成部分。

四、面向 AI 时代广告效果调查课程定位与课程联动

　　设计面向 AI 时代的广告效果调查课程,不仅仅需要考虑该课程的教学内容与实践形态,更需要进一步考虑其在整个专业课程体系中的课程定位及其与其他专业课程之间的联动关系。只有将课程置于更为宏观的专业视角下,才能更好地为培养 AI 时代的广告专业人才服务。

（一）课程定位

广告效果调查作为研究广告活动所产生的实际效果的实证调查类课程，一直以来都是广告学专业的核心课程之一①。虽然有的高校会将市场调查与广告效果调查糅合成一门课程，但随着基于计算的广告效果的精准化、广告策划活动的循证化，广告效果调查作为一门独立核心课程越发受到高校的重视。根据调查，目前大量广告专业优势高校均开设了独立的广告效果调查课程，并将其设置为广告学专业的必修核心课程。例如中国传媒大学广告学院广告学专业所开设的"广告效果研究"课程、厦门大学广告学专业开设的"广告效果评估"、中国人民大学广告学专业开设的"广告效果评估"等课程。

传统的广告效果调查课程主要将自己定位于让学生了解基础定性、定量市场调查理论与方法和广告效果基本概念与指标的理论实践类课程。学生调查方法能力与最终的调查报告撰写能力的培养构成了广告效果调查课程定位的核心。但随着数字技术尤其是 AI 技术的快速发展，仅仅培养调查方法能力与报告撰写能力已经不能完全适应当前的媒体变革与广告实践环境。广告实践自身的数字计算转向也要求广告效果调查重新思考自身的课程定位。进一步培养学生的数字素养、计算能力与 AI 能力成为当前时代广告效果调查的新定位。

（二）课程联动网络

除了明晰课程自身的定位之外，在更为宏观的专业课程群中实现与其他相关课程之间的互动，搭建课程联动网络，也是进一步推动面向 AI 时代的广告效果研究课程建设的重要工作。

首先，对于广告学专业核心的理论类课程而言，可以利用 AI 技术赋能的各类实践方法实现技术与理论之间的互补性搭建，构建"技术验证理论、理论指导技术"的闭环。例如在广告心理学中，AI 可以通过数据分析用户情感，这可能和情感理论或认知理论相关。这时候需要思考如何将 AI 的分析方法与传统理论结合，比如用 AI 工具分析广告案例，验证或补充传统理论。再比如，在广

---

① 孙平：《〈广告调查与效果研究〉的课程实践教学》，《新闻爱好者》2009 年第 24 期，第 97－98 页。

告法规与伦理课程方面，AI 带来的隐私和数据安全问题，需要结合广告伦理理论，引导学生用伦理框架分析 AI 广告的合规性，比如通过案例讨论 GDPR 对 AI 广告的影响等。这种深度联动不仅能有效解决课程联动衔接问题，更在方法论层面推动广告学从经验科学向计算社会科学的范式转型，并主力构建广告专业的理论—技术—伦理三螺旋课程结构，使 AI 既成为验证经典理论的工具，又作为催生新理论的催化剂，最终培养出具有技术思辨能力的战略型广告人才。

其次，对于广告学专业中的营销策划类课程而言，如广告策划、市场营销学等，首先广告效果调查作为广告策划与市场营销活动中的重要环节，两类课程之间天然具有联动的优势。在具体课程实践中，可以从基于 AI 技术的广告效果调查方法出发，进一步衍生发展出基于 AI 技术的全广告策划流程与市场营销流程的实践教学，从而实现 AI 赋能广告活动的教学练习。例如可以鼓励学生在广告策划课程中尝试使用 AI 工具进行程序化广告投放和实时优化。这里可以联动媒介选择理论和资源分配策略，让学生用 AI 工具模拟投放策略，对比传统方法的效果差异，从而进一步链接策划理论与营销实践。再比如，在市场营销中的整合营销传播（IMC）课程中，可以引导学生利用 AI 工具优化多渠道协同，结合 IMC 的核心理论，比如一致性传播，设计项目让学生用 AI 工具协调多个渠道，分析实际效果数据，联动广告效果调查课程内容，从而理解广告效果调查在整合营销策划活动中的实际应用。

第三，对于广告学专业中的学术研究及方法类课程而言，广告效果调查中所学习的调查方法不仅仅可以应用于广告策划与市场营销实践中，问卷调查、深度访谈、焦点小组访谈等方法也是社会科学学术研究中常用的实证方法。因此，广告效果调查的课程内容可以天然与学术研究方法课程进行联动。此外，基于 AI 技术的广告效果调查课程极大优化了传统市场调查方法与大数据研究方法，并进一步提供了全新的基于 AI 技术的社会研究方法。这些方法的学习可以进一步被应用在学术研究中，从而实现两门课程结果的协同联动。此外，应用广告营销学理论进行效果调查，考察微观的消费者心理与行为反应或宏观的市场反应，也可以进一步反哺于广告学领域的理论研究，从而更为直接地联动广告学学术研究与广告效果调查两类课程。

第四，对于广告学专业中的媒体技能类课程而言，目前大量媒体技能类课程、如平面设计、界面设计、视频拍摄、后期制作、文案撰写等均大量引入了 AI 工具,学生已然开始尝试利用 AI 工具辅助广告媒体内容生产。因此,基于 AI 技术等广告效果调查课程可以进一步与这些媒体技能类课程共同搭建学生 AI 能力培养课程群体。通过在不同课程中训练学生不同维度的 AI 理解与调用能力,从而实现培养学生更好地适应当前 AI 时代广告活动实践的技巧。这种联动不仅提升了广告内容生产的效率,更在方法论层面推动了广告学科课程从各自为政的局面向混合交融的格局转型。

五、结语

人工智能已然成为当前媒介转型的必然趋势。广告营销的实践也在深刻经历着从传统媒介投放到大数据与计算投放再到当前 AI 赋能制作与投放的演变。广告专业的课程教学必须跟上这一时代潮流,才能更好地培养符合时代要求的广告专业人才。作为广告学专业核心课程之一的广告效果调查,旨在培养学生掌握消费者与市场调查方法,广告实际投放效果评估的相关能力,对于各类数据调查与分析能力有着较高的要求。传统的广告效果调查方法需要耗费较大的人力、物力、财力,并在实际调查准确性上可能存在偏差。AI 赋能的广告效果调查方法以及基于 AI 所出现的全新效果调查方法有效弥补了这一缺陷,并极大提高了广告效果调查的效率。因此,亟须在广告效果调查教学中补足 AI 能力这一板块,实现广告效果调查课程设计的 AI 转向。对此,本节从课程设计、课程定位、课程联动网络等多个维度出发,对面向 AI 时代的广告效果调查的课程培养目标、主要教学形式、学生实操方式、师生互动方式、考核考查指标、课后延伸实践六个方面进行了尝试性探索,以期为更好地建设 AI 时代的广告效果调查课程提供参考。

第五章 新闻传播人才培养的教学实践创新

第一节 人工智能时代新闻传播学在线实践教学的前沿经验

人工智能时代,大数据、大模型等新技术的应用为高等教育的范式革新提供了新的发展契机。在新文科发展背景下,如何探索高校新闻传播学教育模式的改革与创新,成为新闻教育场域的重要问题。"十四五"规划首次提出"发挥在线教育优势",这明确了在线教育在建设高质量教育体系中的重要地位,为教育"十四五"规划和二〇三五年远景目标提供了遵循。

同时,党的二十大报告提出"推进教育数字化,建设全民终身学习的学习型社会、学习型大国"。这是教育数字化被首次写进党代会报告中,凸显数字化在教育工作中的战略地位,也为教育系统的信息化工作提出了行动指引。2023 年 2 月,教育部怀进鹏部长在世界数字教育大会上,指出教育部将深化实施教育数字化战略行动,以教育数字化带动学习型社会、学习型大国建设迈出新步伐。在国际教育实践中,英国、美国、加拿大、澳大利亚等国家的大学通过不同方式开展在线教育的创新实验范本为本节研究中国新闻传播学的在线教育在地化问题,提供了实践参考经验。

一、新闻传播学在线教育的发展背景

在线教育的发展由来已久,从早期的函授到广播及电视的远程教育项目,再到如今人工智能时代的网络直播教育,虚拟学习网络逐步取代了电视或邮寄教育。技术的快速变迁为教育范式革新注入了源源不断的新动能。

良好的市场结构与资源基础。根据中国互联网络信息中心(CNNIC)发布

的第 50 次《中国互联网络发展状况统计报告》，报告显示，截至 2022 年 6 月，我国网民规模为 10.51 亿，互联网普及率达 74.4％。较高的互联网普及率为在线教育的发展打下了坚实的基础。在线教育行业发展的整体态势良好。据统计，全国共有 324 所高校独立开设新闻学专业，加之我国在线教育用户的占比逐年递增，可见我国新闻学课程在线教学具备足够的市场资源基础。目前高校关于新闻学课程授课市场较为分散，属于低集中度市场。随着各大高校对新闻学课程教学的重视与国家对高校政策的扶持，此市场目前处于蓬勃发展期。①

新文科建设背景下的学科转型需求。2023 年 5 月 29 日，习近平总书记在讲话中强调"教育数字化是我国开辟教育发展新赛道和塑造教育发展新优势的重要突破口"。教育部办公厅印发的《基础教育课程教学改革深化行动方案》明确提出推进"数字化赋能教学质量提升"行动，强调构建数字化背景下的新型教与学模式，助力提高教学效率与质量。以数字化转型赋能新闻传播教育内涵式发展是新文科学科体系建设的需求，也是凸显育人文本，体现"五育并举"，促进"公平而有质量"教育的要求。新闻传播学面对新文科前沿要求，要主动求变，培养大数据应用、虚拟仿真等重要领域高层次技术人才。如何利用灵活的教学方法、数字技术和现代化课程，创建面向智能传播时代的新闻传播教育体系；如何在更大范围完成从"知识"到"能力"的跨越，注重应用、主张实践，在更为广阔的时空视野下，创新新闻传播学在线教育都值得思考。

二、中国新闻传播学在线教育的在地化过程与现存问题

国内许多学者通过研究表明，如今中国在线教育的环境已然确立，可以看出中国新闻传播学的在线教育框架有一定的参照基础，但是在发展进程上仍有较大的提升空间。

刘韬从社会网络视角出发，借助社会网络分析工具对高等在线教育网站的传播模式进行了可视化描绘，得出结论为当前高等在线教育仍呈现出传播效率较低、多中心共存的社会网络结构特点，其中包括结构松散、凝聚力低的传受关

---

① 方贤洁、卢毅刚：《新闻学在线教育的契机、模式与进路——基于 SCP 模型分析新闻学课程网络在线教学范式转型》，《传媒》2020 年第 21 期，第 85 - 87 页。

系，以及中心分散、影响度低的权力效应，还有多离散、弱关联的传播效应。陈宏民通过问卷调查法分析得出目前国内在线教育发展存在的三个主要问题：画质、音质等方面的技术问题；在线教育范式下的教学氛围弱化问题；在线学习导致的监督缺位问题。学者李铁军指出，高校"直播＋教育"生态目前尚未成熟，在线教育的发展缺乏引导且许多直播课程良莠不齐，高品质、体系化的在线教育模式亟待建设。

从客观角度看，近年来，在制度层面在线教育得到了一系列引导与扶持。2013年始大量资金与人才的涌入使得在线教育行业蓬勃发展，2015年教育部颁布的《教育部关于加强高等学校在线课程建设应用与管理的意见》正式标志着我国高校在线教育体系的提出与远程学习平台搭建目标的确立。2020年3月，教育部发布《教育部关于加强"三个课堂"应用的指导意见》，大力推进专递课堂、名师课堂、名校网络课程的常态化按需应用。"三个课堂"是构筑"互联网＋教育"新生态，推动优质教育资源共享，实现教育均衡发展的重要举措。

此外，国际环境中的在线教育经验的中国化有迹可循，特别是在新冠疫情期间，中国近2.7亿来自大学、高中、初中和小学的学生都参与了在线课程学习。但与海外相比，中国新闻传播学的在线教育发展速度较慢，在国际合作与整体开发模式上还存在许多不足。同时，由于文化和教育理念的差异，中国的新闻传播教育在开展在线教育课程的过程中，公私合作、多方联盟的形态较少，二者之间存在较大的差异。

中国的新闻传播学吸收国际在线教育经验的在地化过程，经历了从被动接受到主动改革的过程。从形式到内容，不同的高校都各有其特色。许多高校开展在线教育的模式有所差异，但都在吸取前沿经验的基础上进行自身的人才培养。如中国传媒大学开设的"网络与新媒体""广播电视与制作"等辅修课程，也在疫情期间通过线上授课的模式面向有意愿申请学习的所有在校大学生，并且通过线上沟通的方式指导学生完成论文写作，搭建起专属的在线教育学习框架，实现了有效的在线学习沟通效果；香港中文大学新闻与传播学院曾主办"作为数据和方法的数字媒体"线上工作坊，邀请海内外的新闻学者进行学术交流，并且主动开放数百个线上旁听名额供学生学习等。

上述这些在校教育的模式与框架与海外高校存在制度上的差异，是由地域、文化环境、教育制度等多种原因造成的。但目前中国新闻传播学的在线教育范式还不够精细、高效,需要在人工智能技术赋能的新空间下主动探索新的创新路径,迎接高等教育的内涵式发展,在促进新闻专业人才发展、推动学科范式转型等方面发挥更大的作用。

三、全球范围内新闻传播类线上实践

针对在线教育目前存在的高流失率、学生满意度低、持续参与度低等问题,不同国家的一些机构与高校采取了各种新型教学模型与框架开展在线教育实践,许多海外学者也对在线教育模式进行了一系列探究与分析,这些经验都为新闻传播学在线教育的转型升级提供了创新思路。

全时服务,开展线上线下交互式教学。新文科发展背景下,探索与借鉴交叉学科教学经验至关重要。美国高校图书馆与情报学专业开展的在线硕士项目可以为新闻传播学科的在线教育提供一些关键性思路。以美国的雪城大学和佛罗里达大学为例,分析这一专业在线硕士项目的多种特点,包括教学与信息技术的高度融合、云端系统的全时服务、同步与异步 SPOC 的结合等。并指出在线硕士教育是高等教育伴随技术发展的新型教育方式,且体现了高等教育的信息化发展趋势。[①]

合作共赢,整合在线教育价值链。维多利亚大学通过与第三方供应商合作,利用他们在注册服务和营销、在线课程管理方面的专业知识,并将学术支持整合其价值链。在课程设计上,维多利亚大学的在线教育合作项目有以下几个模块:一致的单元设计和交付;体验式学习,学生通过情景、案例研究、评估等单元内容进行学习;在线导师支持的小型课程等。维多利亚大学的在线教育经验最主要体现在"合作"层面,对于任何与第三方合作的大学来说,一个关键的问题是评估该组织对在线教育框架的理解,以及在质量保证和内容监管方面的举措。

悉尼大学曾通过开展国际合作模式,与其他海外大学建立了多个战略联盟,提供疼痛管理领域的研究生在线教育。同时,为了解决发展中国家缺乏教育机

---

① 谈大军、徐梦姗:《美国高校图书馆与情报学专业在线硕士项目调查分析》,《情报理论与实践》2019 年第 8 期,第 168 - 174 页。

会的问题,悉尼大学与菲律宾马尼拉的一所大学——圣托马斯大学(UST)建立了另一种合作关系。合作通过利用当地的行政支持、基础设施和区域教员招收来自东南亚的学生,该协议有效地使东南亚地区的学生以更低的成本获得硕士课程,极大地拓展了这项在线教育的普及性。[①]这一案例体现出悉尼大学在线教育发展的国际化视野,通过共享资源、互惠互利的方式维护了国际伙伴关系,同时也为自身的学科发展开辟了新的创新空间,这一经验值得国内的新闻传播学科学习与借鉴。

深度融合,稳定在线教育留存率。中佛罗里达大学的案例可以为交叉学科建设提供借鉴经验,曾有研究用实证的方法探究在政治科学系,在线教育和面对面教学的结合是否以及如何影响学生的学业成功。中佛罗里达大学是一所大型公立大学,二十多年来一直将在线教育作为其常规课程的一部分。该校的政治科学系是与新闻传播学相关的交叉学科。该大学为学生和教师提供了广泛的技术支持;在设计和发布在线课程时,教师们会得到教学设计师的支持。最后研究表明,以留存率(下学期重新注册或毕业)衡量,完全在线课程的学生比那些也参加或只参加面对面课程的学生成功的可能性要小很多。这使得未来研究与探索学生在线上教育课程中取得成功的决定因素变得极其重要。

因此,国内的新闻传播学可以从这一案例中吸取一定的教训,思考如何将线上教学与线下教学相平衡,在稳定在线教育留存率的基础上来促成学生的学业成功。

通过上述在线教育领域的前沿经验,可以看出在不同的国家教育环境下,在线教育的开展方式侧重点有所不同,分别包括了线上线下开展交互式教学;推进国际合作的在线教育价值链整合以及稳定在线教育留存率的积极探索。这些实践经验都为新闻传播学拓展在线教育空间提供了发展样本。

四、人工智能时代新闻传播学在线教育的破局之道

建设在线教育的"新基础设施"。过去三年的数据表明,不同国家和地区在

---

① Devonshire E., Siddall P. J.. Joining forces: Collaborating internationally to deliver high-quality, online postgraduate education in pain management. *Pain Research & Management*, 2011, 16(6):411.

线教育的基础设施存在很大差异,导致了数字鸿沟的加剧,从而影响了教育公平。由此可以看出,技术和基础设施决定了教育的可及性,并且影响着社会的稳定。在未来,新闻传播学的在线教育也必须重视这一基础问题,从根本上将在线教育进行转型升级。

高校可以借助人工智能时代下的虚拟实验室、虚拟现实(VR)、增强现实(AR)、人工智能(AI)等技术与自身资源相结合,打造新型的在线教育设备,为学生打造更具沉浸性、互动性强的学习系统。同时应加快建设人工智能时代直播教育课程资源库,丰富直播教育课程资源,在为学生提供更多的异步资源的基础上,提升其自主学习与管理的能力。

利用在线学习大数据加强教育深度融合。在线教学过程中产生的数据对于准确了解教学效果,优化教学设计,为学生提供量身定制的帮助具有重要作用。高校应当结合算法规则与对应逻辑,在适当的范围内与专业化机构开展合作,进一步挖掘在线学生的数据,从而改善在线教育的教学方式,不断提升自身在线教育的留存率与满意度。

此外,高校平台可以对观看视频、回答问题、弹幕等学习行为的记录进行深入分析,从而科学地了解学生的动态。一方面,这些在线数据十分宝贵,可能揭示出新的教育和学习理论。另一方面,通过积累和分析这些海量大数据内容,并将研究成果应用于指导教学、职业发展和人力资源等方面的实践,以推进智能化技术与在线教育的深度融合。

与此同时,教师需要与学生分享隐私指南,以保护个人隐私。例如,教师需要让学生理解在线课程的信息是可获取的,某类数据的收集不会泄露个人身份隐私等。此外,学生自己也应当增强网络安全意识,以及网络学习平台、学校或机构实施的各类学习规则。通过上述这些努力帮助学生克服感知到的风险,并最终将其降低到可控的水平,才能稳定学生在线参与的积极性与感知度。

打造混合式教学的新闻传播教育格局。高等教育的"新常态"将推动混合式教学的普及,即在线教学和现场教学同时结合。高校留学生的教育问题如何解决?如何借助新的技术工具开展在线教育课程?如何在线上吸引学生的注意力,提升在线教育触达率?这些都是混合式教学亟须解决的问题。

在新的教育格局中,高校教师需要接受定期的专业技能培训,在掌握专业技术基础的前提下开展在线教学工作，并且深入思考教与学在时间与空间上的灵活性如何合理展开，同时推进在线教育公平原则，为线上线下的学生提供同等质量的教学内容。综上所述，混合式教学需要教师主动培养新的专业教育素养，及时更新自身的教育观念，从而推动混合式教学的新闻传播教育格局发展。

利用在线教育开展跨学科、跨地域的国际教育合作。新闻传播学在转型升级的同时，还需要在吸收海外在线教育相关经验的基础上，借助新技术赋能来开展更多跨学科、跨地域的国际在线教育合作。发展和加强国际教育战略联盟，使用在线授课模式是促使合作项目可持续性发展的关键因素。因此，在向这种国际化方向发展的过程中，国内高校需要在内部制度和项目合作的具体层面解决一些障碍，为在线教育的国际化合作发展搭建合理框架，从而平衡自身的道德原则与相关效益。

此外，通过构建新型国际合作伙伴关系，不仅可以推动国内新闻传播学的自身发展，还可以推动新闻传播学这一整体的教育全球化发展。一定程度上能够缓解新闻教育领域的数字鸿沟问题，从而推动世界教育公平的发展，并且为本地学生提供更国际化的课程内容、师资力量以及与海外学生互动的机会。

人工智能技术为在线教育提供了新的发展方向，奠定了其转型发展的技术基础。在线教育的蓬勃发展必将为学生的长效学习、优质教育资源共享提供支持。高校的新闻传播学科建设应在本土化实践的基础上，批判式借鉴各类在线教育的前沿经验，大力推进人工智能技术与在线教育的深度融合，打造全新在线教育空间布局，从而促进新文科背景下新闻传播教育的长远发展。

参考文献

［1］格伦嘉：《网络教育——21 世纪的教育革命》，北京：高等教育出版社 1997 年版，第 166 页。

［2］杜威：《学校与社会·明日之学校》，赵祥麟、任钟印、吴志宏译，北京：人民教育出版社 2006 年版，第 38 页。

［3］刘韬：《基于社会网络分析的高等在线教育传播模式探微》，《现代传播（中国传媒大学学报）》2016 年第 6 期，第 148－152 页。

［4］周廷勇：《"人工智能"思想溯源与教育精神的返回》，《现代传播（中国传媒大学学报）》2020 年第 11 期，第 164－168 页。

［5］常江:《欧美新闻教育模式革新及其在数字新闻学体系中的角色》,《新闻大学》2020年第9期,第95-106页、第122-123页。

［6］罗自文、张金龙、杨颖、董庆文:《智媒时代传播技术的冲击与美国新闻教育的走向——专访美国加州大学伯克利分校新闻研究生院院长瓦瑟曼教授》,《新闻大学》2021年第3期,第110-116页、第121页。

［7］邵率:《5G+教育:自适应学习理论下的在线教育学习空间重塑研究》,《无线互联科技》2019年第19期,第84-86页。

［8］樊荣:《"密苏里模式"对我国应用型传媒人才培养的启示》,《传媒》2021年第7期,第86-88页。

［9］陈宏民、顾颖、潘宇超、谢天:《疫情下高校在线教育的问题审思与发展路向》,《教育与教学研究》2020年第9期,第44-52页。

［10］洪成文、郑承军、周满生、宋亦芳、朱红、刁元园、米淑兰、吴晓川:《推进教育现代化》,《教育与教学研究》2020年第8期,第68-99页。

［11］李铁军:《国内高校"直播+教育"的现状、困境与路径探索》,《传媒》2020年第17期,第82-84页。

［12］赵军、聂萌、易倩:《危与机中的守与变——疫情时期高校在线教学质量评价的述与思》,《三峡大学学报(人文社会科学版)》2021年第2期,第69-74页、第80页。

［13］王运武、王宇茹、洪俐等:《人工智能时代直播教育:创新在线教育形态》,《现代远程教育研究》2021年第1期,第105-112页。

［14］CNNIC:第50次《中国互联网络发展状况统计报告》［EB/OL］,https://www.scbgao.com/doc/60521/? bd_vid=8829183293437844435,2022年8月31日。

［15］GOLOSINSKI, Tad S: Online mining education: A reality. *Mineral Resources Engineering*, 2002, 1(01):137-146.

［16］Pittman V: University Correspondence Study: A Revised Historiographic Study. *Handbook of distance education*, 2013:21-37.

［17］Devonshire E, Siddall P J: Joining forces: Collaborating internationally to deliver high quality, online postgraduate education in pain management. *Pain Research and Management*, 2011, 16:411-415.

［18］House Peters L A, Del Casino Jr V J, Brooks C F: Dialogue, inquiry, and encounter: Critical geographies of online higher education. *Progress in Human Geography*, 2019, 43(1):81-103.

［19］Tsai C W: Applying online competency based learning and design based learning to enhance the development of students skills in using PowerPoint and Word, self directed learning readiness, and experience of online learning. *Universal Access in the Information Society*, 2020, 19:283-294.

［20］Ip H H S, Li C, Leoni S, et al: Design and evaluate immersive learning experience for massive open online courses(MOOCs). *IEEE Transactions on Learning Technologies*, 2018, 12(4):503-515.

［21］Czerniewicz L, Trotter H, Haupt G: Online teaching in response to student protests and campus shutdowns: Academics perspectives. *International Journal of Educational Technology in Higher Education*, 2019, 16(1):122.

[22] Garcia C E, Yao C W: The role of an online first year seminar in higher education doctoral students scholarly development. *The Internet and Higher Education*, 2019, 42: 44 - 52.

[23] Muir T, Milthorpe N, Stone C, et al: Chronicling engagement: Students experience of online learning over time. *Distance Education*, 2019, 40(2):262 - 277.

[24] Murillo Zamorano L R, S nchez J L, Godoy Caballero A L: How the flipped classroom affects knowledge, skills, and engagement in higher education: Effects on students satisfaction. *Computers & Education*, 2019, 141:103 - 608.

[25] Yang S, Zhou S, Cheng X: Why do college students continue to use mobile learning? Learning involvement and self determination theory. *British Journal of Educational Technology*, 2019, 50(2):626 - 637.

[26] Cen X, Sun D, Rong M, et al: The online education mode and reopening plans for Chinese schools during the COVID 19 pandemic: a mini review. *Frontiers in public health*, 2020, 8:566 - 316.

[27] Connolly C, Hall T: Designing for emergency remote blended and online education: a response to Bennett et al. *Educational Technology Research and Development*, 2021, 69 (1):281 - 284.

[28] Delnoij L E C, Dirkx K J H, Janssen J P W, et al: Predicting and resolving non completion in higher(online) education—A literature review. *Educational Research Review*, 2020, 29:100 - 313.

[29] Hamann K, Glazier R A, Wilson B M, et al: Online teaching, student success, and retention in political science courses. *European Political Science*, 2021, 20:427 - 439.

[30] Main M B, Ober H K, Johnson S A: Resilient structure of nature based extension programs facilitates transition to online delivery and maintains participant satisfaction. *Ecology and Evolution*, 2020, 10(22):12508 - 12514.

[31] Meacham S, Pech V, Nauck D: AdaptiveVLE: An integrated framework for personalized online education using MPS JetBrains domain-specific modeling environment. *IEEE Access*, 2020, 8:184621 - 184632.

[32] Walsh C, Mital A, Ratcliff M, et al: A public private partnership to transform online education through high levels of academic student support. *Australasian Journal of Educational Technology*, 2020, 36(5):30 - 45.

[33] Nieuwoudt J E: Investigating synchronous and asynchronous class attendance as predictors of academic success in online education. *Australasian Journal of Educational Technology*, 2020:15 - 25.

[34] Chirikov I, Semenova T, Maloshonok N, et al: Online education platforms scale college STEM instruction with equivalent learning outcomes at lower cost. *Science Advances*, 2020, 6(15):eaay5324.

[35] Kim S S. Motivators and concerns for real time online classes: Focused on the security and privacy issues. *Interactive Learning Environments*，2023，31(4):1875 - 1888.

第二节　数智化时代新闻传播实践教学的探索与创新

数智化是数字化与智能化的融合,即在数字化的基础上引入以大数据、人工智能(AI，Artificial Intelligence)、云计算为代表的新技术,形成"人机协同"的新生态。数智化带来的不仅是技术升级,也是生产关系的重构,其对各行业的赋能被认为是产业升级、制度优化的重要引擎。对新闻传播领域来说,数据驱动和智能技术既推动了信息生产方式、内容形态和传播渠道的革新,也带来了制度、伦理和人才等层面的挑战。近年来,为了适应数智化背景下的行业发展需要,推进新文科建设,推动新闻传播专业升级和人才培养模式更新换代,国内高等院校对新闻传播学专业的本科教学进行了多重改革,其中对实践教学的关注与反思也越来越多。实践性是新闻传播学科的一个重要特征,相较于理论教育,实践教学在培养文科应用型人才方面发挥着更为直接且深远的作用①。实践教学不仅是知识传授的重要环节,也是培养学生专业技能和职业素养的关键,其核心价值在于弥合理论与实践的鸿沟,培养学生的综合能力与社会适应性。因此,在数智化时代改革实践教学,把以大数据、人工智能、云计算、移动互联为代表的新一代技术和全媒体生态的思维方式融入新闻传播学专业的教学和管理的全过程、全环节,培养具有复合型技能、全球化视野的新闻传播人才,是高校新闻传播教育的重要任务。

一、传统实践教学模式分析

目前,苏州大学新闻传播专业的实践类课程主要有《摄影基础》《电视摄像》《非线性编辑》《电脑图文设计》《广告辅助设计》《三维动画设计》《交互式媒体设计》《网络虚拟演示设计》等,它们属于包括新闻学、广播电视学、广告学、网络与新媒体、播音与主持艺术在内的专业基础课和专业必修课,彼此勾连形成链条课

---

① 王春华:《新文科背景下动画专业作品导向的实践教学体系探索》,《中国大学教学》2024 年第 10 期,第 57 - 62 页。

程。这一实践课程集群构成了新闻传播人才的"数字生存工具箱",在各专业的学习中具有十分重要的地位。

以往的新闻传播实践课程教学模式,从教学内容上看,一是对图像、影像、动画作品创作中理论、方法、规律的讨论,二是对照相机、摄像机、调音台、演播厅等基础视听设备的操作,三是以 Photoshop、Illustrator、Premiere、After Effects、Animate、Dreamweaver 为代表的通用型多媒体软件的使用。从教学方法上来看,一直以来许多高校的新闻传播实践课程多采用讲授法和案例法,即教师先讲解、演示,学生再模仿、练习,课堂教学以教师为主体,学生在学习过程中处于一种接收再吸收的状态。这种教学模式在过去很长一个阶段对培养传统新闻传播人才发挥了重要作用,但在新的技术环境和媒介环境下,其中的不足也愈发凸显:首先,之前的新闻传播实践课程在内容上较多面向传统媒体,对当前数智环境下的生产方式、传播模式、媒体融合等知识和技术涉及不多;其次,授课上重理论、轻操作,在整个教学过程中师生互动比较少,实践平台不够丰富,与业界的交流不够及时;最后,实践上重模仿、轻创作,重复性、验证性内容较多,设计性、创新性、综合性内容较少,学生作品风格趋同,创作视野不够开阔。

面对新的技术环境、新的传播生态以及"Z世代"学生的特点,苏州大学新闻传播实践课程改革以"适应数智化时代需求,培养复合型传媒人才"为核心目标,明确了具体改革思路:一是技术赋能,由于实践课程所涉及的软硬件迭代性强,因此在教学改革中鼓励各实践课程引入各类智能工具、创意工具帮助学生掌握数智化时代新闻生产与传播的相关技能,使学生在新的技术环境中保持核心的专业竞争力;二是行业对接,在教学改革中需要映射行业需求,支持各实验课程与计算机科学、数据科学、艺术设计学等多学科合作,培养学生跨媒介叙事的融合逻辑和应对全媒体生态的能力;三是价值观引领,高等教育对传媒人才的培养,不能把学生变为媒介产品生产的操作工,在认识上需要从"工具理性"向"价值理性"转变,在实践上需要从"技能培训"扩展为"认知构建",注重培养学生在传媒行业的主体意识、文化自觉和社会担当。

二、数智化背景下的实践教学探索

当前,传媒教育呼吁要优化面向未来的高质量传媒实践教学,对接新时代创新人才需求,提升学生对数智技术的融会贯通和实践创新能力①。把数智技术和数智思维应用到高校的实践教学中,研究它的有效性和适应性,能够让教师更加创造性地教,让学生更加主动地学。在实践教学中,苏州大学的新闻传播实践课程基于新的技术背景和传媒人才需求梳理实践能力体系,从教学内容、教学方法、实践平台、实践项目、评价体系等多个维度进行了"大实践"②教学体系的改革。

(一) 技术融合更新课程内容

实践课程改革首先体现在教学环节上,课程设置和课程内容会直接影响课程教学质量③。为了适应数智化环境,新闻传播实践类课程既在现有课程上进行升级,也同时增设新的实践课程。

现有课程的教学内容升级是在动态课程迭代机制下,各实践课程每学期会扫描行业技术、理论变革,对部分课程内容进行动态替换,并在教学座谈会中,定期反馈技术应用痛点。课程内容升级首先体现在理论知识的完善,在课程中大量融入跨媒体叙事、跨文化叙事、互动叙事等内容,培养学生如何通过多种媒体形式进行信息的表达和呈现,提高叙事的多样性和表现力。例如,在《电视摄像》课程中以原有电视新闻制作理论为基础,对比分析短视频新闻、融合新闻等全媒体平台内容的制作。其次是硬件基础技术设备的更新换代,例如,将拍摄设备扩展至高分辨率摄像设备、无人机设备以及虚拟现实设备等,增强 4K、8K、无人机等摄像技能的培养。最后是软件工具和平台的扩展,例如,在编辑平台和编辑工具中增加以 Adobe Sensei、Midjourney、Stable Diffusion、DALL·E3 为代表的 AI 辅助创作工具的介绍和使用,学习如何利用 AI 进行视频内容的素材生成、自动剪辑、特效添加等,提高影像创作效率和创意。

在增设新的实践课程方面,一是增设前沿技术课程,例如,近年开设的《交互式媒体设计》以 iH5、Epub360 等交互设计工具为主讲授复杂互动需求下的

---

① 柴剑平、李芙蓉:《传媒高等教育因人工智能而强:趋势、策略与路径》,《现代出版》2024 年第 7 期,第 18 页。

② 陆坤、李凤岐、周勇等:《基于"大实践"观的多层次一体化实践教学平台的构建》,《中国大学教学》2013 年第 11 期,第 78 - 81 页。

③ 陈梦、李博、金立标:《提高研究生培养质量的思考与实践——以中国传媒大学为例》,《工业和信息化教育》2019 年第 7 期,第 48 - 52 页。

H5 页面开发和新媒体设计,《三维动画设计》以 Cinema 4D、Unreal Engine 等三维建模工具为主讲授 3D 动画和游戏的开发,以对接电子游戏、虚拟现实(Virtual Reality,简称 VR)、增强现实(Augmented Reality,简称 AR)等领域。二是增设新闻传播与计算机、艺术设计等学科的交叉课程,拓宽学生知识面和视野,促使其将多学科知识融入全媒体作品创作。例如《数据新闻可视化》《传媒创意与艺术设计》等课程通过不同专业间的学科合作拓展了学生的知识边界,强调技术、创意与行业应用的结合,以期培养适应现代新闻传播需求的复合型人才。

(二)线上线下创新教学模式

在数智化教学的各种探索中,混合式学习(Blending Learning)、翻转课堂(Flipping Classroom/Inverted Classroom)、微课(Micro-Lecture)、小规模限制性在线课程(Small Private Online Course,简称 SPOC)等教学理念、教学方法和教学手段的应用,能够帮助课程突破原有桎梏,提升教育教学的质量和效率[1]。混合式学习是翻转课程的指导思想,微课、SPOC 是翻转课堂的技术实现形式,它们蕴含的教学理念彼此相关、相互交织,能够让学生在学习中更加灵活、主动,参与性更强,进而实现对学生创新思维的启发和创作能力的培养。

新闻传播课程的实践教学改革,首先明确了实践课程混合式学习的教学理念。混合式学习是充分结合传统学习方式和网络学习方式两者的优势,既发挥教师在教学过程中引导、启发、监控的主导作用,又充分体现学生作为主体在学习过程中的积极性、主动性与创造性。实践课程的混合式学习体现为线上、线下学习环境的混合,自主学习、辅助学习等学习方式的混合,以及多种学习结果和学习评价的混合等多个方面。

其次,以《电脑图文设计》《电视摄像》《非线性编辑》为代表的实践课程设计了翻转课堂的教学流程。翻转课堂是将传统的"课上听教师讲解,课后做作业"的教学习惯、教学模式进行"颠倒"或"翻转",变为"课前观看教师的视频讲解,课上在教师指导下做作业或练习"[2]。通过翻转课堂,教学过程把学生接收

---

① 胡小勇、朱龙、冯智慧等:《信息化教学模式与方法创新:趋势与方向》,《电化教育研究》2016 年第 6 期,第 8 页。
② 何克抗:《从"翻转课堂"的本质,看"翻转课堂"在我国的未来发展》,《电化教育研究》2014 年第 7 期,第 5 - 16 页。

相关理论知识的过程放在了课前,而把其知识内化和实践的过程放到了课堂中,学习环节的调整增加了影像创作和图文创作中教师与学生、学生与学生之间的互动交流。

最后,不同课程根据课程特征和教学资源现状,选择了微课或 SPOC 的技术形式。例如,微课视频具有主题突出、短小精悍、交互性好、应用面广的特点①,《电脑图文设计》课程共录制 30 节左右的微课,每节微课时长在 5 至 10 分钟,将课程的主要知识点变成碎片化的学习资源,有效帮助学生在课前完成图像创作基础知识内容的自学。再如,SPOC 可以聚焦本校、本专业的学生,引入网络平台中的成熟教学资源,重新调整后应用于小规模课程学习②。《电视摄像》课程在中国大学 MOOC 平台中,引入了中国传媒大学的《视听语言》课程资源,以异步 SPOC 的形式经二次设计后融入教学过程,更好地利用了既有的优质教学资源,也创建了一个更加丰富的学习社区。

(三) 多元共建完善实践平台

数字智能技术极大地改变了传媒行业的工作方式,因此学生必须及时掌握最新的工具和技术,以适应不断变化的职业环境。实践平台为学生提供了一个创造性的实验空间,使他们能够在实践中巩固课堂上学到的理论知识。建立领先的实践平台,尝试开发新颖的内容和形式,从而激发创新思维,确保学生能够接触到和学习最新的数字化工具和资源,利用数字智能技术让学生在"做中学",以提高实践教学的有效性。多元共建的模式主要表现为政校联动、校企合作、跨学科融合等,这些共建方式不仅解决了教学资源不足问题,更深度重塑了人才培养逻辑。多元共建在硬件资源上以地方、企业支持等形式解决高校高端设备投入不足的问题,在软件资源上以建立行业导师库、企业案例库等形式以达到专业资源共享。多元共建实践平台并非简单的资源堆砌,而是通过重构教育、技术、社会的关系网络,将实践教学从封闭的技能训练场,转变为开放的价值创造枢纽。

近年,苏州大学传媒学院努力推进"自建 + 共建"的前沿实验室建设,推动大

① 胡铁生、周晓清:《高校微课建设的现状分析与发展对策研究》,《现代教育技术》2014 年第 2 期,第 5 - 13 页。
② 贺斌、曹阳:《SPOC:基于 MOOC 的教学流程创新》,《中国电化教育》2015 年第 3 期,第 22 - 29 页。

数据、人工智能、虚拟现实等技术与传媒实践教学的融合。结合实践课程的改革,学院将原有的数字媒体实验平台进行了扩展,搭建了全新的未来媒体与国际传播力建设大数据实验平台,如图1所示。这些实验平台引入最新的大数据、AI、VR、AR等技术和设备,使学生能够在课程中接触到媒介发展前沿。其中,未来媒体与国际传播力建设大数据实验平台整合新闻传播学、计算机科学与技术、软件工程、设计学等优势学科,汇聚了多位国家级人才形成跨学科研究团队,搭建面向未来的科研生态系统。该实验平台围绕国家重大战略需求与技术发展趋势进行布局,聚焦未来媒体与国际传播力建设的关键问题,围绕"生成式AI实验与国际传播力研究""数字交互设计与国际传播力研究"和"大数据实验与国际传播力研究"三个前沿研究方向,通过对未来媒体技术的实验,从本学科角度探寻中外文化交流的新路径。

多层次、多面向的实践平台模拟了数智时代真实、多样、融合的媒体工作环境和业务流程,使学生熟悉了当下的行业标准和工作节奏。作为多个学科共同合作的空间,这些实践平台促进了不同学科、不同专业的学生和教师之间的交流与合作,不仅培养出能驾驭智能工具、理解复杂社会的新闻传播人才,更使高校成为数智时代的技术策源地、伦理思考者与创新共同体构建者。

数智化媒体实践教学平台									
数字媒体实验平台						未来媒体与国际传播力建设大数据实验平台			
图文设计实验室	影视制作实验室	数字录音实验室	影像调色实验室	电视演播室	网络直播实验室	虚拟现实实验室	动捕混合现实实验室	大数据分析实验室	数字人文交叉学科实验室

图1　数智化媒体实践教学平台

(四) 校企协同增设实践项目

传统的实践教学中常出现学生创作思路狭窄、滞后,对新的媒体表现方式不够关注和了解的情况,以致学生的实践作品不够成熟和专业,与业界要求存在一定距离。

协同式教学注重在教学中与传媒业界、党政部门的合作,将学界、业界两条线更密切地交织融合在一起①。在实践教学改革中,苏州大学通过业界、党政部门经验的分享传递,培养学生的专业思维意识。课程将传统媒体、新媒体、互联网企业等一线业界人员邀请进课堂或带领学生走进行业内部,介绍行业动态、新技术应用等,分享其在新闻、纪录片、微电影、短视频、融媒体等各类媒介产品方面的创作经验,拓宽学生视野,帮助学生了解传统媒体、新媒体、互联网等不同领域的工作方式、创作思路和发展趋势,以更好地将自身专业学习与业界需求对接。例如,《网络虚拟演示设计》课程实践与科大讯飞等多家生成式人工智能企业开展合作,探讨智能技术产品、AIGC 创意设计等方面的话题。

在协同式教学中,业界导师不再局限于基本的讲座或授课,而是在充分交流后,将行业项目引入课堂中,这也意味着协同式教学之后延伸出项目式教学的模式②。项目式教学的核心特征在于以真实职业场景中的工作流程为驱动框架,将职业岗位能力塑造作为育人核心目标,通过模块化项目集群重构课程架构。其运行机制强调以院校为主体枢纽,搭建地方传媒产业协同网络,进而以产业实践反哺教学体系革新,并围绕项目集群的内在逻辑关联,形成教学实践与产业项目深度互嵌的闭环系统。这种产教融合模式通过在地化资源整合与过程性知识转化,最终构建起适配区域传媒业态需求的人才培养生态,实现教学供给侧与产业需求侧的精准对接,形成独特的在地化育人模式。

在项目式教学方面,学院积极推动高校与传媒企业的合作建立实习基地,增强学生的实践机会,同时也将业界的实际案例和项目引入课堂,赋予任课教师教育和项目实践的双重职责,通过课程案例分析、项目讨论等方式,让学生在真实情境中学习和应用知识。通过参与真实的项目,学生不仅能巩固理论知识,还能提升职业技能和素养。例如,与苏州头部 MCN 公司的校企合作使学生在课程中更直接地感知到传媒行业的特点和需求,既掌握了短视频运营等现代技能,又锤炼出非技术依赖的核心采编能力,尤其对当下 PGC(Professionally Generated Content,专业生产内容)、UGC(User Generated Content,用户生成内容)、OGC(Occupationally Generated Content,职业生产内容)、AIGC(Artificial

---

① 郑志亮、杨雨千:《"大实践观"视角下的融合出版教学新模式——基于行动研究法的融合出版人才培养实践》,《现代出版》2022 年第 4 期,第 45—52 页。

② 王庆、李楠:《全媒体时代地方传媒院校人才培养的"在地化"思考》,《传媒》2022 第 19 期,第 81—83 页。

Intelligence Generated Content，人工智能生成内容）等不同的内容生产方式、内容特征、传播特性、管理模式及面临的问题有了具象且深入的了解，增强了未来就业的竞争力。

（五）赛教融合拓展创作视野

传统教学中的实践训练往往缺乏主题性和系统性，学生的实践往往停留在设备或多媒体软件的基础使用上，缺乏具体目标和创作意识，创作的内容较为零碎，水平参差不齐，也就是仅知道怎么用，但不知道该创作些什么、创作成什么效果才好，并且由于缺少对实践成果进行分析评价的环节，实践内容常仅作为作业提交，因而不能及时地帮助学生发现问题、解决问题。

"赛教融合"教学模式可以打破传统讲授模式通过将行业竞赛深度嵌入教学体系，构建起"以赛促学、以赛验教、赛教共生"的创新模式。在赛教融合的教学改革中，首先，课程中分层嵌入赛事主题。当前国内外各类大学生数字媒体竞赛、微电影纪录片竞赛、广告设计竞赛、AI设计竞赛等往往由头部媒体或互联网平台主办，常会根据时事热点设计具有创新性、社会价值或商业价值的主题，其评审标准直接反映了行业最新需求。在实践课程中引入对应的竞赛主题，渗透竞赛相关知识点，能够有效检验学生的应用能力。诸如大学生广告设计大赛、全国大学生文创大赛组委会在课程中的现场宣讲，激发了学生的创作热情，营造了积极的创作氛围。并且课程中设置了竞赛学分，用赛事评价维度重构课程的考核标准，能够让学生通过完成竞赛来检验自身的创作能力和应用能力，推动学生从"交作业"向"做产品"思维转变。

其次，教学与赛事动态适配。实践课程采用以任务驱动为主的学习方式，将课程内容设置为不同模块，且根据不同难度分别采用个人创作和小组协作两种模式，有针对性地提升操作能力，既强调学生的个人的责任感、保证发挥其个体创造力，也注重培养学生之间的团队意识和合作精神。实践课程改革中鼓励学生跨学科组队，结合其他专业如文学、艺术设计、计算机、人工智能等，为竞赛作品提供多样化的视角和创意。实践创作后，在线下课堂教学中设置分析讨论环节，对学生的作业进行评价和探讨，对于综合性强的练习，组织多位老师同时参加讨论，共同与学生进行交流，在互动中给予学生有效反馈，帮助学生找到问题和解决方式，优秀作品案例加入到新一轮的课程教学中使用，将"作业"进一步打磨成"作品",形成"实践—反思—迭代"的教学闭环。

最后,课程成果展示与转化。在课程成果的展示方面,学院创建了线上线下展示平台,例如,学院内部空间常设历届学生获奖作品展,校园公共空间多次以展板形式设置"我与远方的无限可能""光影里的城市记忆"等主题摄影临展。同时,教师也会利用中国大学 MOOC 平台、智慧树在线教育等平台在更大范围内展示学生的竞赛作品,并鼓励学生自己在其他互联网平台呈现作品,促进更为广泛的交流和学习。在课程成果的转化方面,竞赛后建立"赛事作品版权池",优秀作品通过与抖音、哔哩哔哩等平台合作,进行流量扶持和商业变现。此外,学生的实践项目通过部校共建、校企协同等方式进行进一步转化或采纳。例如,学院全国"挑战杯"中国大学生创业计划竞赛获奖项目《讲好中国故事——海外媒体触达及国际传播解决方案提供商》专注于为中国品牌提供一站式出海传播服务,助力在"一带一路"的倡议下讲好中国故事,目前该项目已与多家国内外企业展开合作。

三、实践教学改革的思考

近年来,通过多轮的教学实践,苏州大学新闻传播实践课程的教学改革整体上取得了不错的效果。一是,教学成果丰富,多门实践课程在国家级、省级等课程改革中获得教学成果奖、一流课程等立项支持,经多轮教学实践,学生对课程的满意度提升。二是,复合型创新作品涌现,除设计、影视、动画类作品外,增加了交互、VR、AR 等类型的作品,且跨学科作品占比显著提高,学生团队在"挑战杯"全国大学生课外学术科技作品竞赛、全国大学生创业大赛、"互联＋"创新创业大赛等国内外各类竞赛中屡获佳绩,作品的媒体采用率提升。三是,学生就业竞争力增强,学生通过日常实践平台的训练以及深度参与各类实践项目,职业韧性、社会适应性有所增强,就业渠道、就业机会增多,就业率与就业满意度也都有了较大提升。当然,新闻传播实践课程改革的成效体现并非局限于上述维度,而是需要通过个体能力跃迁、教学体系进化、行业生态重塑、社会价值溢出等层面形成长期的联动效应。

在实践课程的改革探索中也注意到,新的课程模式在现有的教学要求、教学条件以及学生长期形成的学习习惯下,不能过于理想化、机械化地盲目推进。在课程具体的开展过程中,需要取其所长、避其所短,关注学生在学习中的能力基础和真实需求,及时发现课程改革过程中出现的新问题,并根据实际情况进行矛盾解决和策略调整。另外,在教学改革中也需要握紧方向,在技术赋能与专业坚守之间找到平衡点。新闻传播领域需要拥抱技术,但不能被技术裹挟,只有不断提升技术反思力和价值定力,才能为行业提供持续的人才动能和思想资源。

　　总体看来,数智化背景下苏州大学新闻传播实践课程的教学改革,构建起了动态演进的实践教学培养生态,一方面促使新闻传播教育更好地适应时代的发展需求,对培养具有前瞻性和新技术实践能力的人才、推动整个传媒行业的持续进步与发展起到了一定的推动作用;另一方面,这一改革对高等院校整体的数智化教学和管理建设的深入探索也有一定的现实意义和参考价值。数智化背景下新闻传播的教学改革是一个需要探索,又需要不断调整的过程,这要求高校教师要增强对新的技术环境、平台资源和教育理念的学习和运用,为我国高等教育的发展作出贡献。

第三节　怀智抱真,寓教于能:以智能化教学打开新媒体运营教学中的差异化学习

　　人工智能已在多个领域实现了大规模的应用,其可以部分替代劳动力去实现人力较难完成的任务,其中便包括教育中所倡导的差异化教学。差异化教学是因材施教的重要内容,其也是教育推行的目标和宗旨。虽然目前的校园教育已在一定程度上实现差异化教学,但由于受到时间和资源配比的限制,较难做到全面面向个体的差异化教学。因而差异化教学的最大程度化也成为教育改革所追求的目标。人工智能技术通过大规模收集用户行为所反馈出的数据,建立用户的个人画像,为其推荐合适的内容,其理念可以用于不同用户的学习内容推送和学习强度安排,为实现全面的个体化差异教学提供了渠道。

一、人工智能＋教育

　　1956年,斯坦福大学的麦卡锡教授首次提出了"人工智能"的概念,指出人工智能是机器展现出类似于人类的理解、思考和学习的能力。随后的60多年

来，人工智能发展大致经历了六个阶段，如今正处于蓬勃发展期（2011年至今）。当前人工智能发展随着互联网、大数据等相关技术的普及，也开始逐渐从精英群体走向普罗大众，迈向强人工智能的道路，"人工智能＋教育"的概念也随即提出。

"人工智能＋教育"主要是指基于人工智能技术的教育。2019年联合国教科文组织发布了《教育中的人工智能：可持续发展的机遇和挑战》的报告，指出"人工智能＋教育"是指将人工智能技术引入教育，利用人工智能协作环境和智能辅导系统、信息管理系统来改善学习，促进教师和学生的数字能力发展，并加速课程创新和战略规划。国外有关"人工智能＋教育"的研究较早，20世纪70年代，麻省理工学院的西蒙·派珀特尝试将人工智能技术应用于教授学生编程教学，实现人工智能技术在教育领域的首次应用。随着人工智能在教育领域中的应用逐渐深入，国外的研究热点逐渐聚焦在教育4.0、智能虚拟现实、智能教学机器人、机器学习、智能导师系统、K12教育以及高等教育七个领域。

我国有关"人工智能＋教育"的研究随着2017年人工智能、大数据、机器学习等技术的发展而逐渐增多。刘清堂等人根据人工智能在教育领域中的发展历程，详细介绍了"人工智能＋教育"的特点和功能在于自动化、数据化和个性化。而李昭涵等人则分析了"人工智能＋教育"的现状，指出人工智能对于教育的重要影响体现在提高教育公平、教学效率以及促进个性化教育上。在教育的信息化发展上，以智慧教育为代表的教育新生态是借助人工智能技术变革教育结构的新系统，也是信息化教育发展的高级形态。而随着人工智能在教育领域内应用的普及与深入，人工智能教学产品设计也成为国内研究的热点之一。在面向学生的教学产品上，"人工智能＋教育"相关产品不断问世，例如基于人工智能技术的语料库写作模型的开发，使更多的学生能科学、系统地接受写作教学；"Z＋智能教学系统"的诞生，通过人工智能技术帮助学生进行简单的逻辑推理，从而培养学生的逻辑思维和空间意识。中学教师训练语料库和赵春丽开发了英语语料库的建构，将人工智能技术用于丰富教师自身的知识结构。除了学界的大量研究外，近年来我国还先后颁布了《新一代人工智能发展规划》《高等学校人工智能创新行动计划》等政策，其中在《高等学校人工智能创新行动计划》中明确提出"要实现教学创新，建立'人工智能＋X'的复合专业培养新模式"。

本研究关注人工智能技术在差异化学习中的应用。差异化学习是教学追求的重要目标之一，也是因材施教的体现，但是基于线下教学规模和时间的限制较难实现。而以"人工智能＋教育"为代表的智能化教学的出现则让差异化学习成为可能。里希特指出"自适应系统和个性化"是人工智能教育的四大应用领域之一，使得教师课堂可以根据学生的学习进度自动调整课程内容，使学生的学习规律、学习能力与教学资源更加匹配与适应。脸部识别、虚拟实验室等技术的推广也使个性化智能教学成为现实，例如脸部识别匹配个人信息，包含个人学习基础，智能软件可根据脸部识别的结果为学生提供适合自己的学习材料。本节选择适合于差异化教学的新媒体运营课程为例，探讨如何通过智能化教学打开差异化教学的路径。

二、新媒体运营课程特征

新媒体运营课程主要是传授利用基于数字互联网技术的新兴媒体来对产品进行宣传、推广、营销的系统性运营手段的课程。包括两微一抖在内的新媒体平台已和用户生活融为一体，也深刻改变了人们获取信息的方式、思考内容的模式以及行为完成的习惯。新媒体变化日新月异，而新媒体运营课程需保持快速翻新率。新媒体运营课程特征主要包括以下三个方面：

（一）个性化

数字技术的广泛应用使得新媒体运营课程接触门槛较低，多数同学在新媒体账号或平台上具有不同程度的运营经验，这也是这门课程与其他课程较为显著的区别。学生前期所积累的运营经验，可能表现在不同运营环节中的积累程度差异，也可能表现在不同账号类型的使用程度差异，因而前期每位同学的学习基础存在较强的个性化特征，较难通过统一标尺来进行衡量。

（二）开放性

新媒体时代的数字科技正以惊人的速度发展着，新媒体运营等相关形势也处于高速更新中，这便为新媒体运营课程带来高度开放性，而课程内容需要以更加包容的姿态去容纳新概念、新模式和新业态。新媒体领域的新变化也是技术所带来变革的缩影,例如当前已投入传播内容生产的 AIGC。2023 年被誉为 AIGC 元年,AIGC 已快速抢占新媒体内容运营的各个板块,因而在教学中的内容生产需要融入 AI 生产内容。对于课程内容新技术的探索也会赋予教学过程中的创新,因而 AI 不仅是课程教学内容,也是课程教学工具。

(三) 建构性

学生们前期积累的新媒体运营经验可以反哺于新媒体运营课程。在其他课程中,教师与学生之间可能存在较为明显的"知识鸿沟",但是新媒体运营中学生前期的积累经验有助于缩小该鸿沟的存在,因而每位同学具备共同建构课程内容的能力。由于新媒体运营的个体化差异较为明显,因而不同的学生可以从运营中的不同维度和内容中去建构该课程内容。例如如何成功运营好美食类短视频账号,同学们可以从自己的运营经验去总结关键点。

因此,新媒体运营课程想要有所创新,可以将课程的三个特点与人工智能技术的优势特征相结合,将新媒体运营课程打造成"因材施教、满足差异"的个性化课程、"数据导向、教学相长"的开放性课程,以及"多主体参与,智能化互动"的建构性课程,从而实现寓教于智,打造新媒体运营的 AI 智慧化课堂。

三、人工智能在新媒体运营教学中的应用

新媒体运营课程的三大特征可以成为智能化教学在塑造本课程差异化学习中的着力方向,因而结合当前可实现的人工智能技术,本节构思了智能化教学打开差异化教学的路径,如图 1 所示。

(一) 打造"因材施教、满足差异"的个性化课程

1. 学生画像刻画

用户画像是新媒体运营的基础。新媒体运营作为一门课程,授课老师也须掌握授课对象的基本情况。学生作为课程的"用户",做好学生画像也是个性化课程开展的前提。学生对新媒体的接触与使用因人而异,因此了解不同学生在新媒体领域的参与程度有助于教师了解学生的个性化特征,实现教育效果的优

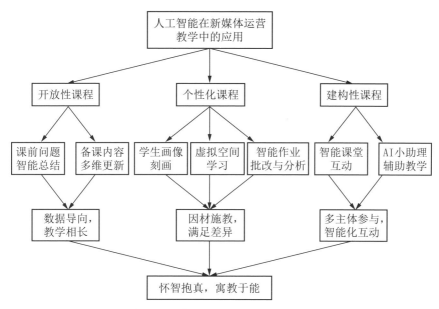

图 1　人工智能在新媒体运营教学中的应用路径

化。例如教师在课前收集每个学生的新媒体使用情况(包括使用频次、适用平台等),并将回答编辑成文本数据,导入 AI 文本分析平台"Wordle"进行数据处理及可视化呈现,由此可直观地了解学生基本学情以及个体差异(图 2),进而形成学生画像(图 3)。

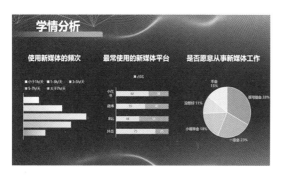

图 2　班级学生新媒体使用体验　　　图 3　AI 生成学生画像

2. 虚拟学习空间

教师可以利用人工智能技术搭建虚拟学习空间,该空间可依据学生个体学情差异为学生打造学习资料的个性化获取以及课前课后的个性化学习。AI 在前期分析学生画像后，可以将教师在本课程中的学习资料进行智能化差异分配，以提高教学针对性。同时 AI 还可以依托大数据库补充教师提供的学习资料，建立全方位的个性化学习资料。在课前课后的个性化学习环节，AI 仿佛搭建了一间虚拟的个性化自习室：AI 通过学生画像，分析学生的学习进度、能力水平以及个人偏好来自主调整学习重点、难度和风格。同时，AI 可通过强化学习的方式，为学生提供定制化课后训练以帮助学生在复习环节巩固和深化知识点，并实时监测学生的学习进展以提供反馈和指导。对课堂不解的问题，除了请教老师外，学生亦可以直接与 AI 互动寻求解答。

3. 智能作业批改与分析

新媒体运营课程的实践性较强，其学习目的需要学生在新媒体平台上搭建账号并完成实际的运营操作，因此教师对学生账号的数据分析也是一项必要的教学情况评估。AI 的智能化分析与批改能直观分析学生作业数据以优化教学效果。AI 通过爬取学生在不同平台的后台数据，导入数据库进行数据分析，可以衡量出学生运营的整体水平。通过分析学生作业平均数值，AI 还可以筛选出个人的优秀作业反馈给教师，使得学生的优秀经验得以发挥价值，参与到课程的建构中去。同时，AI 还可以根据每位同学的出勤、课前问题、课中互动、课后作业等情况来评估学生的学习情况，为教师调整和优化教学内容提供参考，做到真正地因材施教。

(二) 营造"数据导向、教学相长"的开放性课程

1. 课前问题智能总结

学生的课前提问体现了学生对于授课内容的直接需求。在授课开始前，教师有必要了解学生在课前的学习疑问以作为课中教学的依据。如何在众多问题中提取出学生最关心的问题，可通过人工智能技术辅助，例如，教师利用智能教学平台"知到"设置并发布课前提问并与学生展开互动（如图 4），将收集的课前提问汇总并导入"Tagxedo"进行词云分析，从而得到学生课前问题的关键词呈现，以便进行后续的课程安排。

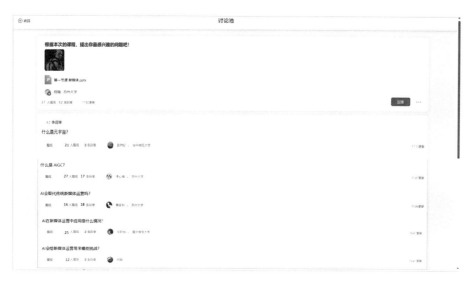

图 4　学生课前提问与教师互动

2. 教师备课多维更新

AI 可以为教师翻新可能内容提供多维参考。第一维度，AI 可以依据学生画像为教师智能推荐适合学生的个性化学习内容，教师可以选择性地加入授课计划中，补充并翻新授课内容。此外，通过了解学生的新媒体接触情况以及课前提问总结，教师可以及时调整授课策略来提高教学的针对性。第二维度，AI 总

图 5　新媒体运营课程 AI 内容设计案例
（截图自文心大模型 3.5 平台）

图 6　Lesson Plans 设计的课程规划

结出新媒体运营领域发生的最新变化和新近趋势，作为教师更新教学内容的参考依据。第三维度，AI 也可总结其他教师《新媒体运营》课程或教材中的教学重点，为教师备课提供参考。授课内容的调整所带来的教学板块时长分配的变动以及教学课件的调整可以通过 AI 的介入来修正。例如教师可以将自身授课内容与 AI 推荐的个性化授课内容结合，利用"文心一言 3.5/4.0 大模型"（如图 5）或者"Lesson Plans"网站（如图 6）等安排后续的教学侧重点并生成课时计划辅助教师在不同环节的教学分配时长，以作参考。

（三）塑造"多主体参与，智能化互动"的建构性课程

1. 智能化课堂互动

课堂互动是检验课堂知识学习效果的重要形式，也是获知学生所想的重要渠道，因此互动环节在课堂上十分重要。而智能平台与 AI 的介入使得每个学生的课堂互动情况全程留痕，方便教师进行个性化教学，对症下药。同时，人工智能也赋予了课堂互动形式更多的可能性。例如：教师通过智能授课平台"智慧树"在课堂上实时发布问题，学生可以在问题下实时讨论，将讨论结果编辑成文本数据借助"微词云"进行词云分析统计互动结果（如图 7）。同时，针对课堂互动中学生参与性不足、效果较差等问题，教师可借助"Word Wall"等 AI 工具智能设计互动环节（如图 8），包括课程教学时互动开始时间、互动时长、互动问题和互动环节等，帮助学生掌握知识的同时更好地活跃课堂气氛。

图 7　AI 软件 word wall 智能设计互动环节　　图 8　学生课堂中互动关键词呈现

2. AI 小助理辅助教学

授课方式的多元化能够有效地提升课堂的活跃度,增强学生的参与感和新鲜感。人工智能的介入使得教师可以与虚拟数字人进行合作,虚实结合的多主体授课模式成为现实,也为课堂带去了更多的创新与变革。例如,"讯飞智能"的虚拟机器人通过数字模拟以及自然语言处理技术可以模仿教师的形象和声音并生成数字人。在笔者教学的新媒体运营的课堂中,由讯飞生成的智能机器人"小务"便可以代替教师完成基础的课堂内容介绍工作,与教师形成分工,高效完成教学任务(如图 9)。此外,AI 小助理还可以记录课堂互动的结果,分析学生学习知识的情况,来调整后续的教学内容,同时也可作为补充学生所想所知的渠道。

图 9　课程 AI 小助手小务(截图自讯飞智作平台)

四、人工智能在新媒体运营教学中需要注意的问题

(一) 技术道德与法律的三重规制

不同于纯粹的物质生产领域,在文化生产领域中,AI 的介入往往会带来伦理危机。随着人工智能在新媒体运营教学中的参与日益深入,相关的信息安全和伦理道德监管却有所缺失。人工智能教学应用涉及学生的隐私数据、个性偏

好和能力等级等问题,这些数据的泄露可能导致学生会承受严重的心理压力,影响教育教学质量。因此,采用有效的加密技术以改进数据安全至关重要。在伦理道德监管方面,则可以加强相关人员的伦理道德教育,通过构建完善的道德评判体系,确保"以有形或无形之力引导人工智能发展,使其遵循人类基本伦理道德规范"。此外,相关法律法规亦需进一步完善,重视对人工智能在教学环节中的法律管控。

(二) 人本主义下扭转"替代"思维

在智能时代的每一波技术革新中,"替代"这个词总是引起热烈的讨论。随着 AI 技术的不断发展,"AI 能否替代教师"的质疑甚嚣尘上。这种焦虑根植于一种二元对立的思维方式:将人类智能与人工智能、人与机器视为对立面。这种充斥着竞争和对抗的思维不利于 AI 在教学应用中的深入。在创造性领域,人类仍然占据着不可替代的地位。尽管机器智能能够高效处理日常生活的基础需求,但它们却难以涉足那些涉及深层情感和审美判断的领域。当前,AI 只是辅助手段,尚不能作为教学主体,教师的过往教学经验以及创造性的教学思维是 AI 无法比拟的,所以在教学过程中仍然不能过度依赖于 AI 分析的结果。在未来,AI 也许会变得愈加全面强大,但是教师应该坚定人本主义,"替代"思维应该转换为"共生"思维,在与 AI 共生的模式下坚定以人为本,通过技术的辅助来完成自身能力的再一次超越。

(三) 仍需着力 AI 教学实践力度

由于虚拟现实、智能语音合成等关键技术需要大量的计算资源和经济投入,所以目前人工智能在新媒体运营教学中的应用还不够普及和深入。因此,相关部门还应该重视人工智能技术对于教学质量的提升作用,从而进一步加大教学经费的投入力度。高校也应该打破传统教学领域的壁垒,积极引入前沿的人工智能软件与人才并应用到教学实践中,以真正实现人机协同,完成教学效果的优化。

随着人工智能技术的不断发展,其在教育领域的应用也将越来越广泛。在新媒体运营教学中,人工智能技术的应用将有助于实现富有个性化特征的差异化教学,提高教学质量和效率。未来随着技术的不断进步和应用场景的不断拓展,人工智能在新媒体运营教学中的应用也将更加深入和广泛。但同时也需要关注到人工智能技术所带来的伦理和社会问题,教师和学生都需要积极适应新技术、积极应对新问题,并在应用实践的过程中为“人工智能＋教育”探究出更好的发展途径。

参考文献

［1］Daniel Crevier.：*AI*：*the tumultuous history of the search for artificial intelligence*. 1993.

［2］谭铁牛:《人工智能的历史、现状和未来》,《智慧中国》2019 年第 1 期,第 87 - 91 页。

［3］潘云鹤:《人工智能走向 2.0》,《Engineering》2016 年第 4 期,第 51 - 61 页。

［4］Pedró F.，Subosa Ml.，Rivas A.，Valverde P.：“Artificial intelligence in education：challenges and opportunities forsustainable development”.*Working Paper On Education Policy*，2019，7(17):146.

［5］刘清堂、毛刚、杨琳、程云:《智能教学技术的发展与展望》,《中国电化教育》2016 年第 6 期,第 815 页。

［6］李昭涵、金桦、刘越:《人工智能开启“互联网＋教育”新模式》,《电信网技术》2016 年第 12 期,第 610 页。

［7］王娟:《智慧型课程:概念内涵、结构模型与设计流程》,《现代远距离教育》2017 年第 3 期,第 25 - 33 页。

［8］杨永林、李鸣:《一种数字化英语学习语料库及其应用(上)》,《外语电化学》2004 年第 6 期,第 20 - 26 页。

［9］王晓波、张景中、王鹏远:《“Z＋智能教育平台”与数学课程整合》,《信息技术教育》2006 年第 6 期,第 14 - 17 页。

［10］何安平:《基于语料库的英语教师话语分析》,《现代外语》2003 年第 2 期,第 161 - 170 页。

［11］赵春丽、周妍:《基于语料库的高中英语词汇教学研究》,《中小学外语教学(中学篇)》2018 年第 5 期,第 21 - 27 页。

［12］中华人民共和国教育部:《教育部关于印发〈高等学校人工智能创新行动计划〉的通知》,《中华人民共和国教育部公报》2018 年第 4 期,第 127 - 135 页。

［13］柯泽、程伟瀚:《人工智能时代的传媒变局、危机以及认识论误区——基于 5G 技术的理性与人文主义的思考》,《新闻与写作》2020 年第 1 期,第 72 - 78 页。

［14］刘永、胡钦晓:《论人工智能教育的未来发展:基于学科建设的视角》,《中国电化教育》2020 年第 2 期,第 37 - 42 页。

［15］匡文波:《记者会被机器人取代吗》,《新闻与写作》2017 年第 9 期,第 59 - 62 页。

第四节 新闻传播实践教育中的心理学：
基于"认知适配"的教学创新

一、学科交叉历程及其在实践教育领域的映射

（一）心理学对传播学的早期影响

传播学作为一门学科的诞生，根源于二战后社会对宣传与信息控制的迫切需求。心理学在理解人类认知、情感和行为方面的成熟理论与方法，为传播学提供了必要的理论支撑和研究工具——早期学者中不乏有心理学背景者，而一些奠基性人物如库尔特·勒温、卡尔·霍夫兰等自身就是心理学家，他们的理论视角和研究结果直接影响了传播学的发展方向。

在传播学发展初期，学者主要关注如何高效传递信息及衡量传播效果。心理学理论——尤其是关于态度改变和说服技巧的理论发挥了重要作用，帮助学者深入探讨受众是如何接收信息、如何受到影响，以及新闻报道如何促使受众态度或行为发生变化。诸如"两级传播"框架理论以及"使用与满足"等研究都在一定程度上依赖心理学的模型和概念。

基于上述背景，早期的新闻传播学实践教育关注如何通过信息传播改变受众的态度或行为——这一目标在当下仍然重要。学生需要了解受众心理学和行为学的原理，学习如何分析受众需求、预测受众反应，并根据这些心理学原则制订传播策略。例如，在编写新闻、广告、社交媒体内容时，如何利用心理学原理（如情感调动、说服技巧等）提高传播效果。而在互联网普及之后，主流媒介技术从大众媒体转向数字媒体，新传实践教学也开始重视如何评估传播效果，通过数据分析和受众反馈来改进传播策略——这种评估不仅限于量化的收视率、点击率等，还应包含了数字时代的特有维度，尤其是受众"心理—行为"层面的变化，包括情感倾向、互动率等。

（二）媒介技术研究转向与心理学影响减弱

自 20 世纪中期以降，传播学经历了显著的范式转型。学界逐渐突破传统心

理学视角对个体认知与行为反应的路径依赖,转而将研究焦点置于媒介技术的本体论维度,即媒介本身的物质属性如何系统性重构信息传播的生态。这一被称为"物质性转向"(material turn)的学术思潮,标志着传播学从以"内容—受众"关系为核心的微观分析,转向对媒介技术中介性(mediation)的宏观考察。①在此范式转型中,媒介技术不再被视为价值中立的传播渠道,而是被解构为具有能动性的社会行动者。②这种范式转型引发了传播学研究对象的三重位移:其一,从传播内容分析转向媒介基础设施研究;其二,从个体心理效应测量转向媒介生态整体分析,强调技术系统与制度结构的互构关系;其三,从功能主义视角下的媒介工具论转向技术哲学视角下的媒介本体论,将媒介视为具有历史特定性(historicity)与政治潜能(political agency)的文化技术(cultural technique)③。在此过程中,心理学范式的影响力式微。其局限性主要体现为"方法论个体主义"(methodological individualism)难以充分解释媒介技术对社会结构的系统性重构,以及微观认知模型与宏观技术环境之间的解释鸿沟。当然,这一学术转向不仅标志着传播学学科自主性的增强,更折射出数字时代技术逻辑对社会实践日益深层的"殖民化"进程。

学科理论关切的转向回应的是更为复杂的时代变化——对新闻传播领域而言,这种社会变化体现为信息技术极大丰裕,"媒介"一词的内涵被重塑。例如,基于大数据与人工智能的实时分析、内容推荐和自动生成,提升了生产效率和信息精准度。传播不再局限于单一的媒介形式,而是融入了人际关系网、社交媒体、游戏、人机交互乃至元宇宙等多种形态。这些变化的连带反应则是学科的边界、对象、内容、实践都被重新定义——大众传播时代的采、写、编、评、摄,在"深度媒介化"的背景下已经被数据挖掘、算法生成、智能编辑等新技术手段所补充和延伸。信息生产不再主要依赖职业新闻人的判断,内容传播呈现出多屏互动、即时反馈和个性化定制的特征,打破了传统单向输出的信息模式。在新实践中,受众时而被动,时而是参与者和共创者。基于上述背景,新闻传播实践更强调信

---

① 胡翼青、张婧妍:《"媒介世":物质性语境下传播理论研究的演进》,《编辑之友》2022 年第 4 期,第 128－140 页。
② Bruno Latour: *Reassembling the social*: *An introduction to actor network theory*. 2007.
③ [德]弗里德里•基特勒:《美学与文化批判译丛:留声机电影打字机》,周宪编,邢春丽译,上海:复旦大学出版社 2017 年版,第 615 页。

息传递的感染力和社会影响力,而心理学的基本理论——不论是个体还是社会心理学,都依然能够为学生在设计传播策略时提供有价值的参考。

(三)数字时代传播学与心理学学科交叉的范式重构

在传播学经历"物质性转向"并深度介入媒介技术哲学讨论的学术语境下,心理学的理论价值并未因技术中心主义范式的兴起而被消解,反而在数字媒介生态的复杂化进程中经历了批判性重估。尽管传播学研究因高度聚焦媒介技术的社会建构性而呈现"反心理测量"倾向,但社交媒体平台的多模态交互机制、算法推荐系统的认知渗透效应,以及后真相时代情感动员的传播动力学等新兴议题,均揭示出心理学解释框架的不可替代性。

当前技术环境下,传播学与心理学的交叉研究呈现双重演进路径:其一,在微观行为分析层面,认知心理学为解析用户选择提供了有益的理论工具,例如洞察个体信息处理机制,了解信息过载引发的决策疲劳、算法过滤气泡强化的确认偏差(confirmation bias)[1]等;其二,在宏观技术批判层面,社会心理学通过揭示群体极化、情绪传染等技术中介的社会过程,为审视数字资本主义的治理逻辑提供批判视角。这种"微观—宏观"的双层解释模型,有效弥合了传统传播学研究在个体认知与系统结构之间的理论断层。

人工智能技术的全面应用更将传播学与心理学的交叉研究推向新的认识论高度。当下的技术环境要求传播学者重新审视"技术具身性(technological embodiment)与认知架构的互构关系"[2]:一方面,情感计算(affective computing)可以通过生物信号捕捉与语义分析,将受众情绪数据转化为可量化的传播效能指标;另一方面,虚拟现实(VR)技术创造的沉浸式传播场景,正在重构人类的空间感知与共情机制。在此过程中,心理学不仅可以为理解人机协同中的认知适配性问题提供分析框架,更能够推动传播伦理的实践转向——例如在算法透明度设计中引入心智模型理论,[3]或在信息茧房破解策略中应用

① Eytan Bakshy, Solomon Messing, and Adamic Lada A: Exposure to ideologically diverse news and opinion on Facebook. *Science*, 2015, 348(6239):1130-1132.
② 杜丹、陈霖:《与"物"交融:技术具身理论之于传播学研究》,《现代传播(中国传媒大学学报)》2021年第3期,第82-86页。
③ Philip N Johnson Laird: Mental models in cognitive science. *Cognitive science*, 1980, 4(1):71-115.

认知多样性(cognitive diversity)①干预方案,以减少相应的社会问题。上述范式演进表明,传播学与心理学的学科交叉已突破传统"效果研究"的范畴,转向更具建构性的"技术-认知共生系统"(techno-cognitive symbiosis)分析,未来可能会进一步整合实验心理学、神经科学与计算社会学的方法论工具,以应对深度媒介化时代的技术伦理挑战。

在人工智能技术深度重构新闻传播生态的当下,从业者乃至在校生都越来越有必要掌握心理学知识,以应对人机交互环境中涌现的各种新场景和新问题,比如人机认知适配性、信息过载与认知负荷、人机信任建立机制、群体极化规避等等。更为关键的是,心理学为算法透明度(algorithmic transparency)与信息茧房等伦理问题提供了批判性框架,为新闻传播专业人才开启了未来职业延展的方向——更了解人与社会,成为新时代的"认知生态设计师"。然而现实困难在于,当下高校新闻传播实践教育改革总体进度较为缓慢,仍然较多受到大众传播时代的教育思维惯性影响,从师资、教学环境、教学目标、学科内容规划等方面都尚未能及时呼应时代需要。

二、新闻传播实践转向:从内容生产到"认知适配"

如上所述,新闻传播研究存在双重认知断裂:在方法论上将人简化为结构变量,在本体论上将传播异化为技术过程。这种深层范式缺陷导致学科始终未能建立关于"人"的认知坐标系。而当前人工智能技术方兴未艾,正在提示传播生态的变革实质是"人的再发现":当算法重构认知路径、情绪主导信息扩散过程、人机交互成为主要传播形态时,新闻传播需要将心理学锚定为学科基础认知层,重置学科认识论——让对人的深度理解成为学科应对数字时代挑战的元能力。未来5—10年,新闻传播实践教育与心理学的交叉地带要开展的工作,既包括查漏补缺、完善知识体系,又要时刻追踪前沿、开发新的教学体系与理论工具。未来两个学科交叉地带的核心竞争力将体现在"技术具身性"与"认知干预力"的深度融合之中,培养跨学科的复合型人才——"认知适配"将取代传统的内容生产,

① Alexandra Carstensen, Anjie Cao, Alvin W. M. Tan, et al.: Cognitive diversity in context: US-China differences in children's reasoning, visual attention, and social cognition. *Proceedings of the Annual Meeting of the Cognitive Science Society*, 2024, 46.

成为新闻传播实践教育的本质核心。

(一) 信息生态变革:认知友好与精准适配成为重点

在信息爆炸时代,受众日均接触信息量已远超认知承载力。传统"内容本位"的传播模式难以穿透信息噪声,唯有了解人群的认知负荷阈值,优化信息架构,才能获得更好的传播效果。在过去的 20 年中,主要信息载体从文字转向视频,接收行为从"阅读"到"观看",信息篇幅相对越来越短——这些趋势与人类的注意力机制变化互为因果、相互促成。未来随着媒介技术的不断发展,人类注意力的广度、稳定性、分配能力和转移能力都还会发生相应改变,信息传播者只有不断洞悉这些变化趋势、不断改善叙事技术与逻辑,才能实现有效触达——此即"认知友好"。

而当下与未来的传播同时还要求精准适配,即将信息高效、精准地送到关心它的人眼前。推荐算法系统本质上就是一种精准适配机制:通过分析用户点击、停留、分享等行为数据,构建"心智模型"来预测用户的信息偏好。但从当下应用状况推断,推荐算法系统本身不够完善,还存在许多问题,比如精准度不足、过度推送与骚扰等等[①]——在短期内无法脱离人类实现全自动、智能化运行,仍需与职业工作者配合,以应对特殊事件、解决复杂的用户需求并进行伦理把关——这便给新闻传播专业人才创造了实践空间。

(二) 媒介形态进化:多模态传播的认知重构

随着人机交互技术形态的极大丰裕,交互界面也变得极其多样——调动的人类感官不再限于眼和耳。多模态传播将能够调动视觉、触觉、听觉甚至嗅觉感官进行信息交互,使它们协同作用来传递更丰富、更准确、更生动的信息,而人工智能通过深度学习等算法,能够理解和处理不同模态的数据,挖掘其中的关联和互补信息,实现多模态数据的融合与高效传播。而这提示信息传播者需要获得"具身认知"(Embodied Cognition)的理论视野[②]——传统观念把认知看作是大脑独立完成的信息加工过程,但具身认知理论认为,人的认知是被身体及其活动

---

① 张楠、闫涛、张腾:《如何实现"黑箱"下的算法治理? ——平台推荐算法监管的测量实验与策略探索》,https://mp.weixin.qq.com/s/q7ix0TE15CntrKKx3h1BtA,2024 年 5 月 20 日。
② 胡翼青、赵婷婷:《作为媒介性的具身性:对具身关系的再认识》,《新闻记者》2022 年第 7 期,第 11 - 21 页。

方式塑造的。例如,当人们开心的时候会微笑,而实验证明,刻意做出微笑的表情也会让人产生开心的情绪,这就体现了身体状态对认知和情绪的反馈作用。也就是说,身体的感知、运动系统等都参与到了认知过程中——人的认知不是与身体分离的,而是和身体体验紧密相连。从具身认知视角考虑传播效果,传播者便可以在内容创作时增加新的思考维度,从身体体验角度剖析受众需求,进行策略和技术上的创新,使传播更具针对性与影响力。

举例而言,未来的新闻传播从业实践可能涉及虚拟主播、智能语音助手等新型传播主体的设计和训练——要了解如何让它们通过肢体语言、语气、神态来增强观众的信任感知。再如在媒介生态不断演变的当下,VR 作为一种新兴媒介形式,为新闻业提供了极具潜力的拓展方向,而 VR 新闻涉及的能力域包括事件调查、身体感知理解与调动、场景与叙事设计等等,这些都是新闻传播实践教育未来需要拓展的方向。

(三)跨平台传播中的认知一致性与内容适配策略

在信息传播过程中,不同平台具有各自独特的社交关系结构与用户认知特点:微信基于强弱关系链,用户多与亲朋好友互动;抖音以弱关系链和陌生人社交为主,信息传播更具开放性与娱乐性;豆瓣、知乎则是理性社群聚集,用户更追求深度、专业的内容……因此,为实现同一内容在不同平台传播时的认知一致性,需对内容进行适配改造。

以健康科普内容为例,在抖音平台,因其用户浏览习惯倾向于短平快、娱乐性强的内容,可采用 7 秒剧情反转的形式,如"医生一句话救了我",利用认知冲突迅速触发用户的好奇心,吸引用户关注。而在微信公众号,基于用户对亲朋好友分享内容的信任以及对信息确定性的需求,采用亲友案例结合权威数据可视化的方式,既能满足用户的社会认同心理,又符合认知闭合需求,使内容更具可信度与吸引力——基于认知一致性的内容适配策略,根本规律在于洞察用户在不同平台的认知特点,采取相应策略使他们达成对同一内容的有效理解与接受。

(四)伦理与效能平衡:认知适配的双刃剑

在数字化信息传播高度发达的当下,认知适配犹如一把双刃剑,在带来诸多便利的同时,也引发了一系列不容忽视的伦理问题,其中算法操纵、信息茧房等问题尤为突出。"算法操纵"指通过调整算法参数,选择性地推送特定内容以影响用户的认知和决策。[①]例如,在网络购物平台,算法可能被操纵,将某些高利润但质量未必上乘的商品优先推荐给用户;在社交媒体平台,算法可能被利用来传播特定的政治观点或虚假信息,误导公众舆论。而信息茧房是一个已被社会各界长期关注、讨论的技术弊病,要求有效的认知多样性干预来拓展用户的视野。以音乐流媒体平台 Spotify 为例,其在推荐歌曲时,在保持大部分相似风格歌曲推荐的基础上,会巧妙地插入 10% 的"风格跳跃"曲目,既维持了用户对音乐偏好的适配基线,又避免了审美固化。

总体而言,"认知适配"将成为当下和未来新闻传播实践的本质核心,其要求三重突破:方法论升级——从经验主导的传播技艺,转向基于认知科学的内容创作与技术把关;价值论重构——在技术理性与人文关怀之间建立平衡支点;本体论拓展——重新定义传播者角色,从培育传统内容生产者转向培育"认知生态设计师"。对于新闻传播学而言,在"认知适配"能力培育过程中,心理学是无法回避的知识模块。例如认知心理学中关于记忆、注意力的理论,有助于优化内容创作,提升内容吸引力与留存度、辅助技术把关;社会心理学可以帮助新闻传播从业者洞察群体心理和社会关系,在技术应用时平衡技术理性与人文关怀;发展心理学可助益理解不同受众认知发展阶段、精准定位目标群体等。

三、心理学与传播学交叉的实践教学创新路径

(一)认知传播案例库建设

首先,通过建立"认知传播案例库",学生可以从经典案例中学习如何利用心理学原理提升传播效果。以经典的传播实践举例,2017 年,为了庆祝中国人民解放军建军 90 周年,人民日报客户端于 7 月 29 日晚推出互动 H5《快看呐!这是我的军装照》,借助人脸识别、融合成像等技术,帮助网友生成自己的虚拟"军装照"。活动推出后呈现"裂变式"传播,一周左右该 H5 的浏览次数(PV)超过10 亿,独立访客(UV)累计 1.55 亿——这个案例便显示了如何利用用户自我呈

---

① 彭焕萍、陈瑶:《短视频推荐中的算法操控及其协同治理》,《中国编辑》2023 年第 3 期,第 86 - 90 页。

现心理与社会情感认同来设计传播活动。再如在健康传播领域,"丁香医生"经常通过"恐惧诉求＋可控性方案"框架设计科普内容,有效降低公众的认知抗拒。认知传播案例库建设最关键的作用并不在于方法论的事后总结,而是让学生在制作案例库的过程中体察默会知识、建立与技术形态相匹配的"网感"。

(二)心理效应叙事模板开发

无论时代如何变革,叙事策略,即"讲好故事"都是新闻传播从业者的重要使命。开发"心理效应叙事模板"可以帮助学生将心理学理论转化为易于操作的生产工具。例如,"反常识冲突＋情感共鸣点＋认知闭合钩"的设计框架,有助于创造引发共鸣、促发点击的内容,通过构建令人意外的情节和情感联系,最大程度激发用户的心理需求和行为反应——当下大量网络短剧的生产都基于类似的叙事模板。而短视频、小红书笔记设计也都可以基于此类叙事模板来设计结构。

(三)制作"心理学工具箱"

心理学工具箱的价值在于提供可操作的现实接口,使心理学理论资源能够转化为新闻传播实践中随时取用、快速思考的工具,在信息筛选、内容生产、效果评估各环节提供即时决策支持。实践教学中,教师可以因地制宜、结合课程需求来调整工具箱内容,试举例如下:

表 1　"心理学-传播学"工具箱

心理学概念	对应传播现象	应用场景
确认偏误	信息茧房形成机制	辟谣策略设计
框架效应	报道角度影响公众认知	新闻伦理评估
认知流畅性	信息接受度差异	政务传播优化
情绪传染	舆情事件扩散动力	危机传播预警
道德情绪放大	网络正义暴力	公益传播设计
社会认同理论	圈层化传播现象	KOL 选择策略
去个性化效应	网络暴力行为	平台治理优化
群体极化模型	舆情极端化演变	舆论引导策略
锚定效应	首因效应影响	新闻发布会设计

（续表）

心理学概念	对应传播现象	应用场景
心理账户	捐赠行为决策差异	公益众筹策划
损失厌恶	风险信息传播效能	公共健康传播
鸡尾酒会效应	信息过载下的注意力分配	突然事件报道
蔡格尼克效应	系列报道传播效果	深度报道策划
多任务处理幻觉	移动端信息碎片化	多平台内容生产
系列位置效应	信息记忆留存规律	新闻发布结构设计
闪光灯记忆	重大事件集体记忆	国家形象传播
记忆重构现象	品牌形象演化	老字号复兴传播
认知失调理论	争议政策接受度	公共政策传播
详尽可能性模型	跨文化传播障碍	农村政策传播
积极心理学悖论	正能量传播失败	主旋律传播创新

（四）构建"认知能力评估体系"

为了进一步提升学生的传播实践能力，教学过程中教师还可以构建"认知能力评估体系"，通过简易量表帮助学生评估并提高水平——最终需要通过案例制作成果来进行认证。试举例如下：

表 2　传播实践教学中的认知能力评估量表

能力维度	评估指标	认证案例举例
认知洞察力	能识别社会现象背后的集体心理缺失	《"躺平"话语背后的焦虑诊断报告》
认知改造力	使复杂信息的理解成本降低 50% 以上	《医保政策图解手册（老年版）》
认知防御力	设计出可降低谣言传播率 30% 的干预方案	《AI 换脸诈骗认知免疫指南》

上表中的评估维度同样并非一成不变，教师可以随教学总体设计与需求增加或者调换——例如也可以包括热点敏感度、共情设计力等维度，但最终这些指标都旨在培养学生在复杂的信息环境中提升传播效果的能力，并增强他们对信息质量和伦理的把控。

通过以上教学创新，心理学不再是抽象的理论，而是会逐渐成为帮助学生理解和驾驭传播的"直觉"。对于教师而言，将"选择性注意""情绪唤醒"等心理学理论转化为"标题设计七步法""评论区灭火口诀"等可操作的工具，也将显著提升课堂教学的效果；对于学生而言，培养"心理学眼"至关重要——不仅可以敏锐捕捉事件中的传播痛点，还能在内容与流程设计中精准预判用户的心理需求。最终，在这个技术飞速发展的时代，新闻传播教育应注重在技术应用的基础上，始终保持对人类心理和传播伦理的深刻理解，确保最懂人心的传播者永远不会被算法所替代。

四、伦理根基：认知适配的"人文锚点"

在新闻传播实践教育中，伦理根基的建设尤为重要，尤其在面对数字时代中日益突出的认知适配问题时，首先要进行认知权力批判教育——这是推动学生理解和反思数字传播中的权力结构与伦理问题的关键。具体操作上，可以通过设置《数字时代的认知正义》课程模块，让学生有机会分析算法的操纵机制，比如如何通过"选择性暴露"手段操控公众的认知和行为，进而形成认知霸权。例如，拼多多的"砍一刀"机制通过操控用户的风险认知，诱使他们参与不必要的消费。为了加强学生对上述问题的伦理敏感性，可以通过"伦理沙盘推演"等方式模拟商业需求与认知偏差的冲突，要求学生设计符合伦理的替代方案。

其次，新闻传播教育需要关注在地化认知保护实践，尤其在面对不同群体的认知需求和脆弱性时，如何采取有效的干预措施。例如针对银发群体的认知防护，可以设计"反诈认知疫苗"，通过将常见诈骗话术（如"保健品特效"）转化为方言顺口溜，增强目标群体记忆力，从而提升其对诈骗行为的警觉性。此外，在乡村信息鸿沟的干预中，可以借助"认知可达性"理论视角，改造政策宣传材料，使其更贴合目标群体的认知习惯。这种本土化的认知保护实践不仅能帮助学生运用理论知识，还能提高他们的本土认同，让他们在面对不同社会群体时具有相应的传播伦理意识，从而在未来成长为更具有责任感的传播者。

五、结论

面对人工智能时代的传播生态重构与"认知适配"需求，新闻传播教育亟须将心理学内化为从业者的"第二本能"和认知直觉。换言之，在面对复杂的信息环境和用户行为时,新闻传播从业者不仅要具备技术能力,更应具备深入洞察人心的能力——看到热点事件时,他们能够透视群体心理的根源;在设计传播内容时,他们能预判用户的心智触点与情绪燃点;在面对新技术和算法时,他们能够坚守认知多样性的伦理底线,避免让单一的视角和偏见主导信息传播。这种能力的培养,不仅是传播技巧的提升,更是伦理与人性的坚守。

要实现上述人才培养目标,新闻传播实践教学以及教育者面临着更大的挑战:首先,教学内容和方法必须紧密结合数字化和人工智能时代的传播特点,要设计与当下传播生态相符的课程,让学生能够在模拟真实传播环境的场景中运用心理学理论进行有效的传播策划、内容创作和受众分析。其次,教育者自身的知识结构和认知水平亟待更新,以便能够"向下兼容"——不仅要具备心理学与传播学的跨学科知识,还要能够灵活应用这些知识,帮助学生在实际操作中形成"认知直觉"。第三,高校的教学工具、教学环境和校内外支持资源都需要针对时代特征进行升级。

通过上述转变,新闻传播教育将能够培养出既懂得"流量密码""人心密码",又深刻理解技术责任与伦理的新一代传播者——他们不是算法的奴隶,而是数字时代认知生态的治愈者与重建者,能够在信息洪流中保持对受众的深刻理解,推动更具伦理责任的传播实践。

第六章　新闻传播创新人才培养的教学模式改革

第一节　新闻传播创新人才培养的教学模式创新研究

党的二十大报告①明确指出,创新人才在新时代具有至关重要的意义,强调教育、科技、人才是全面建设社会主义现代化国家的基础性、战略性支撑。其中,人才是第一资源,创新是第一动力。中共中央、国务院在 2024 年印发的《教育强国建设规划纲要(2024—2035 年)》②中也提出,要完善拔尖创新人才发现和培养机制,在战略急需和新兴领域探索国家拔尖创新人才培养新模式。这些政策文件不仅为新时期的创新人才培养提供了新的战略指引,也凸显了创新型人才在我国新发展阶段的核心地位。

在互联网、大数据、人工智能、虚拟现实等技术的赋能下,新闻传播行业更加朝向智能化、场景化、交互化、多模态化、全息化等发展方向;新闻传播业态发生了深刻变革,包括虚拟演播室、AI 新闻写作等在内的新业态场景不断出现;新闻传媒人才的需求结构也发生了重大变化,在全媒体传播格局影响下,新闻传播人才需要更加具备跨媒体、跨平台、跨技术、跨国际等的创作能力和视野思维,不断提升跨学科知识学习能力和行业实践能力,具备更加敏锐的创新意识和批判性思维,能够从不同角度思考问题,提出具有新颖性的传播策略和内容创意。随之,新闻传播的人才培养及学科建设也需要在新文科和跨学科理念的指导下,革

---

① 习近平:《高举中国特色社会主义伟大旗帜为全面建设社会主义现代化国家而团结奋斗——在中国共产党第二十次全国代表大会上的报告》[EB/OL],https://www.gov.cn/gongbao/content/2022/content_5722378.htm,2022 年 10 月 16 日。

② 中共中央、国务院:《教育强国建设规划纲要(2024—2035 年)》[EB/OL],https://www.gov.cn/zhengce/202501/content_6999913.htm?slb=true,2025 年 1 月 19 日。

新教学模式和学习方式，培养符合时代进步需求的创新型新闻传播人才。基于此，本节面向新时代新闻传播创新人才的培养，进行新闻传播教学模式的再思考，以期为新闻传播教育改革与发展提供有益的参考和借鉴，助力新闻传播行业在新技术浪潮中实现高质量发展。

一、新文科理念下新闻传播教学模式创新的理论逻辑

（一）新文科理念下新闻传播的内涵演变及发展方向

新文科概念最早由美国希拉姆学院于 2017 年提出，旨在通过文理交叉、技术融合，培养具有创新精神和全球视野的新型文科人才。2018 年，国内启动"六卓越一拔尖"计划 2.0，新文科建设正式提入建设议程，强调以马克思主义为指导，建设具有中国特色、中国风格、中国气派①的哲学社会科学学科体系。新文科的核心在于多学科交叉与深度融合，从学科导向转向需求导向，从专业分割转向交叉融合，从适应服务转向支撑引领。其目标是培养能够解决复杂社会问题的复合型人才，具备跨学科的知识体系和创新能力。王仕勇②指出新闻传播学科的新文科内涵在于新时代背景、新媒介环境、新学科发展动力和新人才需求。蔡斐③认为，新文科可以拆分为新 + 文科来理解，"新"意指发展方向，"文科"意指基础，体现了学科的基础作用。而基于新文科的新闻传播是分科而治模式下既有学科赋能的教育模式演变。

在新文科深度交叉与融合的学科范式作用下，新闻传播学的教学转向需要朝向新思维、新理论、新方法、新实践。一是，新闻传播教育模式需要树立学科大融合理念，发挥新闻传播学科的液态性④特点，利用新闻传播与理科、工科、医科等学科交叉融合的内在属性和天然优势，进行多元交叉，拓展指导新闻传播教育

---

① 中国新闻网：《教育部谈如何发展新工科、新医科、新农科、新文科》，https://www.chinanews.com.cn/gn/2019/02-26/8764951.shtml，2019 年 2 月 26 日。

② 王仕勇：《新文科背景下新闻传播人才培养的新理念与新进路》，《中国编辑》2021 年第 2 期，第 16 - 21 页。

③ 蔡斐：《学科赋能、跨界驱动与人的回归——论新文科背景下新闻传播人才的培养》，《中国编辑》2021 年第 4 期，第 77 - 81 页。

④ 张明新、李华君：《新文科背景下新闻传播学学科建设的交叉融合》，《新文科理论与实践》2024 第 3 期，第 39 - 48、124 - 125 页。

教学的理论体系。二是，在顶层设计、科学研究、课程建设等方面构建跨学科复合型知识理论体系，通过融入交叉学科的最新前沿成果，突破传统新闻传播学框架，如借助认知科学、神经科学的认知传播理论拓展计算传播学的课程理论体系，结合算法推荐与用户认知行为模型，揭示信息茧房的形成机制①。三是，借助新兴技术驱动的跨学科教学工具与设备，形成适合新闻传播深度交叉融合的方法体系。如借助深度学习的数据挖掘与描述能力，增强新闻数据叙事效能，形成新闻数据科学方法。四是，基于产教融合的范式重构进行新闻传播实践新探索。在新文科交叉融合背景下，新闻传播实践需突破传统"课堂＋媒体实习"的单一模式，构建"学科交叉—技术赋能—产业对接"的三维实践体系，积极开发"政产学研用"协同育人平台，提升实践教学场景的"虚实融合"功能，形成新闻传播实践成果孵化的全链路机制。

（二）面向新闻传播创新人才培养的教学模式核心特征

在深度学科交叉融合影响下的新闻传播教学模式体系中，学生中心化、真实场景驱动化、跨域协同化是其核心特征。一方面，教学模式的核心对象将从"被动接受"转向"主动创造"。以学生需求为导向，新闻传播教学将通过个性化学习路径设计、自主探究式任务分配、动态反馈机制构建，激发学生自主创新潜能。比如，学生通过自主选择实践项目（如数据新闻、VR 纪录片等），形成个性化能力成长记录的 Portfolio。另一方面，新闻传播教学将从"模拟训练"转向更多的"实战赋能"。行业真实问题（如跨文化传播冲突、舆情危机等）将被嵌入教学过程，并通过"问题—探究—解决"闭环提升实践能力。这一过程也将激发更多真实模拟场景库，锻炼学生的知识运用与随机应变技能。此外，从"单一主体"到"多元网络"的跨域协同化也将更加普遍。在深度学科交叉融合的背景下，新闻传播教学模式将会突破学科、地域、行业壁垒，形成学科协同、校企协同、国际协同、技术协同②等的多维联动机制，实现知识生产的跨界融合、实践培育的产教共育、全球视野的协同共创、多元技术赋能的兼容助力。

---

① 彭兰：《算法社会的认知重构：人机协同中的传播范式变革》，《国际新闻界》2023 年第 2 期，第 6 - 25 页。

② UNESCO：Global Education Monitoring Report 2023：Technology in Education—A Tool on Whose Terms?. https://unesdoc.unesco.org/ark:/48223/pf0000385723，2023.

二、面向新闻传播创新人才培养的创新型教学模式

结合以上理论逻辑分析,面向新闻传播创新人才培养的教学模式将更多呈现以下形式:

(一)"课赛结合"模式

"课赛结合"模式强调将学科竞赛的内容、标准和要求融入课程教学体系中,以竞赛项目为载体,通过"以赛促教、以赛促学、学赛结合"的方式,提升学生的实践能力、创新能力、团队协作能力以及解决实际问题的能力。在新闻传播领域,这种模式能够让学生在理论学习的基础上,通过参与新闻类竞赛(如新闻作品评选、融媒体制作大赛、数据新闻竞赛等),将所学知识应用于实际创作和传播实践中,从而更好地适应媒体行业的发展需求。通过竞赛激发学生的学习兴趣和创新意识,同时促使教师不断更新教学内容和方法,提升教学质量。竞赛成果还可以作为课程考核的重要依据,增强学生的学习动力。

"课赛结合"模式的优势在于:

1. 提升学生实践能力。新闻传播行业强调实践性和应用性,"课赛结合"模式通过将竞赛项目嵌入课程教学,让学生在真实的竞赛环境中锻炼新闻采写、编辑、制作、传播等核心技能,增强其应对复杂传播场景的能力。

2. 激发学生创新思维。竞赛往往要求学生在有限的时间内完成高质量的作品,这需要学生具备创新思维和灵活运用知识的能力。通过"课赛结合",学生能够在课程学习中不断探索新的传播形式和技术应用,培养创新意识。

3. 促进教学内容与行业需求对接。新闻传播行业的技术更新和业态变化迅速,"课赛结合"模式能够将行业最新的动态和需求引入教学内容中,使课程设置更具前瞻性和实用性。例如,通过参与数据新闻竞赛,学生可以学习到数据分析、可视化等前沿技能,满足新媒体时代对新闻传播人才的要求。

4. 增强团队协作能力。大多数新闻传播类竞赛需要团队合作完成,学生在竞赛过程中学会分工协作、沟通交流,培养团队合作精神,这对其未来的职业发展具有重要意义。

"课赛结合"模式的案例:

　　江西师范大学新闻学专业通过"CBR 传播人"平台,将专业课程与学科竞赛、实践活动、校媒合作等资源深度融合,形成了"课赛结合"的创新教学模式。学校将《深度报道》《新闻摄影》《融合新闻学》等课程与学科竞赛如"挑战杯"等紧密结合,鼓励学生将课程作业转化为竞赛作品或调研报告,强化实务训练的深度。通过与地方媒体合作,如南昌日报社、江西电视台等,建立实训实习基地,推出系列深度报道、短视频、音频等融媒体产品。学生在参与真实项目的过程中,将课堂所学应用于实际创作,提升实践能力。以项目为链条,将学生参与的新闻报道、调研活动转化为竞赛成果,如"团团电台""文物的声音听你说"等项目,既满足了地方需求,又提升了学生的实践创新能力。

　　"课赛结合"模式在新闻传播创新人才培养中具有显著优势,能够有效提升学生的实践能力、创新思维和团队协作能力,同时促进教学内容与行业需求的紧密结合。然而,这种模式在实施过程中也面临一些挑战,需要高校、教师和企业共同努力,优化课程体系、提升教师能力、加强校企合作,以充分发挥其在新闻传播人才培养中的作用。

(二)"虚拟仿真与实验教学"模式

　　虚拟仿真与实验教学模式是利用计算机图形学、虚拟现实(VR)、增强现实(AR)等技术,构建高度仿真的虚拟实验环境,让学生在虚拟场景中进行实验操作和学习。在新闻传播领域,这种模式可用于模拟新闻采编、融媒体制作、舆情分析等复杂场景,帮助学生在虚拟环境中积累实践经验。并借助大数据分析工具和可视化软件,开展数据新闻实验教学。学生可以通过分析真实数据,挖掘新闻线索,制作数据可视化作品,提升数据素养和分析能力。

　　"虚拟仿真与实验教学"模式的优势在于:

　　1. 高度仿真与沉浸式体验。虚拟仿真技术能够高度还原新闻传播的实际工作场景,如新闻发布会、直播间、数据新闻可视化等,让学生仿佛置身于真实的工作环境中。这种沉浸式体验有助于学生更好地理解和掌握新闻传播的流程和技术。

　　2. 突破时空限制。虚拟仿真实验不受时间和空间的限制,学生可以在任何有网络的地方进行学习和操作。这对于新闻传播专业的学生来说尤为重要,因为他们需要随时关注热点事件并进行实践操作。

3. 经济、安全、环保。与传统实验教学相比,虚拟仿真模式无需大量实验设备和材料,降低了教学成本。同时,它避免了因操作失误可能带来的安全风险,如数据泄露、设备损坏等。

4. 资源拓展性强。虚拟仿真平台可以快速更新实验内容,紧跟新闻传播行业的最新技术和发展趋势。例如,可以模拟最新的融媒体技术、人工智能在新闻中的应用等,为学生提供前沿的学习资源。

5. 提升教学效果。通过虚拟仿真平台,学生可以在课前预习实验流程,课中进行实际操作,课后进行复习巩固。这种混合式教学模式能够显著提高学生的学习效果和实践能力。

"虚拟仿真与实验教学"模式主要应用案例:

重庆大学新闻学院开发了"灾难事件融合报道虚拟仿真实验",通过虚拟仿真技术营造出泥石流、火灾、地震等灾难事件场景,让学生在虚拟环境中进行融合报道的实践。该实验项目与新闻报道课程相结合,学生在虚拟环境中学习灾难报道的采写、拍摄、编辑等技能,同时通过竞赛形式鼓励学生创作高质量的融合报道作品。学校组织相关竞赛,要求学生在规定时间内完成灾难报道作品,通过虚拟仿真平台模拟真实场景,提升学生的应急报道能力和创新思维。学生在虚拟仿真环境中积累了丰富的实践经验,提升了应对复杂新闻事件的能力。

通过竞赛形式,激发了学生的学习积极性和创新意识。"虚拟仿真与实验教学"模式在新闻传播领域具有广阔的应用前景。它通过高度仿真的虚拟环境和混合式教学设计,显著提升了学生的实践能力和创新思维。然而,这种模式在实施过程中也面临平台建设、教师培训和学生适应性等挑战。高校需要加强技术投入,优化教学设计,提升教师能力,以充分发挥虚拟仿真技术在新闻传播教学中的优势。

(三)"国际化与合作教学"模式

"国际化与合作教学"模式是指通过与国外高校、教育机构或其他国际组织合作,引入国际化的教育资源、教学理念和方法,培养具有国际视野、跨文化沟通能力和全球竞争力的人才。这种模式通常包括中外合作办学、国际联合培养、海外交流项目、国际课程引进等多种形式。通过国际交流,学生可以接触国际前沿的新闻传播理念和技术,拓宽国际视野。结合国际传播案例分析,培养学生在不同文化背景下的传播能力和跨文化交流能力。同时,鼓励学生参与国际传播实践项目,如"一带一路"沿线国家的新闻报道、国际文化交流活动等。

"国际化与合作教学"模式的优势在于:

1. 优质的国际化教育资源。引进国外先进的教育理念、教学模式和课程设置,拓宽学生的国际视野。使用国际原版教材,邀请国外专家授课,提升学生的专业水平和外语能力。

2. 提升教育质量。合作办学项目通常引入国外高校的优质师资和教学资源,促进国内高校教学质量的提升。通过国际交流项目,学生能够接触到最新的科研成果和知识体系,培养创新思维。

3. 增强学生就业竞争力。提供双学位、海外实习等机会,帮助学生积累国际经验,提升在全球就业市场的竞争力。毕业生因具备国际化背景和跨文化沟通能力,更受国际知名企业青睐。

4. 促进文化交流与跨文化沟通能力。学生在学习过程中接触不同文化背景的教师和同学,培养包容和开放的心态。通过参与国际交流项目,提升跨文化沟通能力和全球胜任力。

"国际化与合作教学"模式主要案例:

上海交通大学的国际化人才培养体系旨在通过多元化的国际合作与交流项目,培养具有国际视野、跨文化沟通能力和全球竞争力的创新型人才。该体系涵盖中外合作办学、国际联合培养、海外交流项目、国际课程引进等多种形式,致力于为学生提供丰富的国际化教育资源和实践机会。上海交通大学与150多所大学建立合作关系,设立海外教研基地和校区,营造"在地国际化"环境。与密歇根大学联合成立密歇根学院,与渥太华大学合作成立联合医学院,培养多领域国际化人才。推出"交·通全球课堂"计划,通过线上线下融合式教学,实现学生虚拟交换和学分互认。

"国际化与合作教学"模式通过引入国际化的教育资源、教学理念和方法,显著提升了教育质量和学生的国际竞争力。上海交通大学的国际化人才培养体系和中外合作办学项目的成功实践,为国内高校提供了宝贵的经验。这种模式不仅拓宽了学生的国际视野,还培养了他们的跨文化沟通能力和全球胜任力,为适应全球化背景下的教育和就业需求提供了有力支持。

（四）"翻转课堂与项目式学习"模式

翻转课堂通过课前自主学习、课上讨论和互动的方式，将课堂时间更多地用于学生的实践操作和问题解决。教师在课堂上引导学生进行小组讨论、案例分析和项目实践，提升学生的自主学习能力和创新思维。项目式学习以实际项目为导向，学生在完成项目过程中提升实践能力和创新意识。例如，结合新媒体平台的传播需求，设计"校园新媒体运营""社区新闻传播"等项目，让学生在实践中学习。

"翻转课堂与项目式学习"模式的优势：

1. 提高学习主动性：学生在课前自主学习，课堂上通过互动和讨论深化理解，变被动学习为主动学习。

2. 增强课堂互动性：课堂时间更多用于小组讨论、答疑和协作探究，提升了课堂的趣味性和互动性。

3. 个性化学习：学生可以根据自己的节奏和需求进行课前学习，教师在课堂上提供针对性指导。

4. 培养综合能力：学生在解决实际问题的过程中，不仅学习知识，还提升团队合作、沟通、批判性思维等综合能力。

5. 知识应用导向：学生通过真实情境中的项目实践，将理论知识应用于实际问题，增强知识的应用能力。

6. 激发学习兴趣：项目式学习通常围绕真实问题展开，学生更容易产生学习兴趣和动力。实践中掌握新媒体传播技巧和内容创作能力。

"翻转课堂与项目式学习"模式主要案例：

山东大学新闻采访课程的翻转课堂实践，通过课前自主学习的方式，教师提前发布预习任务，包括在线课程资源（如 MOOC）和视频拍摄作业。学生通过观看在线课程学习新闻采访的基本技巧和方法，并完成一个具体的拍摄任务，如"新生入校""国庆假期"等。课堂上，教师通过 PPT 展示和案例分析，引导学生讨论课前拍摄作业中的问题和亮点。学生通过小组讨论和教师的个性化指导，进一步掌握新闻采访的核心要点。学生以小组为单位，完成一个完整的新闻采访项目，包括选题策划、采访执行和后期制作。教师在过程中提供技术支持和专业指导。学生通过课前自主学习和课中互动，提升了自主学习能力和实践能力。

项目式学习让学生在真实情境中应用所学知识,培养了团队合作和创新思维。

　　"翻转课堂与项目式学习"模式在新闻传播领域的应用,通过课前自主学习、课中互动讨论和项目实践,显著提升了学生的自主学习能力和实践创新能力。这种模式不仅符合新闻传播专业对实践操作的要求,还能培养学生的团队合作能力和创新思维。通过上述案例可以看出,这种模式在提升学生综合能力方面具有显著优势。

三、新闻传播创新人才培养的实践路径

(一) 跨学科交叉融合:构建多元化知识体系

　　新闻传播创新人才培养需要打破学科壁垒,融合多学科知识。例如,复旦大学新闻学院提出"跨学科交叉融合,产学研联合培养"的理念,通过知识重构(新传播理论与方法)、能力重塑(硬能力与软能力)和锚定根基(思想与价值)三个方面,培养具有全球视野的新媒体人才。此外,广东外语外贸大学新闻学院也通过构建"学科知识体系 + 全媒体素养 + 语言能力 + 国际化视野 + 专业实践"的一体化人才培养模式,融合新闻传播学、国际政治经济、融合媒体技术等多领域知识。在课程设置中增加新兴技术课程,如人工智能与新闻传播、数据新闻、虚拟现实与新闻报道等,同时强化跨学科课程建设,培养学生跨学科知识背景。

(二) 以实践为导向的课程体系建设

　　实践能力是新闻传播创新人才的核心竞争力。高校应构建"理论—学科—技能"型课程体系,强化实践教学。例如,传媒院校可以通过开设"理论课程 + 技术课程 + 实践课程"的多模块内容,夯实学生的理论基础,同时注重技能训练,如大数据、算法、人工智能等前沿技术课程。此外,西安交通大学新闻与新媒体学院投资建设智能媒体实验室,围绕数据可视化、VR/AR 内容制作等前沿领域开展实践探索。

(三) 项目式学习与实践平台搭建

　　项目式学习能够有效提升学生的实践能力和创新思维。高校可以通过自建

平台或与企业合作,为学生提供真实项目实践机会。例如,中国社会科学院大学新闻传播学院通过"五位一体"实践教学模式,包括建设性新闻工作坊、卓越新闻传播人才见习营、融媒体与舆情监测实验室等,让学生在实践中锻炼能力。此外,高校还可以与新媒体公司共建产业学院,形成"任务驱动+真实项目"的生产型实践教学基地。

(四)双导师制与协同育人

双导师制是提升人才培养全面性的重要方式。通过引入行业骨干、一线新闻工作者等作为业界导师,与学界导师共同指导学生,实现理论与实践的深度融合。例如,中国社会科学院大学新闻传播学院与中国青年网共建"建设性新闻工作坊",采用"订单式人才培养模式",让学生参与一线新闻报道,提升实践能力。

(五)国际化视野与全球胜任力培养

在全球化背景下,新闻传播人才需要具备国际视野和跨文化沟通能力。广东外语外贸大学新闻学院通过构建国际化课程体系,增加全英双语课程和国际传播实务课程,培养学生的国际化视野。此外,高校还可以通过国际合作项目、海外交流计划等方式,为学生提供国际化的学习和实践机会。

(六)科教融合与思政教育

在新闻传播创新人才培养中,科教融合与思政教育是提升学生综合素质、培养正确价值观和适应时代需求的关键路径。新闻传播创新人才培养需要坚持正确的政治方向,融入思政教育。例如,高校可以通过"沉浸式思政课"、红色文化资源等方式,引导学生学习"四史",强化马克思主义新闻观教育。科教融合的核心是将科研成果转化为教学内容,通过科研项目、实验室实践和前沿技术应用,提升学生的学术素养和创新能力。将教师的科研项目与课程教学相结合,让学生参与实际研究,培养其科研能力和创新思维。例如,中国社会科学院大学通过"卓越新闻传播人才培养见习营",让学生参与智能媒体发展研究,完成相关调研和报告。建设智能媒体实验室,开展数据可视化、虚拟现实(VR)、增强现实(AR)等前沿技术的教学和实践。例如,西安交通大学新闻与新媒体学院通过智能媒体实验室,让学生在实践中掌握新媒体技术。

（七）新技术应用与创新思维培养

新闻传播教育应紧跟技术前沿，培养学生的创新思维。例如，复旦大学新闻学院强调从内容生产人才培养转向整个传播过程人才培养，注重培养学生在数字智能传播生态中的综合能力。高校可以通过开设智能媒体技术课程、虚拟仿真教学等方式，让学生掌握前沿技术。

四、结论

在互联网、大数据、人工智能等技术的赋能下，新闻传播行业正朝着智能化、多模态化、全息化等方向发展，对创新型新闻传播人才的需求日益迫切。新闻传播创新人才培养需要从跨学科融合、实践导向、项目式学习、协同育人、国际化视野、思政教育和新技术应用等多方面入手。通过构建多元化的知识体系、强化实践能力、搭建实践平台、引入双导师制、融入思政教育等路径，高校能够培养出适应新时代需求的创新型新闻传播人才。通过"课赛结合""虚拟仿真与实验教学""国际化与合作""翻转课堂与项目式学习"等创新型教学模式的探索与实践，可以有效提升新闻传播人才的创新能力和实践能力，培养出符合时代需求的创新型新闻传播人才。未来，新闻传播学科需要在新文科和跨学科理念的指导下，持续优化教学模式和课程体系，为新闻传播行业的高质量发展提供坚实的人才支撑。

第二节　人工智能时代赋能新闻传播学教学模式创新的实践探索

1936 年，英国逻辑学家艾伦·图灵（Alan Turing）提出了一种抽象的计算模型——图灵机（Turing Machine），这一理论奠定了现代计算机科学与人工智能（Artificial Intelligence，AI）发展的基础。随后，1950 年图灵发表了《计算机机器与智能》一文，提出了著名的"图灵测试"，这一测试成为衡量计算机是否具备智能的重要标准。然而，AI 作为一个正式的学术概念，则是在 1956 年的达特茅斯会议上首次被提出。在此次会议上，约翰·麦卡锡（John McCarthy）正式使用了"人工智能"这一术语,标志着 AI 作为一个独立研究领域的诞生。尽管 AI 的概念被广泛应用于不同学科(如计算机科学、新闻传播学)和多个领域(如媒体报道、日常生活),但在不同语境下,人们对 AI 的理解与指涉内容并不完全一致。①从技术角度来看,人工智能被定义为能够执行那些通常需要人类智能才能完成的任务的计算机系统,涉及机器学习、数据科学、机器人学等多个学科领域。②

作为一项跨时代的技术,AI 的发展深刻改变了人类社会,并推动人类迈入"AI 时代"。作为一门与社会信息传播紧密相关的学科,新闻传播学始终对技术演进保持高度敏感。随着媒介技术的不断发展以及人才市场需求的变化,新闻传播学教育的目标不再限于培养学生的理论素养,更强调实践能力的提升与创新思维的培养。然而,当前国内新闻传播学专业的人才培养体系在面对新兴媒介环境与市场需求变革时,逐渐暴露出适应性不足的问题。从"新闻无学"的质疑到"AI 时代新闻传播学教育应何去何从"的深刻思考,该学科的人才培养始终面临理论与实践的双重焦虑,并在教学内容、实践环节及教学方式等方面逐步显现出诸多挑战。例如,课程内容与行业需求之间的错位、实践教学的薄弱以及教学方法相对滞后等问题,使得当前的新闻传播教育难以充分满足行业发展的现实需求。

面对上述挑战与问题,同时考虑到 AI 技术的快速发展及其在新闻传播行业中的广泛应用,新闻传播学教育不仅面临变革的压力,也迎来了前所未有的发展机遇。因此,深入分析 AI 时代新闻传播学教学模式的创新路径显得尤为重要。AI 技术对新闻传播学教学的影响主要体现在两个核心方面:"教什么"与"怎么教"。从"教什么"的角度来看,AI 技术的介入将推动新闻传播学课程体系的内容革新,以适应行业对复合型人才的需求;从"怎么教"的角度来看,AI 技术将重塑教学方式,推动更智能化、互动化的教学模式发展。基于此,本节旨在深入探讨 AI 技术在新闻传播行业中的应用现状,剖析当前行业的人才需求,揭示新闻传播学教学创新的关键方向,并进一步探索切实可行的教学创新路径,以期为新闻传播学教育的未来发展提供有价值的理论参考与实践指导。

---

① 王雪莹:《技术的逻辑:强弱人工智能与伦理》,《阴山学刊》2019 年第 2 期,第 96 - 100 页。
② Diakopoulos N.: *Automating the News: How Algorithms Are Rewriting the Media*, 2019, Harvard University Press.

一、AI 在新闻传播领域的应用及对人才需求的影响

（一）AI 在新闻业中的应用

AI 的涌现引发了各行各业对于机器取代人类工作、可能带来失业潮的担忧。然而，经过多年的观察可以看出，虽然自动化会替代一部分工作岗位，但同时也会创造新的工作机会。AI 技术追求的是"拟人""像人"的目标，目前作为人类助手的角色主要还是为了提升工作效率，新闻行业也不例外。因此，得出 AI 会导致新闻从业者如记者、编辑失业的结论还为时尚早。

在新闻媒体领域，全球各地的新闻机构都在积极尝试整合人工智能技术，并将其应用于新闻生产的各个环节，包括新闻搜集、生产、分发、消费和反馈等。对于记者而言，新闻采写一直是一项耗时的工作，而人工智能有望在提升效率方面发挥作用。自动化的新闻采集是机器写作和人工写作的基础，中国有许多相关的成功案例。例如，新华社与阿里巴巴集团合作开发的新华智云突发新闻识别工具就是一例，这一先进的人工智能助手得到了媒体用户的认可。[①]该工具能自动识别突发新闻的来源，并提示记者和编辑优先处理，从而提高突发新闻报道的时效性。

在新闻生产领域，AI 技术正通过机器人新闻写作和 AI 新闻主播的形式不断赋能传统媒体。目前，几乎每个新闻平台都推出了自己的 AI 新闻写作工具。[②]这些工具在功能上各具特色，但如今却呈现出截然不同的发展态势。一方面，许多曾经名噪一时的机器人写作工具如今已基本停止运行。例如，腾讯财经旗下的 Dreamwriter 于 2015 年发布了第一篇 AI 生成的新闻，但其最后一篇报道却停留在了 2020 年 7 月。[③]另一方面，仍有一些写作机器人在持续运行，如中国地震台网的写作机器人。这种差异可能与 AI 新闻写作工具的现有局限性密切相关。目前，写作机器人主要专注于生成特定类型的文本内容，包括体育、财经、气象、地质

---

① 庞晓华：《人工智能在新闻传播全链条中的具体应用》，《中国记者》2020 年第 2 期，第 19 - 22 页。
② 比如：腾讯财经有 Dreamwriter、新华社有快笔小新、百度有 Writingbots、今日头条有 Xiaomingbot。
③ 王辰瑶、秦科：《嵌入实践的技术："自动化"对新闻业意味着什么》，《新闻与写作》2023 年第 9 期，第 92 - 103 页。

以及健康领域的报道。这些机器人通过收集和清理数据,将新闻元素嵌入"5W1H"(Who、What、Where、When、Why、How)模板,并自动发布新闻。①尽管 AI 技术对新闻写作质量的提升效果尚不明显,但其在新闻数量增长方面却起到了显著的推动作用。②在 AI 虚拟主播领域,中国是全球最早推出 AI 新闻主播的国家之一。③2018 年,搜狗与新华社联合制作并推出了首个 AI 虚拟新闻主播"新小浩",该主播以人类主持人邱浩为原型,采用了搜狗的"分身"技术。④然而,与新闻写作机器人类似,"新小浩"的最后一条视频新闻也停留在了 2020 年 9 月 10 日。

生成式人工智能(Generative Artificial Intelligence,GAI)的出现进一步重塑了新闻价值链。自 2022 年 11 月 ChatGPT 推出以来,围绕 GAI 的讨论在全球范围内掀起了一轮新的热潮。国内新闻业也开始在新闻制作的不同环节尝试使用 GAI。例如,百度开发的"文心一言"宣布与新京报、澎湃新闻、广州日报和中国妇女报等媒体整合,启动与新闻媒体的深度合作。⑤北京移动与《人民日报》合作的"AIGC 编辑部"在每年两会前夕启动,为《人民日报》报道全国政治会议提供支持。AIGC 编辑部提供多项创新功能,包括基于场景的视频编辑、自动图形生成、AI 绘画和数字头像。利用场景化视频编辑功能,只需输入一段简短的文字或几个关键术语,编辑部就能利用十多种不同的场景模板自动将其扩展为一篇完整的文章,并内置校对和纠错功能。人民日报多媒体团队的 200 多名成员使用 AIGC 编辑部进行现场编辑和内容创作,使用 AI 功能近 800 小时,AI 生成图片 300 多张。⑥然而,截至本节撰写之时(2025 年 2 月 18 日),尽管中国在开发大型语言模型方面取得了显著进展,但与美国相比,中国的 GAI 整体发展仍

① Wang Y.: The application of artificial intelligence in Chinese news media. 2021 2nd International Conference on Artificial Intelligence and Information Systems,2021:1 – 4.

② 吕倩:《人工智能技术背景下的新闻业变革与坚守》,http://media. people. com. cn/n1/2019/0117/c42455530563039.html,2019 年 1 月 17 日。

③ Sun M.,Hu W.,Wu Y.: Public perceptions and attitudes towards the application of artificial intelligence in journalism: From a China-based survey. Journalism Practice,2024,18(3):548 – 570.

④ Wang Y: The application of artificial intelligence in Chinese news media. 2021 2nd International Conference on Artificial Intelligence and Information Systems,2021:1 – 4.

⑤ 史安斌、刘勇亮:《从媒介融合到人机协同:AI 赋能新闻生产的历史、现状与愿景》,《传媒观察》2023 年第 6 期,第 36 – 43 页。

⑥ 中国电子报:《AI 席卷视听传媒行业》,https://baijiahao. baidu. com/s?id = 17982787100135978808.wfr = spider&for = pc,2024 年 5 月 6 日。

相对滞后。西方流行的模型，如 ChatGPT，在中国尚未广泛使用。因此，GAI 对中国新闻业的整体影响仍有待进一步观察。

（二）AI 对新闻业人才需求的影响

2018 年，我国提出了建设"新文科"的教育高质量发展目标，推动理工医农等学科和文科专业交叉融合。在这一背景下，新闻传播学专业面临着前所未有的转型机遇与挑战，新闻传播学专业需要迭代技能包，主要涉及新闻采集和内容制造。[①]

总体来看，业界对于"懂技术""会技术"的复合型人才的需求量显著增加：首先，在基础技能层面，新闻从业者不仅需要具备传统的采、写、编、评、摄能力，还需熟练掌握 Photoshop、Dreamweaver、H5 等数字工具，以及直播、音频、视频等全媒体报道手段；[②]其次，在生产模式层面，新闻生产由"人工生产"转向"人机协同生产"甚至"智能化生产"，机器人写作、VR 与 AR 新闻生产、虚拟主播展演等智能化内容生产模式逐渐出现。[③]最后，在技能要求层面，新闻从业者需要掌握自然语言处理、机器学习基础、数据分析等 AI 工具的使用技能，以适应智能化新闻生产的新要求。

新闻传播行业的发展态势与人才结构优化在很大程度上取决于高等院校新闻传播学院的人才培养质量与输送效能。作为信息社会的核心产业之一，新闻传播业不仅承担着社会信息传递、舆论引导和文化传承的重要使命，更具有显著的实践导向特征。这就要求新闻传播教育必须与时俱进，构建理论与实践深度融合的人才培养体系。

二、AI 时代新闻传播学教学模式创新的探索

（一）教什么：AI 驱动的课程内容创新

中国新闻传播教育始终与国家发展战略保持同步，积极响应国家层面的人才

---

① 李良荣、魏新警：《论融媒体时代新闻传播复合型人才培养的"金字塔"体系》，《新闻大学》2022 年第 1 期，第 17 页。

② 林晖、罗婷婷：《"拆墙"与"建墙"：中国新闻学教育的再"专业化"》，《新闻大学》2022 年第 1 期，第 34 - 44 页。

③ 许加彪：《智能传播时代新闻传播教育的目标调适、方法重构与制度创新》，《教育传媒研究》2023 年第 6 期，第 13 - 17 页。

培养指导规划。随着以互联网为载体的新媒体快速发展和媒体融合政策的深入推进，传媒业正经历着深刻的变革。这一趋势在 2014 年《教育部关于公布 2013 年度普通高等学校本科专业备案或审批结果的通知》中得到明确体现，"新闻传播学类"增加了"网络与新媒体""数字出版"标志着新闻传播教育正式开启数字化转型。①

传统新闻传播教育以培养学生采、写、编、评等专业技能为核心，但随着新媒体的崛起和传统媒体的式微，特别是 AI 技术的深度应用，新闻传播业的职业形态和业务模式发生了革命性变化。这种变化主要体现在以下三个方面：首先，在人才培养目标上，新闻传播教育正从单一的专业技能培养转向复合型能力培养。学生不仅需要掌握传统的新闻传播理论知识，还要具备数据分析、AI 工具应用、基础编程等跨学科技能。其次，在课程体系设置上，需要构建"新闻传播 + AI 技术"的融合课程群，包括自然语言处理、机器学习基础、智能媒体应用等课程模块。最后，在实践教学环节，应加强 AI 技术在新闻采集、内容生产、传播效果评估等环节的应用训练。

1. 基础理论课程

新闻传播学史、**理论基础和研究方法**是新闻传播学科体系的核心组成部分。尽管新文科的背景主张学生应该具备跨学科的能力，然而，只有学生先建立起学科意识，才有所谓跨学科的能力。通过这部分内容的学习，学生能够深入理解新闻传播学的发展历史，搭建起学科理论脉络。研究方法层面既要培养学生掌握定量研究方法（问卷调查、内容分析、实验法等）和定性研究方法（深度访谈、民族志、扎根理论等），还需培养学生数据分析的工具使用技能，比如说定量分析软件 SPSS、AMOS、Stata，定性分析软件 NVivo 等。随着计算机技术的发展，也需要着重培养学生网络数据爬取、大数据定量分析等新型数据获取和分析工具。通过理论学习与方法训练的结合，学生能够建立起完整的学科认知体系和研究能力，为其后续的专业课程学习、学术研究以及职业发展提供必要的理论指导和方法支撑。

马克思主义新闻观是马克思主义经典作家关于新闻、宣传工作的认识，是以马克思主义的立场、观点、方法对新闻现象或新闻活动形成的根本而系统的看

---

① 邓绍根：《新时代中国新闻传播教育的改革发展》，《现代出版》2024 年第 10 期，第 17 - 29 页。

法，具有鲜明的政治属性和实践属性。①马克思主义新闻观的教育不仅仅是一种教育内容，更是关乎文化领导权的意识形态斗争实践。②因此，马克思主义新闻观作为一项课程纳入新闻传播学教育是应然之举。清华大学新闻与传播学院在2005 年在全国新闻院系率先开设了"马克思主义新闻观"课程，③培养学生正确的新闻价值观和社会责任感，增强对主流意识形态的理解。

新闻传播伦理与法规课程是新闻传播学专业经典课程，在 AI 时代又生发出新的意义。除了传统的新闻传播领域经典的伦理原则和法律法规体系，比如新闻真实性原则、隐私保护规范、知识产权法规外，还应该补充最新的 AI 伦理准则。特别是在 GAI 广泛应用的背景下，新闻传播学专业学生需要了解 AI 生成内容的版权归属、信息真实性验证、算法偏见等新兴伦理问题。此外，如何在使用 AI 辅助新闻写作时平衡效率与真实性，在深度伪造技术应用中维护新闻真实性等。

2. AI 与技术类课程

AI 技术基础和 AI 大模型基础是新闻传播专业学生适应 AI 时代的"必修课"。虽然并非所有新闻传播专业学生都需要成为计算机专家，但掌握技术的基本原理和底层逻辑已成为不可或缺的专业素养。例如，中国人民大学为本科生开设编程语言基础课程，培养学生基本的计算思维④；北京师范大学新闻传播学院与微软、封面传媒共建"AI 与未来媒体实验室"，提供实践平台；中国传媒大学推出"智能媒体传播"网络课程，系统讲解新兴技术与传播学的融合应用。⑤

数据挖掘与分析也必不可少，包括数据库原理、Python 编程、数据挖掘技术和机器学习基础，重点培养学生处理大规模数据的能力。通过把数据技能与新闻传播实践相结合，形成了比如计算传播学、社交媒体数据分析和网络舆情监测等特色课程。这种课程设计既保证了技术学习的系统性，又突出了新闻传播专

---

① 杨保军、樊攀：《马克思主义新闻观研究的"转向"：从"史论偏重"到"史论与实践并重"》，《新闻与传播研究》2022 年第 4 期，第 5－20 页。

② 赵月枝、王欣钰、胡钰：《新时代马克思主义新闻观教育的理论基础与实践创新》，《新闻与写作》2024 年第 11 期，第 48－60 页。

③ 李彬：《范敬宜与清华马克思主义新闻观教育述略》，《中国记者》2011 年第 6 期，第 56－58 页。

④ 中国人民大学教务处汇编：《中国人民大学本科生培养方案（2019）·法政与社会学科大类》，第 20 页，http://jcr.ruc.edu.cn/uploads/soft/191106/11-06_165613-2.pdf。

⑤ 曾祥敏、刘思琦：《智慧、智能与智识：人工智能之于新闻传播教育的转型探究》，《新媒体与社会》2024 年第 3 期，第 1－14 页。

业的应用特色,能够帮助学生掌握从数据采集、清洗、分析到可视化的完整技能链,为智能媒体时代的数据驱动型新闻传播工作做好准备。上海交通大学媒体与传播学院为硕士和博士研究生开设了计算传播研究课程、①复旦大学新闻学院也为本科生开设了计算与智能传播课程。②

3. 新闻实务与应用课程

"数据新闻与可视化""智能媒体"是 AI 技术推动课程内容的创新典型代表。2014 年,中国传媒大学创建了中国高校第一个、也是迄今唯一一个新闻学本科数据新闻报道专业(方向)。③中国人民大学为新闻传播相关专业本科生和硕士生开设了数据新闻基础、数据新闻可视化等课程。④通过课程可以让学生掌握数据可视化工具和技术,提升新闻内容的呈现效果。

新兴新闻报道形式的制作,比如虚拟现实(VR)与增强现实(AR)新闻、利用 AI 辅助数据挖掘与分析、撰写深度新闻报道等。斯坦福大学新闻学项目开设了"计算新闻学"课程(Computational Journalism),同样从新闻实践角度出发,教授如何利用数据科学、信息可视化、AI 和新兴技术帮助新闻记者发现与讲述故事。⑤国内高校如南京大学新闻传播学院,开设了《数字人与虚拟制片》课程探索前沿媒介技术。⑥

4. 素养类课程

媒介素养作为一个宽泛的概念随着媒介形式的变化其内涵也发生了改变。

① 上海交通大学媒体与传播学院:上海交通大学媒体与传播学院 | 人才培养,https://smd.sjtu.edu.cn/train。

② 复旦大学新闻学院:《复旦大学新闻学院 2022 级新闻传播学类专业"2＋X"培养方案》,https://xwxy.fudan.edu.cn/fe/7c/c41181a523900/page.htm,2023 年 9 月 14 日。

③ 澎客:中传数新:《访谈录|刘昶:国内首个数据新闻报道方向是如何诞生的》,https://m.thepaper.cn/baijiahao_16048976,2021 年 12 月 29 日。

④ 中国人民大学教务处汇编:《中国人民大学本科生培养方案(2019)·法政与社会学科大类》,第 20 页,http://jcr.ruc.edu.cn/uploads/soft/191106/11-06_165613-2.pdf。

⑤ Hamilton T., Turner F.: Accountability through Algorithm: Developing the Field of Computational Journalism. https://web.stanford.edu/～fturner/Hamilton％20Turner％20Acc％20by％20Alg％20Final.pdf.

⑥ 南京大学新闻传播学院:《我院开设〈数字人与虚拟制片〉探索前沿媒介技术》,https://jc.nju.edu.cn/info/1751/12381.htm,2021 年 10 月 12 日。

在 AI 时代,尤其在 GAI 时代,素养类课程内容也应随之更新。

新闻素养的培养是重中之重。 在一个风险与不确定性剧增、渠道多样和信息过载的时代,更应该提升新闻业准从业者的新闻素养。① 这包括提升学生的新闻写作能力、新闻敏感度和深度报道能力,使其在 AI 辅助写作的背景下保持专业优势。②

提问素养的培养是合理、高效利用 GAI 的关键。 因为 GAI 的关键在于要给 AI 输入正确的指令,提问的质量直接影响内容输出的价值。因此,培养学生构建精准问题的能力、设计有效提示词(prompt)的技巧,以及引导 AI 生成高质量内容的能力至关重要。③

信息甄别和事实核查素养是应对 AIGC 可能存在的准确性问题的前提。 在当前 AIGC 的实际应用场景中,AI 系统并非如预期般完全"智能"。这些系统在响应用户查询时,可能出现事实性错误、信息失真甚至虚构数据来源等可靠性问题。值得注意的是,即便是 DeepSeek、Kimi 等提供网页引证的高级 AI 系统,其引用的信息来源仍可能存在质量参差不齐的问题,包括但不限于非官方渠道、可信度存疑的第三方平台以及缺乏权威背书的内容源。提高学生信息甄别和事实核查素养应该纳入整体课程设计中。比如,2017 年 10 月,南京大学新闻传播学院依托微信公众号平台成立了事实核查项目"NJU 核真录",该公众号的采编人员均为该校的本科生与研究生。作为一个以事实核查为主要内容的项目,它旨在为公共讨论提供经过验证的事实,解释模棱两可的公共政策,并监督公众人物所作宣称的事实性。④

(二) 怎么教:AI 驱动的教学方式创新

1. 教学方法与手段的创新

以学习者为中心。 在传统的课堂中,教师往往是知识的输出者,而学生则被

---

① 刘海龙:《新闻素养与下一代新闻业》,《新闻记者》2014 年第 4 期,第 69 - 75 页。
② 张恒军、宋宜效:《ChatGPT 时代的新闻传播教育:价值意蕴、变革逻辑与实践路径》,《新媒体与社会》2024 年第 3 期,第 63 - 74 页。
③ 同上。
④ 郑佳雯:《开放的探索:事实核查实践与公共生活的相互依存——以"NJU 核真录"为例》,《新闻记者》2020 年第 8 期,第 20 - 31 页。

视为知识的接收者。教师在 AI 教学中的角色从知识传授者转变为学习引导者和技术应用者,需要引导学生自主学习和创新。以学习者为中心强调的学习者作为知识学习主体作用的教学方法,能够有效促进学习者提升学习兴趣、培养独立探索精神和发展创新能力。①GAI 技术的优势正是在于对个人诉求的定制化回复,将该技术应用于新闻传播教育实践不仅能够帮助教学者利用有限的时间和精力为学生们提供具有针对性的指导,也有利于激发学生的自主学习潜能,鼓励学生依据自己的学习兴趣,立足于不同的学习目标向 AI 提问并得到回答,从而完善自身的知识谱系。②

搭建交互式学习环境。AI 技术的出现,尤其是 ChatGPT 这类 GAI 的出现,提供了交互式学习环境。③在这样的技术支持下,启发式教学方式更容易实现。教育者通过有效引导,激发学生通过提问、学习、思考、追问等知识探究途径。利用 AI 平台开展互动式教学,例如通过智能问答系统解答学生问题,通过虚拟课堂开展在线教学,提升教学的互动性和趣味性。

采用线上线下混合式教学模式。新闻传播教育应当积极探索线上线下混合式教学模式,充分利用 AI 技术平台的优势,构建多元化的教学体系。技术的发展提供了线下教育的补充途径,催生了慕课、可汗学院等课程形态。这种教学模式的核心在于实现传统课堂教学与数字化学习的有机融合。

运用 AI 辅助教学工具,如智能辅助系统、虚拟实验室、虚拟写作助手等,提高教学效率与质量。目前,许多高校的新闻传播学院陆续更新了智慧教室、虚拟仿真实验室,如西北政法大学新闻传播学院的融媒体实验室及虚拟仿真实验室、复旦大学的新闻传播学实验教学中心、上海交通大学的智慧教室等。④虚拟课堂让学生对每一个抽象的知识点有了更深刻更直观的体验,比如利用 VR、AR 技术,古今中外的新闻人物、新闻事件、新闻作品都可以被搬进课堂。⑤

---

① 费再丽、陈锦宣:《新时代马克思主义新闻观教育教学方法优化分析》,《传媒》2023 年第 15 期,第 82 -84 页。

② 许加彪:《智能传播时代新闻传播教育的目标调适、方法重构与制度创新》,《教育传媒研究》2023 年第 6 期,第 13 - 17 页。

③ Rospigliosi P. A.: Artificial Intelligence in Teaching and Learning: What Questions Should We Ask of Chat GPT?. *Interactive Learning Environments*, 2023, 31(1): 1 - 3.

④ 张恒军、宋宜效:《ChatGPT 时代的新闻传播教育:价值意蕴、变革逻辑与实践路径》,《新媒体与社会》2024 年第 3 期,第 63 - 74 页。

⑤ 栾轶玫、张晓旭:《人工智能驱动下的新闻传播教育变革》,《新闻与写作》2018 年第 5 期,第 43 - 49 页。

2. 教学评价体系的完善

在 AI 时代,新闻传播教学评价体系的完善需要从多个维度进行系统性革新。**首先,更新评价理念**。比如说以考查学生的学科知识为主转向以考核学生的综合素养为主;更加注重考查学生发现、分析并解决现实问题的能力;强化多样化评价理念,用多把尺子衡量学生综合素质。[①]

其次,创新评价方式。比如从关注学生考试成绩或学习结果转向过程性评价,通过 AI 技术实时监测学生的学习过程,提供动态的反馈,帮助教师及时调整教学策略。通过开发智能化评估工具,如自动评分系统、学习行为分析平台和能力画像构建系统,实现评估的客观化和精准化。同时,建立多元化的评估主体,评价不仅应包括教师和学生,还可以引入家长、专家、AI 系统等多元主体,形成全面、客观的评价体系。鼓励学生进行自我评价和同伴互评,培养学生的自我反思能力和合作精神。

最后,要强化教师与 AI 的协同作用。即使是 AI 时代,还应该秉持"教师主导、AI 辅助"的教育定位。AI 可以提供客观的数据分析和建议,但最终的教学决策和价值判断仍需教师参与。可以利用 ChatGPT 将学生的学习数据和教师的教学数据纳入分析,即时评估教学质量并将教改意见反馈给教师。[②]

(三) 谁来教:AI 时代新闻传播学教学模式创新面临的挑战

尽管 AI 技术在新闻传播学教学中的应用展现出显著优势,但其全面推广仍面临多重挑战,尤其是在师资队伍建设方面,"谁来教"成为亟待解决的核心问题。

当前新闻传播学科教师普遍存在技术素养和实践经验不足的问题。新媒体技术推动了交互式新闻、数据新闻、新媒体运营等多样化传播需求的涌现。只有具备技术支撑的复合型人才,才能真正适应新闻业转型与发展的需要。但目前,拥有技术背景的师资力量稀缺,且新媒体传播素养不足,难以有效驾驭 AI 教学工具。985 高校新闻传播学院中,具有媒体实践经验的教师比例较低,导致教师

---

① 《促进人工智能助力教育变革》,《经济时报》2025 年 1 月 23 日,https://www.gov.cn/zhengce/202501/content_7000579.htm.

② 张恒军、宋宜效:《ChatGPT 时代的新闻传播教育:价值意蕴、变革逻辑与实践路径》,《新媒体与社会》2024 年第 3 期,第 63 - 74 页。

难以将实践经验融入教学,使得新闻传播教育往往停留在理论层面,与实践需求脱节。所以,就现在的教学模式和教学内容来看,新闻人才培养要满足传播实践领域的需要,更多的是"心有余而力不足"①。

此外,我国高等院校普遍确立了研究型大学的发展定位,这种取向在提升学术水平的同时也带来了显著的负面影响。过度强调科研成果的评价机制导致研究方向的失衡,新闻传播的研究也日趋偏向纯理论研究,业务型师资和应用新闻学研究越来越少。②另外一些高校还会招聘来自计算机等理工科专业的教师,来从事数据新闻、网络数据挖掘分析、新媒体软件设计等课程的讲授。但以上这些"增量改革"的方式,可能的结果或是"新课老课内容重复率高",或是"老课没人听,新课听不懂",教学思路缺乏贯通性,效果难以保证。③

三、结论

近年来,人工智能技术的迅猛发展正深刻地改变着各个行业的面貌,而DeepSeek 的诞生更是将 2025 年标记为中国人工智能崛起的重要里程碑。在这样的技术浪潮下,新闻传播学教育也正经历着前所未有的深刻变革。面对"新文科"建设的时代要求,新闻传播学的教学内容与教学方式迫切需要不断创新,以更好地适应新闻传播行业日益开放与变革的趋势,满足其对人才培养的全新需求。在这个过程中,我们既要积极探索,也要进行系统性的总结与反思。人工智能究竟为新闻传播教育带来了更多的积极推动,还是潜在的挑战?这一问题仍然值得我们深入研究和思考。在未来,新闻传播学的课程建设与教学改革固然需要顺应技术发展的潮流,但同时也要警惕避免成为技术的"附庸",确保教育的自主性与价值引领作用。

此外,加强国际交流与合作显得尤为重要。借鉴国际知名高校与研究机构的先进经验,能够为我国新闻传播教育提供宝贵的参考与启示。正所谓"他山之

① 李惊雷:《人工智能时代新闻传播教育困境》,《中国出版》2019 年第 6 期,第 38 - 42 页。
② 林晖、罗婷婷:《"拆墙"与"建墙":中国新闻学教育的再"专业化"》,《新闻大学》2022 年第 1 期,第 34 - 44 页。
③ 李良荣、魏新警:《论融媒体时代新闻传播复合型人才培养的"金字塔"体系》,《新闻大学》2022 年第 1 期,第 17 页。

石,可以攻玉",在此基础上,我们应始终坚持马克思主义新闻观的指导,将人工智能技术思维有机融入课程体系,致力于培养既坚守新闻价值观念又掌握前沿技术技能的复合型新闻传播人才,以更好地应对新时代的挑战与机遇。

第三节　新闻传播与经济学交叉教学改革的理论构建与实践探索

在知识生产模式从"学科分化"向"问题驱动"转型的第三次教育革命浪潮中,新闻传播学与经济学的交叉融合正突破传统学科的知识论边界,演变为重构现代性教育图景的认知实验。传统的单一学科教育模式难以适应行业对复合型人才的迫切需求,而通过新闻传播与经济学交叉教学改革,通过两个学科的优势互补和资源整合,为培养具备专业传播素养和经济分析能力的复合型人才提供了有效路径。然而,以往研究多从单一维度出发,探讨新闻传播教育改革的路径,未能构建一个整合新闻传播与经济学核心要素的完整理论框架,缺乏系统性的"新闻传播＋经济学"交叉教学理论探讨,缺乏可推广、可复制、可调整的课程体系设计方案。基于此,要在明确新闻传播与经济学交叉教学时代诉求的基础上,探索新闻传播教育与经济学知识体系融合的理论与实践路径,促进新闻传播学教学改革创新,为高校新闻传播教育培养具备经济分析能力的复合型人才提供实践参考,深入推进高校拔尖创新人才培养与教育强国建设。

一、新闻传播与经济学交叉教学改革的时代诉求

尽管学科交叉融合发展的制度性安排试图弥合知识生产与人才培养之间的裂隙,但政策文本的应然逻辑与教育实践的实然困境之间仍存在着一系列深层改革难题,需要在知识社会学与制度变迁理论的双重视域下,解构新闻传播与经济学交叉学科教育改革的政策逻辑、实践逻辑与理论逻辑。

(一) 政策导向:制度性供给与知识生产模式的范式适配

中共中央、国务院印发的《教育强国建设规划纲要(2024—2035年)》指出,要面向数字经济和未来产业发展,加强课程体系改革,实现基础学科突破,引领

学科交叉融合再创新。①数字经济的兴起和新媒体技术的快速迭代,重塑了媒体产业的人才需求结构。人工智能技术在宏观层面形塑了传媒业的业态面貌,同时在微观层面上也重塑了传媒产业的业务链。②传统的新闻采编技能已难以满足行业发展,在人工智能与媒体融合的时代背景下,传统新闻传播教育正面临深刻转型。③传统的新闻采编技能已难以满足行业发展,具备多元复合能力的人才成为新需求。④我国《新文科建设宣言》明确提出要打破学科专业壁垒,推动文科与理工医农学科深度交叉融合。⑤新文科建设战略和数字文化产业智能化升级对新闻传播人才培养提出更高要求。教育部等五部门印发的《普通高等教育学科专业设置调整优化改革方案》指出,要打破学科专业壁垒,深化学科交叉融合,创新学科组织模式,改革人才培养模式。⑥新闻传播学与经济学的交叉融合,是培养适应时代需求复合型人才的关键策略,⑦是高校打破学科壁垒,构建跨学科协同育人机制的重要实践方向。

在全球知识生产模式从"学科本位"向"超学科协同"转型的进程中,教育政策正经历从"资源配置工具"到"知识治理框架"的功能升维。国务院学位委员会引发的《交叉学科设置与管理办法(试行)》则通过制度创新赋予交叉学科独立的知识编码权。这一政策转向本质上是应对数字资本主义时代"技术—经济—传播"三元融合的知识合法性危机。当算法定价机制重构金融市场信息不对称格局,当社交媒体情感流量成为宏观经济波动的新解释变量,传统学科的知识供给已无法覆盖"技术可供性—传播效能—经济后果"的复杂因果链。教育政策试图通过"制度性知识嫁接",在学科目录调整、课程认证体系重构、师资评价标准创新等维度构建适应性治理框架,但其效能受限于科层制教育治理的路径依赖与

① 中共中央国务院:《教育强国建设规划纲要(2024—2035年)》[EB/OL],https://www.gov.cn/zhengce/202501/content_6999913.htm,2025年1月19日。

② 喻国明、兰美娜、李玮:《智能化:未来传播模式创新的核心逻辑——兼论"人工智能+媒体"的基本运作范式》,《新闻与写作》2017年第3期,第41-45页。

③ 陈羽峰、胡翼青:《新文科背景下新闻传播学科数字化转型》,《中国出版》2022年第23期,第27-33页。

④ 张涛甫:《传播新业态倒逼新闻传播教育转型》,《青年记者》2017年第21期,第45页。

⑤ 教育部新文科建设工作组:《新文科建设宣言》[EB/OL],https://www.cssn.cn/ztzl/yingxiang-shixue/zhengcewenjian/202302/t20230216_5588800.shtml,2023年2月16日。

⑥ 教育部等五部门:《关于印发〈普通高等教育学科专业设置调整优化改革方案〉的通知》[EB/OL],http://www.moe.gov.cn/srcsite/A08/s7056/202304/t20230404_1054230.html,2023年3月2日。

⑦ 韦路:《新媒体时代新闻传播教育的四大转型趋势》,《今传媒》2013年第1期,第14-15页。

知识权力再分配的博弈张力。因此,探索新闻传播与经济学交叉教学改革,就要基于制度性供给与知识生产模式之间的范式适配。

(二) 实践困境:制度性冲突与认知基础革命的治理错配

在知识社会学与制度变迁理论的双重视域下,新闻传播与经济学交叉教学改革的实践推进存在着制度性冲突与认知基础革命的治理错配问题,具体表现为三重结构性矛盾。

其一,学科部落主义与知识整合诉求的制度性冲突,表现为院系资源竞争导致的课程模块碎片化,以及“新闻传播 + 经济学”简单叠加的伪交叉现象。传统的课程体系相对封闭,缺乏跨学科知识整合机制和能力转化路径,使得学生难以有效融合新闻传播知识与经济学分析方法,与媒体产业对复合型人才的需求存在错位。新闻传播学与经济学之间存在学科壁垒,导致认知与知识体系的割裂。①财经新闻、媒体商业模式创新、数字内容产业运营等新兴领域的人才供需失衡问题尤为突出。这种能力缺口不仅限制了学生的职业发展,也制约了媒体产业的数字化转型进程。

其二,认知基础设施迭代与教学范式的代际鸿沟。数字技术驱动的“认知基础设施革命”正在解构传统学科的底层分析框架,传统新闻传播学以“内容生产—受众反馈”为核心逻辑,经济学以“资源稀缺—理性决策”为预设前提,但平台算法、区块链确权、用户行为数据流等技术要素,正在重构信息传播与经济行为的底层规则。新闻传播领域的大数据叙事与经济学领域的复杂系统建模,本质上共享同一套数字认知基础设施。但现有教学体系仍将技术工具绑定于单一学科方法论,导致传统经济学模型难以内化传播学的情感计算维度,而经典新闻伦理框架亦无法回应平台资本主义的数据产权争议等问题。然而,课堂教学仍在使用静态案例与线性归因方法,这种“动态实践”与“静态理论”的冲突,暴露了教育系统知识再生产机制的滞后性。

其三,评价体系的单向度规训与跨学科能力认证的不可通约性,现有学术评价机制仍以学科期刊等级和项目归属作为核心指标,导致交叉研究成果陷入“双向失

---

① 朱秀凌:《融媒体时代新闻传播人才跨界培养模式的创新研究》,《传媒》2018 年第 20 期,第 85 - 87 页。

语"的合法性困境。新闻传播专业教育当前培养模式侧重于传统媒体实务,在经济分析、数据思维及商业运营等方面的训练相对薄弱。①人才培养的知识体系存在单一化问题,经济分析能力培养不足。其中的更深层次矛盾源于教育系统的"制度记忆"与数字社会的"认知革命"之间的速度差。当产业实践已形成"传播即生产、流量即资本"的新认知范式,教育机构仍困守于学科分类标准确立时期的认识论框架,这种时空错位本质上是知识再生产机制滞后于社会实践的必然产物。

(三) 理论发展:认知生态位跃迁与知识再生产机制创新

新闻传播与经济学交叉教学的本质是数字资本主义时代"认知基础设施革命"的必然产物。数字技术引发的"认知基础设施革命"不仅重塑了信息传播与市场运行的底层逻辑,更在认识论层面解构了工具理性与价值理性的传统分野。当社交媒体的情感传播深度介入货币政策传导,当算法权力重新定义市场供需曲线,传统的学科规训制度正面临着知识再生产效能的合法性危机。这种危机在高等教育场域具象化为双重悖论,即技术迭代催生的"超学科能力需求"与制度惯性强化的"学科部落主义"形成认知断层,产业实践生成的"复杂性知识"与教育机构供给的"标准化课程"产生范式冲突。传统经济学以信息完全性为假设前提,而新闻传播学长期聚焦信息生产与扩散的线性逻辑,二者在数字经济场景下面临共同的理论坍缩。平台算法重构了信息不对称的生成机制,数据流改写了供需曲线的解释范式。这种认知范式的颠覆性变革,要求教学改革从"学科互鉴"转向"认知基模重构",打破"传播即内容生产""经济即资源配置"的传统分野,构建"传播效能—市场反馈—技术可供性"的闭环分析框架。

尽管学界对跨学科教学改革有所探索,但传统的单学科教学理论难以有效指导复合型人才培养,尤其在新闻传播与经济学交叉融合领域,教学模型和评价体系尚不完善,制约了教学改革的深入。缺乏知识交叉教学关联和知识整体性学习的课程设计不仅无助于学生激活先前知识,反而随着时间的推移会加速知识的"惰性化"②。在新闻传播教育改革过程中,学界研究呈现技术驱动与理论

---

① 谢卓华:《融合共享:云计算下财经新闻专业人才培养的路径思考》,《高教论坛》2018 年第 9 期,第 60 - 65 页。

② 钟秉林、常桐善、罗志敏等:《拔尖创新人才自主培养(笔谈)》,《重庆高教研究》2023 年第 1 期,第 3 - 13 页。

反思的双向演进。林晖等提出的"复合框架"理论突破传统技能导向,主张融合经济学方法论构建跨学科课程体系。①在平台型媒体背景下,新闻从业者要从传统"把关人"转向兼具数据分析与用户运营能力的"策展人"角色,实现"智媒时代职业角色转型"。②在媒体市场化与技术赋权双重压力下,新闻从业者的核心能力需求已从单一采编技能转向"经济分析＋数据思维＋伦理判断"的复合型能力结构。③人工智能技术的蓬勃发展与媒体融合的深入推进,共同驱动了新闻传播领域的深刻变革。数字技术正在重塑新闻专业主义的价值内核,"责任伦理"取代"客观性原则"成为职业认同新基准。④新闻传播与经济学专业交叉教学在认知生态位跃迁与知识再生产机制创新推动下亟待课程体系与教学模式的深度创新。

二、新闻传播与经济学交叉教学改革的理论构建

跨学科教学是世界一流大学教学改革的特色和亮点,系统推进学科交叉的本科教学改革,要实现课程体系的跨专业化、学术交流的常态化、科研实践的优质化、评价方式的多样化。⑤结合人工智能的时代背景,进行新闻传播专业与经济学深度融合与交叉教学的理论构建,要从知识创新、资源嵌入、课程设计三个维度展开。

(一) 双螺旋交织耦合的知识创新

"双螺旋交织"模型的核心在于实现新闻传播与经济学两大维度的有机结合。在新闻传播维度,包含新闻理论与实务、传播规律、媒体伦理、内容生产等核心要素的知识体系。新闻专业素养作为基础支柱,强调真实性、客观性和社会责任,培养学生对新闻传播规律的深刻认知。⑥新媒体时代新闻编辑的个人定位应

① 林晖、杜薇:《复合框架、综合判断与融合表达——新文科视域下中国应用新闻学教育的转型》,《新闻大学》2024 年第 5 期,第 32 - 44 页。
② 王斌、顾天成:《智媒时代新闻从业者的职业角色转型》,《新闻与写作》2019 年第 4 期,第 29 - 36 页。
③ 张兰:《媒体转型期新闻从业者职业认同研究》,南昌大学博士学位论文,2019 年。
④ 常江:《身份重塑:数字时代的新闻从业者职业认同》,《编辑之友》2019 年第 4 期,第 91 - 97 页。
⑤ 冯婕、曾开富、陈丽萍:《科学决策系统推进加强学科交叉教学》,《中国大学教学》2017 年第 4 期,第 83 - 86 页。
⑥ 年度传媒伦理研究课题组、刘鹏、方师师等:《2019 年传媒伦理问题研究报告》,《新闻记者》2020 年第 1 期,第 3 - 21 页。

从"信息把关人"转变为"信息产品经理",知识结构应从"知识复合型"转变为"行知并重型",编辑技能应从"幕后制作者"转变为"公共论坛主持人",管理理念应从"信息管理"转向"知识管理"。①在经济学维度,模型整合了传媒经济、市场分析、数据解读、商业模式等关键内容。通过经济学基础理论的学习,帮助学生深入理解数字经济发展规律;借助传媒产业分析工具,培养学生的市场洞察力和战略思维;运用数据分析方法,提升学生的量化研究能力和决策水平;结合商业模式创新实践,增强学生的平台经济思维和创新能力。由此,通过"双螺旋"结构实现交织融合,形成动态平衡的知识体系。通过模块化设计保持各自学科的独立性和专业深度,确保学生在各自领域具备扎实的理论基础;借助螺旋式上升机制,实现知识的递进式积累和能力的螺旋式提升,使学生能够在实践中不断深化对两个学科的理解和应用;充分利用人工智能技术作为催化剂,促进两个学科知识的深度融合与创新应用,培养学生的智能化思维和创新能力。

(二) 探索教育生态位的嵌入共生

由于自然、社会和教育系统有共同遵循的生态学原则,生态思维模式更贴近教育形态,生态方法论之精髓就在于"整体关联"和"动态平衡"。②这种基于教育生态位的思想理念与方法论有助于探讨新闻传播与经济学教学资源的最优化配置机制。生态位理论原本强调物种在特定生态系统中的功能定位及资源利用模式,将其引入教育领域后,为理解人工智能时代不同学科之间的共生关系提供了全新的分析框架与独特视角。③在各学科教育教学生态系统中,新闻传播与经济学各自占据特定的教育生态位,通过教学资源的有效共享和学科优势的充分互补,最终形成良性互动、协同发展的动态平衡状态。教学资源配置遵循"共生共长"的核心原则实现精准匹配和高效利用。在此基础之上,教学过程则突出"协同进化"的理念,即紧密跟踪产业发展趋势、敏锐捕捉技术变革特点、及时反馈学生学习需求,从而持续优化教学内容与教学方法,确保人才培养目标与社会发展

① 肖娜:《谈新媒体时代新闻编辑的媒介素养》,《编辑之友》2014 年第 9 期,第 56 - 59 页。
② 刘贵华、朱小蔓:《试论生态学对于教育研究的适切性》,《教育研究》2007 年第 7 期,第 37 页。
③ 陈元媛:《基于生态系统理论的高校创新创业教育研究》,《学校党建与思想教育》2021 年第 14 期,第 94 - 96 页。

需求的动态精准适配。与此同时,评价体系要采用"多维共生"模式,将过程性评价与终结性评价有效结合,力求全面考查学生在跨学科领域的理论素养和实践应用能力。

(三) 基于 OBE 理念的课程设计

跨学科交叉教学的关键在于构建科学的课程体系和创新教学方法,实现一种结果导向的教育(Outcome-based Education,OBE)。它是以学习者为中心、成果导向、持续改进三个要素的合成,需要外部质量保障体系、学校内部质量保障体系和自保障体系三个系统的循环往复,强调根据地区的特点、学校的特点、学生的特点进行课程具体设计。[①]通过系统构建具有层次性和系统性的模块化课程体系,将新闻传播与经济学的核心知识点,依据其难度梯度和内在关联程度进行科学的重组与整合,可形成基础模块、进阶模块和创新模块三个由浅入深、逐层递进的模块化层次结构。其中,基础模块重点强调学科基础理论和方法论的系统学习,旨在全面夯实学生的专业知识基础;进阶模块则着重突出跨学科知识的融合应用,侧重培养学生运用多学科知识解决复杂问题的实践能力;创新模块则高度聚焦学生创新思维和问题解决能力的前瞻性培养,有效引导学生在日趋复杂的媒体环境变化中开展创新性实践探索。每个模块均有机衔接理论学习、技能训练和实践应用等关键教学环节,结合场景化教学、项目制学习等创新方法,突破学科壁垒。同时,加强探索校企深度协同的实践教学模式,为学生提供真实的学习环境和职业体验,实现批判性思维、创造性思维等核心素养的螺旋式提升,从而切实保障跨学科教育教学改革的有效性。

此外,动态评价机制和完善的保障体系是教学改革成功的重要支撑,要构建多维评价体系将知识整合度、技能迁移能力和经济价值创造作为核心指标,通过"双师制"教学团队、校企合作平台等保障机制,为教学改革的持续推进提供制度保障。建立一套完整的学生综合能力培养矩阵,并从专业知识、技能应用、创新思维和职业素养四大核心维度出发,构建科学化、多维度的学生能力评价体系。在专业知识维度,重点考查学生对于新闻传播和经济学基础理论的理解深度和

---

① 张男星、张炼、王新凤等:《理解 OBE:起源、核心与实践边界——兼议专业教育的范式转变》,《高等工程教育研究》2020 年第 3 期,第 109－115 页。

灵活应用能力;在技能应用维度,着重评估学生综合运用跨学科知识有效解决实际问题的能力水平;在创新思维维度,重点关注学生在媒体内容创新和商业模式设计等方面的创造性思维和实践创新成果;在职业素养维度,则着重考查学生的职业道德修养和社会责任意识的养成情况。

基于上述三个维度的分析阐释,最终构建了一个理论框架体系(如图 1 所示)。

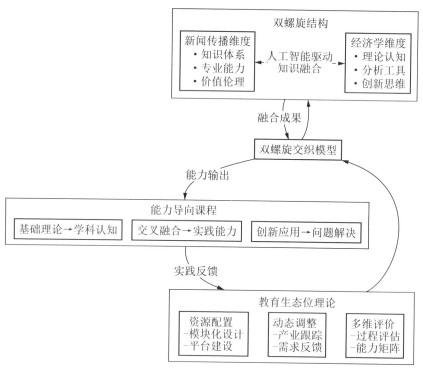

图1 理论框架示意图

三、新闻传播与经济学交叉教学改革的实践探索

基于新闻传播与经济学交叉教学改革的理论探讨,整合新闻传播与经济学的核心要素,探索更具创新性和可操作性的教学改革实践路向,旨在形成一套多维度的教学改革实践方案,从课程体系重构、教学模式创新、评价机制设计以及保障体系建设四方面入手,展开新闻传播和经济学交叉人才培养模式的实践

探索。

（一）模块化课程体系的重构设计

新闻传播与经济学交叉教学改革要实现课程组织形式的创新性发展，要采取模块化课程体系的重构设计。模块化课程是依据学生具备从事某一种行业所必需的能力而设计的，强化行业和学校之间的密切合作，瞄准的是行业发展的最新动态，强调的是教学要及时实行动态调整。①结合新闻传播与经济学交叉教学特征，基于模块化的课程设计思路，构建"基础—进阶—创新"三级递进课程体系。

基础课程模块要夯实学生的双学科理论基础。通过新闻传播理论、新闻采写基础、传播学原理等核心课程与微观经济学、宏观经济学、传媒经济学等基础课程的交叉设置。这一阶段注重两个学科知识体系的有机衔接，通过专题讲座、跨学科研讨等形式，帮助学生建立知识关联，形成系统化的认知框架，并引入智能化学习平台，为学生提供个性化的知识地图和学习路径，实现因材施教。

进阶课程模块要突出"知识融合、能力提升"理念，设置财经新闻写作、媒体商业模式分析、新媒体数据分析等交叉融合课程，通过案例教学、情境模拟等方式培养学生的跨学科应用能力，同时引入人工智能技术开发智能化教学工具，提升教学效果。学生需要同时运用新闻写作技巧和经济分析方法，通过大数据分析工具挖掘新闻价值，运用经济学理论解析媒体创新案例，提出优化方案，形成深度报道。

创新课程模块要以"前沿引领、创新实践"为导向，开设媒体创新创业、数字资产运营、传媒产业研究等前沿课程。采用"双导师制"由校内教师和业界专家共同指导，通过产学研项目的深度参与，实现理论与实践的有机统一。此阶段强调学生的创新能力和商业思维培养，通过创新创业项目实践、行业研究报告撰写等方式，让学生在实践中检验所学知识，培养解决复杂问题的能力。

（二）综合性教学模式的创新路径

教学模式采用"三位一体"的设计思路，构建场景化、项目化和研讨式相结合

---

① 余国江：《课程模块化：地方本科院校课程转型的路径探索》，《中国高教研究》2014 年第 11 期，第 99－102 页。

的综合性教学模式创新路径。具体而言,在场景化教学平台建设方面,依托虚拟现实技术开发"媒体经营决策模拟系统",通过数字孪生技术构建虚拟媒体环境。该系统包含新闻采编、市场分析、用户运营等多个模块,让学生在沉浸式场景中体验全媒体运营和商业决策过程。系统内置智能评估模块,通过机器学习算法实时追踪学生的学习轨迹和决策表现,为教学改进提供数据支持。在项目化教学实施层面,推行"真实项目 + 虚拟训练"的混合式教学模式。通过与主流财经媒体、互联网企业建立战略合作,选取实际项目作为教学案例。例如,与财经媒体合作开展"财经新闻深度报道"项目,学生需要完成从选题策划、数据分析到报道写作的完整过程。同时,通过虚拟训练平台进行技能强化和实战模拟,帮助学生在安全环境中积累实践经验。项目实施过程中,特别注重培养学生的团队协作能力和项目管理能力。在研讨式教学环节,实施"线上学习 + 线下互动 + 实践演练"的立体化教学方法。建设智能化在线学习平台,整合国内外优质教学资源,为学生提供丰富的学习材料。组织线下研讨和案例分析,通过头脑风暴、角色扮演等互动方式培养学生的批判性思维。实践演练环节则强调知识的实际应用,通过竞赛、工作坊等形式检验学习效果,形成完整的教学闭环。

(三)多维度评价机制的系统构建

探索多维度、过程性、系统性的评价体系,从知识整合、技能迁移和经济价值创造三个维度展开,实现对学生能力的全方位考核。首先,采用知识整合度评价。通过理论测试、案例分析等方式,从理论理解深度、知识融合能力、分析思维水平三个方面考查学生对跨学科知识的掌握程度。评价过程中采用智能题库系统,根据学生答题表现动态调整试题难度,实现个性化评估。其次,进行技能迁移能力评价。通过项目实践、作品创作等形式,从新闻采写能力、经济分析能力、数据处理能力等维度评估学生的实践应用能力。评价采用人工智能技术辅助,通过自然语言处理等方法对学生作品进行智能分析,评估其专业水平和创新程度,并引入同行评议机制,让学生参与互评过程,培养其评判能力。最后,开展经济价值创造评价。结合市场反馈和实际效果,从商业模式设计、创新方案可行性、市场价值实现等角度考查学生的创新能力和商业思维。建立基于大数据的学生画像系统,通过多维度数据分析,实现评价过程的动态监测和精准反馈,使评价结果不仅用于学习效果考核,也为个性化培养方案的制定提供依据。

（四）支持性保障体系的协同建设

在保障机制建设方面,要构建"四位一体"的支持系统。首先,通过实施"双师培养"计划加强师资队伍建设,支持教师跨学科进修和产业实践,打造具备复合知识背景的教学团队。其次,建立"导师成长档案",记录教师的能力提升轨迹,为职业发展提供指导。组织教师参与跨学科教研活动,促进教学经验交流和方法创新。在职称评定、绩效考核等方面对参与跨学科教学的教师给予政策支持,设立教学创新奖项鼓励教改研究,形成完整的激励约束机制。再次,深化校企协同机制,通过"引企入教"方式建立产教融合平台。建设"企业导师库",邀请业界专家参与课程设计和实践教学,实现教学资源的动态优化和更新。最后,构建"产学研"协同创新机制,推动教学改革与产业需求的深度对接。通过建立定期会商机制,及时调整人才培养方案,确保培养目标与市场需求相适应。设立专项经费保障教学改革,配置智能化教学设施,建设虚拟实验室和创新实践基地。

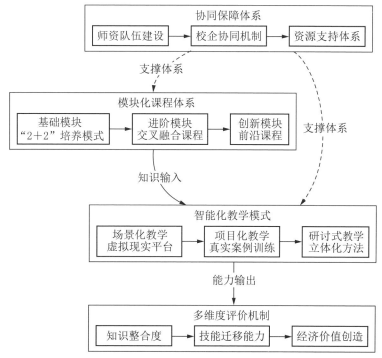

图 2　教学改革方案思路图

建立教学资源共享平台,实现优质资源的高效利用。同时,建立资源使用效益评估机制,确保投入产出的最优化。

这部分实践探索的框架图(如图 2 所示)展示了各要素间的逻辑关系和互动机制。

四、结论与启示

(一) 研究结论

通过构建"双螺旋交织"理论模型,设计跨学科课程体系,系统探索了高校新闻传播专业与经济学交叉融合的教学改革路径。研究认为,在媒体融合深入发展和数字经济快速崛起的时代背景下,新闻传播专业与经济学的交叉融合已成为必然趋势。传统的单一学科教育模式难以适应行业对复合型人才的迫切需求,而"双螺旋交织"教学模型通过两个学科的优势互补和资源整合,为培养具备专业传播素养和经济分析能力的复合型人才提供了有效路径。这种跨学科融合不仅能提升学生的综合能力,也能促进媒体产业的创新发展,对推动新闻传播教育改革具有重要意义。

研究发现,实现跨学科融合教育的关键在于构建科学的课程体系和创新教学方法。通过基础、进阶、创新三个模块的递进式课程设计,结合场景化教学、项目制学习等创新方法,能够有效突破学科壁垒,实现知识的系统传授和能力的螺旋提升。特别是校企深度协同的实践教学模式,为学生提供了真实的学习环境和职业体验,显著提升了教学效果。同时,动态评价机制和完善的保障体系是教学改革成功的重要支撑。为此,本研究构建的多维评价体系将知识整合度、技能迁移能力和经济价值创造作为核心指标,通过"双师制"教学团队、校企合作平台等保障机制,为教学改革的持续推进提供了制度保障。

(二) 实践启示

为有效推进新闻传播与经济学交叉学科人才培养,建议需从制度、政策、协同、师资和技术五个维度构建推行教改实践方案。具体而言,在制度建设层面,亟须构建完善的交叉学科教育标准体系,由教育主管部门牵头制定跨学科课程认证标准和教学质量评估机制,并持续完善课程体系认证,为跨学科教育提供制度保障。在政策支持方面,应构建多元政策支持体系,设立跨学科教改专项基金,推动"传媒经济分析师"等职业资格认证,并建立人才培养质量监测体系,通过政策引导和资金支持,激励高校开展教学改革。同时,应积极构建校企协同育人机制,通过税收优惠、产教融合项目支持和企业参与激励等措施,推动校企深度合作,强化实践教学环节。

在师资建设上,需加强教师队伍建设,制定教师跨界培训计划,优化职称评定和绩效考核机制,建立"双师型"教师认证制度,打造高水平的跨学科教学团队。在技术创新维度,应推动数字化教学创新,加大智能化教学平台建设投入,开发虚拟仿真教学系统,构建智能评价体系,推进教学资源数字化建设,通过技术赋能提升教学效果和管理效率。上述五个维度相互支撑,构成一个系统性的政策框架,旨在为新闻传播与经济学交叉学科人才培养提供全方位支持,培养高素质复合型人才,服务传媒经济领域发展需求。

(三) 研究局限

虽然构建了系统的理论框架和实践方案,但仍存在局限。首先,理论模型的普适性和有效性尚需在更多高校进行实证验证,不同类型高校在实施过程中可能面临不同的挑战和问题。其次,部分改革措施在实施过程中可能面临师资储备不足、资源配置受限等现实困难,这需要在实践中不断探索解决方案。此外,跨学科教学效果的评估体系还需要进一步完善,特别是在学生创新能力和职业发展潜力的评估方面,需要建立更科学的指标体系。

第四节　人工智能驱动的健康传播课程混合式教学模式构建研究

一、引言

(一) 研究背景

随着信息技术的迅猛发展,人工智能(AI)逐渐成为推动各行各业革新的关键技术,教育领域也不例外。近年来,AI 技术在教育中的应用不断深化,尤其在混合式教学模式中展现出巨大的潜力。2020 年,教育部发布了《教育信息化 2.0 行动计划》,强调要加快信息技术与教育教学的深度融合,促进个性化学习和智能化教学模式的发展。在这一背景下,健康传播作为公共卫生和医学教育的重要组成部分,也亟须借助现代科技手段来优化教学方法和提升教学质量。传统的健康传播课程往往受限于资源整合、教学方式单一等问题,无法满足学生个性化需求和实践能力的培养。AI 驱动的混合式教学模式,结合线上自主学习与线下互动教学,可以突破这些局限,提供更加灵活、多样的学习方式,提升学生的健康信息传播能力与跨学科素养。

(二) 研究意义

1. 理论意义

本研究在理论上具有重要的创新价值。研究将 AI 技术与健康传播课程教学相结合,开辟了一个新的学术研究领域。通过分析 AI 驱动的混合式教学模式在健康传播课程中的应用,能够为教育理论特别是医学教育、公共卫生教育和传播学交叉学科领域提供新的视角和理论依据。其次,本研究探索了 AI 在个性化教学、精准资源推送、动态评估反馈等方面的理论应用,能够丰富关于人工智能在教育中的实践理论,推动"智能教育"理论的发展。研究还将涉及虚拟现实(VR)与增强现实(AR)等技术的应用,这将为教学模式创新提供理论支撑,为如何通过技术手段提升教育的互动性、沉浸感和实操性提供了理论框架。

2. 实践意义

在实践层面,本研究具有重要的应用价值。随着 AI 技术的不断成熟,教育领域也面临着教学方式创新的需求。构建 AI 赋能的健康传播课程混合式教学模式,能够有效提升学生的学习效果和实践能力,特别在公共卫生事件处理、健康谣言识别等关键领域,培养学生的快速反应能力与跨学科的综合素养。通过引入虚拟仿真技术,学生可以在模拟环境中进行角色扮演和实战演练,增强其应急处置和信息传播能力。AI 技术能够根据学生的学习进度和反馈,提供个性化的学习路径和定制化的教学内容,这将帮助教师更好地了解学生的学习状态,优化教学资源配置。因此,基于 AI 的混合式教学模式不仅能提升教育效果,还能推动健康传播学科的教学改革,为公共卫生教育的创新发展提供可行路径。

(三) 研究目标与问题

1. 研究目标

本研究的主要目标是构建一个基于人工智能(AI)驱动的健康传播课程混合式教学模式,旨在通过创新的教学模式提升学生在健康信息传播领域的能力与跨学科素养。具体来说,研究目标包括两个方面:一是通过 AI 技术优化健康传播课程的教学方法,增强课程的互动性和实践性;二是提高学生的健康传播能力,特别是在面对公共卫生危机、健康谣言辨识及健康信息传播等现实情境中的应对能力。通过该模式的实施,期望能够打破传统教学的局限性,使课程内容更加贴近社会需求,学生的学习体验更加个性化,最终实现健康传播领域教学质量的提升。

2. 研究问题

为了实现上述目标,本研究需要解决几个核心问题。如何通过 AI 技术优化教学资源分配和课程设计,是本研究的关键问题之一。AI 技术具有强大的数据分析与个性化推荐能力,如何利用这些技术高效整合各类教学资源,并根据学生的学习特点进行个性化的资源推送,是研究的首要任务。其次,如何实现"线上＋线下"教学的无缝衔接,是另一个亟待解决的问题。混合式教学模式需要确保线上自主学习与线下互动教学之间的有效衔接,使学生在不同学习场景中都能获得充分的支持和指导。最后,如何设计与实施一个动态的评估体系,以准确掌握学生的学习进展并及时调整教学策略,是本研究必须考虑的关键问题。通过机器学习与数据分析,研究将探索实时评估学生表现的有效方法,以确保个性化学习路径的精准实施和教学效果的持续优化。

二、理论基础与研究现状

（一）核心概念界定

1. 健康传播

健康传播是医学与传播学交叉学科的一个重要领域,强调通过科学的传播方法和策略将健康信息有效传达给大众,目的是提升公众的健康素养、改善健康行为,并最终推动社会整体健康水平的提高。健康传播不仅关注信息的传播效果,还注重传播过程中的互动性、参与性和反馈机制。它包括了疾病预防、健康教育、心理健康、公共卫生政策等方面的内容。随着互联网和社交媒体的快速发展,健康传播的形式变得更加多样化,健康信息的传播渠道也更加广泛。健康传播的成功依赖于准确的信息传递、有效的传播手段以及能够引发公众健康行为改变的传播策略。

2. 混合式教学模式

混合式教学模式（Blended Learning）是一种结合传统面授教学与在线学习的教学方法,旨在充分利用两者的优势,以实现更高效、更个性化的学习体验。在这一模式下,学习者不仅可以在课堂上与教师和同学进行面对面的互动,还能通过在线平台自主学习、进行任务实践、参与讨论或完成作业。通过这种"线上＋线下"的结合,混合式教学能够灵活应对不同学习需求、提高学习效率、加强学生的自主学习能力。随着人工智能、虚拟现实等技术的不断发展,混合式教学模式也在不断升级,逐步发展为更加智能化和个性化的教学系统,能够根据学生的学习情况提供实时反馈和调整。因此,混合式教学模式已经成为现代教育体系中提高教学质量和学生参与感的重要手段。

（二）国内外研究现状

1. 国内研究现状

近年来,随着人工智能（AI）技术的飞速发展,AI在教育领域的应用不断深入,尤其在混合式教学模式中的探索和实践逐渐增多。郑玉航等人(2024)的研究针对基于人工智能的混合式教学模式下数字化能力的提升进行了深入探讨,提出 AI 能够通过大数据和智能推荐系统帮助提升学生的学习效率和个性化学习路径①。许碧雅(2023)则从以学生为中心的角度出发,探讨了 AI 背景下的混合式教学模式,并以数据结构与算法分析课程为例,提出 AI 技术能够通过精准的学习分析为学生提供个性化的学习方案,进而提高课堂学习的效果②。戴吉和夏璇(2024)认为 AI 可以有效支持大学生心理健康教育的混合式教学,通过引入智能化评估与反馈系统,为学生提供个性化的心理健康指导③。

在健康传播领域,AI 驱动的混合式教学模式的应用还相对较新,但也开始受到越来越多的关注。施国君等人(2021)剖析了超星泛雅平台上的线上线下混合式教学模式,发现 AI 能够通过智能分析和数据反馈优化教学过程,提高学生的参与度和学习效果④。宋强平和陈胤佳(2022)研究了人工智能在中小学信息技术教育中的应用,提出 AI 可以通过学习数据的实时分析,为教师提供更精准的教学支持⑤。这些研究为健康传播课程的混合式教学模式提供了技术支持和理论依据。

在国内关于 AI 驱动的混合式教学模式的研究中,何苏(2024)探讨了基于混合式教学模式的人工智能导论课程思政建设问题。研究指出,人工智能导论课程不仅要培养学生的技术能力,还应融入思政教育,通过 AI 技术来实现对学生价值观和社会责任感的引导。通过智能化学习分析与个性化反馈,AI 能够帮助教师实现对学生学习过程的全面跟踪,从而为思政教育的实施提供数据支持和决策依据⑥。

---

① 郑玉航、宋海涛、姚二亮、谢美美:《基于人工智能混合式教学模式下的数字化能力提升研究》,《科技与创新》2024 年第 10 期,第 160－162 页。
② 许碧雅:《人工智能背景下以学生为中心的混合式教学模式探索——以数据结构与算法分析课程为例》,《万象》2022 年第 33 期,第 257－259 页。
③ 戴吉、夏璇:《心理育人背景下的大学生心理健康教育课程混合式教学模式探索》,《吉林广播电视大学学报》2024 年第 4 期,第 81－82、第 118 页。
④ 施国君、毛艳娥、周大海:《基于超星泛雅线上线下混合式教学模式的研究与实践》,《科学与信息化》2021 年第 19 期,第 172－174 页。
⑤ 宋强平、陈胤佳:《人工智能课程线上线下混合式教学模式的研究》,《中小学信息技术教育》2022 年第 8 期,第 64－66 页。
⑥ 何苏:《基于混合式教学模式的人工智能导论课程思政建设》,《计算机教育》2024 年第 1 期,第 92－96 页。

易善炳(2022)则在其研究中提出,人工智能技术的引入可以为美术课程的混合式教学提供全新的方式,尤其在教学原则、方法及路径方面。AI工具能够有效地支持美术课程中的个性化学习和创造性发展,同时,通过虚拟现实和增强现实技术的应用,学生可以更加直观地理解艺术创作过程和美学原则,提升课程的互动性与参与感[①]。

2. 国外研究现状

在国外,AI在教育中的应用研究起步较早,尤其在混合式教学模式中的实践应用。An和Zhao(2021)研究了基于AI雨课堂的大学英语混合式教学模式,结果表明,AI技术能够通过个性化推荐和实时互动提升学生的学习兴趣和课堂参与度[②]。Li等人(2022)研究了国际物流双语课程的混合式教学创新模式,探讨了AI如何在语言学习中辅助教师进行课堂管理和学习进度调整[③]。Liu(2024)等人则对"互联网+"背景下的体育课程混合式教学模式进行了探讨,提出AI可以有效地整合线上与线下的教学资源,提高学生的运动技能和课堂互动质量[④]。Malsch(2001)探讨了分布式人工智能在教育中的应用,尤其在健康传播领域的潜力。研究强调,AI不仅可以支持传统的教学任务,还能在社会学和教育心理学层面推动教学策略的创新。通过AI的自动化与智能化决策系统,教育者能够更好地理解学生的个性化需求,推动健康传播内容的定制化和精准化[⑤]。

国外的研究成果为AI技术在健康传播课程中的应用效果方面提供了丰富的实践经验和理论基础。例如,Green等人(2013)提出,AI技术在促进健康教育和行为改变方面发挥了重要作用,其海量数据分析和智能推荐功能极大

① 易善炳:《人工智能用于构建美术课程混合式教学的原则方法路径研究》,《文山学院学报》2022年第35期,第95-99页。

② An B, Zhao H: Research on the satisfaction of hybrid college English teaching based on artificial intelligence rain classroom. *Journal of Physics: Conference Series*, 2021, 1992(2):022078.

③ Li X, Wang Y, Jiang H, et al: Research on Blending Learning Innovation Model of International Logistics Bilingual Course. *The International Conference on Artificial Intelligence and Logistics Engineering*. Cham: Springer International Publishing, 2022:292-300.

④ Liu C, Wei W, Liu Y: The construction of hybrid teaching mode of college sports under the background of "Internet+". *Applied Mathematics and Nonlinear Sciences*, 2024, 9(1):1-19.

⑤ Malsch T: Naming the unnamable: Socionics or the sociological turn of/to distributed artificial intelligence. *Autonomous agents and multi-agent systems*, 2001, 4(3):155-186.

地提升健康知识普及的传播效果①。Neuhauser 的研究团队(2013)进一步探讨了人工智能如何通过设计科学改善健康传播目标,该研究通过 ChronologyMD 案例(一个利用设计科学理论和 AI 组件来改善克罗恩病管理效果的项目),展示了 AI 智慧协助医疗卫生领域改进信息传递及电子健康教育,强调了 AI 在个性化健康信息传递和舆情管理中的重要性②。由此可见,AI 不仅可以分析大量健康数据,还能通过对个体需求的实时反馈,优化健康传播策略,促进公众健康行为的改善。

3. 研究述评

在国内外关于人工智能驱动的混合式教学模式的研究中,学者们普遍关注如何利用 AI 技术提升教学质量和学习效果,特别是在个性化学习、实践能力培养和教学资源整合方面。国内的研究多集中在 AI 与传统教学模式的结合上,探讨如何通过智能化工具优化课程设计和教学方法。国内学者主要关注的领域包括基于 AI 的个性化推荐系统、智能学习评估系统以及通过虚拟现实和增强现实技术构建沉浸式学习环境。这些研究表明,AI 可以有效突破传统教学方式的限制,提高学生的学习积极性和参与感,尤其在健康传播、心理健康教育等课程的实践环节中,AI 的应用展现出了显著的优势。

国外的研究则更加注重 AI 在健康传播、语言学习以及其他学科的应用,强调技术在提高教育质量、优化教学互动中的作用。许多国外学者探索了 AI 如何通过数据分析和智能反馈为学生提供个性化的学习路径,并通过生成式 AI 技术提升学习内容的创作与传播效率。在健康传播领域,AI 不仅帮助提升健康信息的精准传播,也在个性化健康教育和健康行为改变方面取得了初步成效。通过 AI 技术的引入,教师能够实时了解学生的学习状态,并根据学生的反馈调整教学策略,从而提高教育的针对性和有效性。

总体来看,国内外研究都显示出 AI 在混合式教学模式中具有巨大的潜力,

---

① Green N, Rubinelli S, Scott D, et al: Health communication meets artificial intelligence. *Patient education and counseling*, 2013, 92(2):139-141.

② Neuhauser L, Kreps G L, Morrison K, et al: Using design science and artificial intelligence to improve health communication: ChronologyMD case example. *Patient education and counseling*, 2013, 92(2):211-217.

不仅能提升学生的学习效果,还能改善教学资源的配置和管理。然而,在具体应用过程中,如何解决技术依赖性、数据隐私等问题,以及如何实现师生的技术适应,仍是未来研究需要进一步探索的重点。未来的研究应继续深化 AI 技术在健康传播等专业课程中的应用,推动智能教育的发展,为教育领域带来更多创新和变革。

三、人工智能驱动下混合式教学模式的框架设计

(一)总体架构设计

在构建 AI 驱动的健康传播课程混合式教学模式时,总体架构设计是整个系统的核心框架。该架构应确保技术支撑层与教学实施层之间的无缝对接,形成一个高效且灵活的教学环境。总体架构分为两个主要层次:技术支撑层和教学实施层。

技术支撑层是该模式的基础,包括 AI 算法、大数据分析平台和虚拟仿真工具。在 AI 算法方面,采用自然语言处理(NLP)和机器学习技术,通过数据分析与模式识别优化课程内容和教学流程。大数据分析平台将收集和分析学生的学习行为数据,帮助教师了解每个学生的学习进度与特点,从而进行个性化教学设计。虚拟仿真工具(如 VR/AR 技术)将为学生提供沉浸式的健康传播实践场景,如公共卫生事件的应对、健康谣言识别训练等。

教学实施层则聚焦于课程的实际运行,包括"课前—课中—课后"三个阶段。通过 AI 工具,课前可以实现资源推送和学习预习,课中则通过互动式课堂和实时反馈促进学生参与,而课后则通过智能推荐与学习评估促进巩固和提升。整个教学流程形成一个闭环,能够在每个环节根据学生的学习情况及时调整教学策略,从而实现精准化和个性化的教学。图 1 展示了以教育目标为导向、以学生为中心的新型 BOPPPS 教学空间混合示意图。

(二)核心模块构建

为了有效实现 AI 驱动的健康传播课程混合式教学模式,必须构建多个核心模块,确保教学活动的顺利开展。

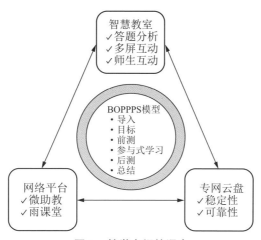

图 1　教学空间的混合

首先是多平台学习资源库模块。利用多平台媒体工具，通过分析学生的兴趣、学习习惯和知识掌握程度，动态调整健康传播的资料库，内容可以包含公共卫生事件模拟、健康谣言识别训练等内容，能够根据不同学生的需求提供量身定制的学习资源。这一模块能够帮助学生在个性化学习路径的指引下更好地掌握相关知识和技能。图 2 展示了多平台资源库结构图。

其次，虚实融合的实践场景模块是该模式的关键创新之一。通过虚拟现实（VR）和增强现实（AR）技术，构建具有真实感和互动性的健康传播情境，如社区健康宣讲、突发事件舆情应对等场景，让学生能够在沉浸式环境中进行实践训练。此模块的设计不仅可以增强学生的实践体验，还能提升其应对复杂健康传播任务的能力，尤其在紧急或复杂的公共卫生事件中。

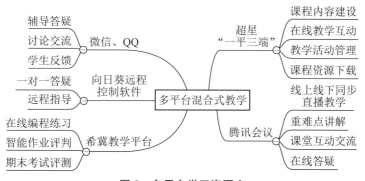

图 2　多平台学习资源库

最后,动态评估与反馈系统模块通过 AI 算法实时分析学生的作业、讨论和互动数据,生成个性化学习报告。这一报告能够精准反映学生的学习进展和不足之处,为教师提供实时的反馈,便于及时调整教学策略,确保每个学生都能够在个性化学习的路径上得到适当的支持与提升。

四、挑战与优化策略

(一) 技术应用挑战

1. 数据隐私与伦理风险

健康传播课程涉及大量敏感的健康信息,如学生的健康数据、病例分析以及公共卫生事件中的个人隐私信息。这些信息的收集、存储和使用必须遵循严格的数据安全和隐私保护等相关法律法规。然而,随着人工智能技术的广泛应用,数据隐私与伦理问题变得尤为复杂。例如,如何确保学生在使用 AI 平台时的个人信息不被滥用,如何避免健康数据在传输过程中的泄露,这些都需要严格的技术保障和伦理监管。因此,为了避免潜在的风险,必须建立健全数据保护机制,包括数据加密、匿名化处理以及信息访问权限的严格控制。同时,需在课程设计和教学实施过程中考虑伦理规范,确保所有涉及个人信息和健康数据的应用都符合伦理要求。

2. 技术依赖性与师生适应性

AI 驱动的混合式教学模式高度依赖先进的技术工具,但当前部分教师对于 AI 工具的操作仍不熟练,尤其在人工智能、数据分析和虚拟仿真等领域的技术应用上存在一定的适应性问题。这一问题不仅影响到教师的教学效果,也可能导致学生的学习体验受到限制。学生在面对高度个性化、数据驱动的学习方式时,可能会出现适应困难,尤其是技术基础较弱的学生。为了充分发挥 AI 驱动教学模式的优势,教师和学生必须在技术应用上达到一定的适应水平。因此,加强教师的技术培训,提升教师的 AI 工具使用能力,以及帮助学生快速适应 AI 辅助的学习环境,成为解决这一挑战的关键。

（二）优化建议

1. 分层教学策略

为解决师生适应 AI 驱动教学模式的问题，分层教学策略是一个有效的优化方案。根据学生的技术接受度、学习进度和个性化需求，设计不同难度的 AI 辅助任务，能够让学生在各自的学习层级中获得合适的支持与挑战。例如，对于技术接受度较高的学生，可以安排更为复杂的 AI 应用任务，如通过机器学习进行数据分析或设计虚拟健康传播场景；而对于技术接受度较低的学生，则可以通过简化的教学工具和渐进式的学习任务来帮助他们逐步掌握相关技能。这种分层设计能够最大限度地减少技术适应问题，确保每个学生都能在适合的教学环境中有效学习。

2. 跨学科师资团队建设

AI 驱动的健康传播课程涉及医学、传播学、计算机科学等多个学科领域，因此，构建一个跨学科的师资团队至关重要。教师团队应整合来自医学、公共卫生、传播学以及计算机科学等领域的专家，以确保课程内容的全面性和教学方法的多样性。医学和传播学的专家能够提供专业的健康传播知识与教育经验，而计算机科学领域的专家则可以确保 AI 技术在课程中的有效应用。跨学科的合作能够促进教师间的互相学习与协作，提升教学质量，同时也能为学生提供多元化的视角和知识体系。通过建立跨学科的师资团队，能够更好地应对 AI 技术与健康传播课程结合过程中的各种挑战，确保教学模式的顺利实施。

五、结论与展望

本研究针对 AI 驱动的混合式教学模式在健康传播课程中的应用探讨，提出了若干思考。AI 技术的引入显著提升了健康传播课程的教学质量，尤其在实践能力培养和资源整合方面展现出独特优势。AI 驱动的个性化学习资源库能够根据学生的学习进度和兴趣动态调整课程内容，确保学生能够获得最适合其学习需求的资源，从而提高学习效果。其次，虚实融合的实践场景增强了学生的实践能力,使其能够在沉浸式环境中进行健康传播的模拟训练,尤其在公共卫生危机和突发事件应对方面,提供了真实感的学习体验。基于 AI 的动态评估与反馈系统,使教师能够实时掌握学生的学习状态,并根据数据分析结果调整教学策略,有效提升了教学的精准性和针对性。总体而言,AI 驱动的混合式教学模式为健康传播课程的教学提供了新的思路和方法,能够更好地满足现代教育的需求。

不仅如此,AI 驱动的健康传播课程在未来仍有十分广阔的发展空间。生成式 AI 技术(如 ChatGPT、Sora 等)在健康传播内容创作中的应用,值得进一步探索。生成式 AI 能够根据输入的主题和需求自动生成相关内容,极大地提高了内容创作的效率和质量。在健康传播领域,生成式 AI 可以辅助创建个性化的教学案例、健康教育宣传资料,甚至在公共卫生事件中提供即时的健康信息,帮助学生在实时情境中学习如何进行有效的健康传播。情感计算技术的引入也将进一步深化教学互动的支持。情感计算技术通过分析学生在学习过程中表现出的情感状态,能够为教师提供有关学生情绪和学习态度的重要信息,从而帮助教师调整教学策略,提升学习动机和参与度。随着 AI 技术的不断进步,未来的健康传播课程将更加智能化、个性化,并且能够更好地适应不同学习者的需求,推动健康传播教育的创新与发展。

图书在版编目(CIP)数据

马新观引领下的新闻传播创新人才培养实践 / 陈龙，
张梦晗主编. -- 上海 ： 上海三联书店，2025. 5.
ISBN 978-7-5426-8899-6

Ⅰ. G210

中国国家版本馆 CIP 数据核字第 2025LB7070 号

马新观引领下的新闻传播创新人才培养实践

主　　编 / 陈　龙　张梦晗

责任编辑 / 杜　鹃
装帧设计 / 一本好书　杜　丹
监　　制 / 姚　军
责任校对 / 王凌霄

出版发行 / 上海三联书店
　　　　　(200041)中国上海市静安区威海路 755 号 30 楼
邮　　箱 / sdxsanlian@sina.com
联系电话 / 编辑部：021 - 22895517
　　　　　发行部：021 - 22895559
印　　刷 / 上海颛辉印刷厂有限公司

版　　次 / 2025 年 5 月第 1 版
印　　次 / 2025 年 5 月第 1 次印刷
开　　本 / 710mm×1000mm　1/16
字　　数 / 290 千字
印　　张 / 17.25
书　　号 / ISBN 978 - 7 - 5426 - 8899 - 6/G・1768
定　　价 / 98.00 元

敬启读者,如发现本书有印装质量问题,请与印刷厂联系 021 - 56152633